노인복지론

서보준 · 송은희 · 서민호 · 제미자

KNOWLEDGE COMMUNITY 공동체

현대사회에서 여성들의 취업 증가로 출산율이 감소하고 의료기술의 발달로 노인의 평균수명이 연장되면서 우리나라의 고령화 속도는 세계 최고 수준이다. 2000년 이미 65세 이상의 노인인구가 전체 인구의 7.2%로서 고령화사회로 진입하였고, 2015년 12월 말 667만 명으로 전체 인구의 13.2%로 1960년(2.9%)에 비해 4.54배로 증가한 수준이며, 이후에도 계속 증가하여 2025년 20.3%, 2067년에는 46.5%가 될 것으로 예상하고 있다(통계청, 2019). 이처럼 평균수명의 연장과 출산율의 급격한 하락은 고령화의 주된 요인으로 작용하고 있다. 노인의 질병, 빈곤 및 외로움, 우울, 불안, 역할상실 등의 여러 가지 문제에 앞으로 직면하게 될 것이고, 이는 노인 개인의 어려움뿐만 아니라 그 가족의 차원을 넘어 사회의 문제로 인식될 것이며, 더불어 이는 우리 사회가 다함께 해결해야 할 과제가 될 것이다.

이에 이 책은 현재 사회복지학을 공부하는 학생들이 노인과 관련된 다양한 문제에 대해 인식하여 노인을 이해하도록 이끌어 사회복지실천현장에서 사회복지사로서의 올바른 역할을 수행할 수 있도록 기여하고자 하는 목적에서 집필하였다.

제1부에서는 인구고령화와 노인복지정책으로서 노인에 대한 이해 및 특성과 다양한 노인문제를 언급하였다. 즉, 이러한 문제를 해결하기 위한 노인소득보장정책, 노인고용보장정책, 노인의료보장정책에 대하여 연구하였다.

제2부에서는 노인복지실천으로서 노인복지실천현장에서 발생하는 여러 가지 유형, 현황, 실태에 따른 문제를 언급하였으며, 이러한 문제를 해결하기 위한 노인복지시설론, 재가복지서비스, 노인복지실천론, 노인의 사례관리에 관하여 연구하였다.

제3부에서는 노인 삶과 관련된 주요 내용으로 노인 삶의 만족을 주기 위한 여러 가지 활동에 대해 올바르게 이해할 수 있도록 집필하였고, 노인의 여가, 노인학대, 노인장기요양보험제도, 노인의 자원봉사활동에 대한 정보를 제공하고자 하였다.

이 책이 출판되기까지 저자들은 추운 겨울 끊임없이 이 책에 대한 열정과 정성을 쏟아 담았다. 따라서 이 책을 통해 독자들이 노인을 이해하고 그 이해를 바탕으로 일선에서 노인과 더불어 생활하는 사회복지사들에게 많은 도움이 되고자 하며, 노인의 행복한 삶을 영위하는 데 중요한 지침서가 되길 바란다. 끝으로 이 책이 출간되기까지 많은 격려와 관심을 가져주신 사랑하는 가족들에게 감사를 전한다. 특히 공동체 김동훈 사장님을 비롯한 편집부 직원들에게 감사를 전한다.

2023년 2월

대표저자 서보준

차례

■ 머리말 / 3

PART 01 인구고령화와 노인복지정책

CHAPTER 01 | 고령화사회에 대한 노인문제 ———— 11

제1절 인구고령화와 노인인구의 증가 ………… 11
제2절 노인문제의 양상 ………… 19
제3절 노인복지의 이해 ………… 25

CHAPTER 02 | 노인과 노화에 대한 이해 ———— 33

제1절 노인과 노화 ………… 33
제2절 노인의 특성 ………… 39

CHAPTER 03 | 노인소득보장정책 ———— 53

제1절 노인소득보장의 의의 ………… 53
제2절 노인소득보장정책의 현황 ………… 54
제3절 노인소득장제도의 개선방안 ………… 75

CHAPTER 04 | 노인고용보장정책 ———— 79

제1절 고령사회와 노인고용의 필요성 ………… 79
제2절 노인고용의 현황 ………… 84
제3절 노인고용제도와 실태 ………… 90
제4절 노인고용정책의 개선방안 ………… 102

CHAPTER 05 | 노인의료보장정책 ———— 105

제1절 노인의료보장의 개념 및 필요성 ………… 105
제2절 노인의료보장정책의 현황 ………… 108
제3절 노인의료보장정책의 개선방안 ………… 121

CONTENTS

PART 02 노인복지실천

CHAPTER 06 | 노인복지시설서비스에 대한 이해 125

제1절 노인복지시설의 개념 및 필요성 125
제2절 노인복지시설의 유형 및 현황 128
제3절 우리나라 노인복지시설서비스의 과제 144

CHAPTER 07 | 재가노인복지서비스에 대한 이해 147

제1절 재가노인복지서비스의 이해 147
제2절 재가노인복지서비스의 이론적 모형 150
제3절 재가노인복지서비스의 종류 152
제4절 선진국의 재가노인복지서비스 156
제5절 재가노인복지서비스의 현황 163

CHAPTER 08 | 노인복지실천론 167

제1절 노인복지실천의 개념 167
제2절 노인복지실천의 구성체계 169
제3절 노인복지실천의 과정 171
제4절 노인복지실천방법의 모델 175
제5절 노인복지실천방법 177

CHAPTER 09 | 노인의 사례관리란 무엇인가? 187

제1절 사례관리의 개념 및 목적 187
제2절 사례관리의 특성 191
제3절 사례관리의 역할과 기능 192
제4절 사례관리의 구성 198
제5절 사례관리의 유형 207
제6절 사례관리의 과제 213

PART 03 노인 삶과 관련된 주요 이슈

CHAPTER 10 | 노인의 여가활동 — 217

제1절 노인여가 개념 및 특성 …… 217
제2절 노인여가활동의 유형 …… 223
제3절 한국 노인의 여가활동 현황 …… 226
제4절 노인여가활동을 위한 개선방안 …… 236

CHAPTER 11 | 노인학대와 자살 — 239

제1절 노인학대의 개념 및 유형 …… 239
제2절 노인학대와 관련된 주요 이론 …… 256
제3절 노인학대의 국내 실태 …… 260
제4절 노인학대의 발생요인 …… 267
제5절 학대받는 노인의 삶의 질 향상을 위한 개선방안 …… 273
제6절 노인의 자살 …… 275
제7절 노인자살을 예방하기 위한 대책 …… 287

CHAPTER 12 | 노인장기요양보험제도 — 289

제1절 노인장기요양보험제도의 이해 …… 289
제2절 노인장기요양보험제도의 적용대상 …… 292
제3절 노인장기요양급여의 유형 …… 294
제4절 장기요양급여의 이용절차 …… 297
제5절 노인장기요양보험제도의 재원조달 및 관리운영체계 …… 300
제6절 노인장기요양급여의 수가체계 …… 303
제7절 노인장기요양보험제도의 문제점 및 과제 …… 306

CONTENTS

CHAPTER 13 | 노인의 자원봉사활동 — 311

제1절 노인 자원봉사의 개념 ······ 311
제2절 노인 자원봉사활동의 의의 ······ 312
제3절 노인 자원봉사활동의 특성 및 필요성 ······ 316
제4절 노인 자원봉사활동의 현황 ······ 320
제5절 노인 자원봉사활동의 문제점과 개선과제 ······ 321

▪ 참고문헌 — 326

▪ 찾아보기 — 334

SOCIAL WORK WITH THE ELDERLY

P·A·R·T

01

인구고령화와 노인복지정책

CHAPTER 01 고령화사회에 대한 노인문제

CHAPTER 02 노인과 노화에 대한 이해

CHAPTER 03 노인소득보장정책

CHAPTER 04 노인고용보장정책

CHAPTER 05 노인의료보장정책

CHAPTER 01

고령화사회에 대한 노인문제

Social Work With the Elderly

제1절 인구고령화와 노인인구의 증가

1. 평균수명과 노년기의 연장

현대 과학의 발달은 경제적인 풍요뿐만 아니라 보건의료 부분의 획기적인 발전을 가져왔고, 이에 따른 제반여건의 변화에 따라 평균수명도 1960년에는 52.4세, 1980년은 65.7세, 2000년에는 76.0세, 2010년은 80.8세, 2020년은 82.6세, 2030년은 84.3세로 급격히 상승되는 추세를 보이고 있다. 이로 인한 평균수명의 연장은 노인인구가 단기간에 증가하는 현상으로 나타나고 있다. 이와 같은 노인의 급증은 자연적으로 노인문제의 발생으로 이어지고 있다. 평균수명의 연장과 급속한 고령화 속도는 상대적으로 생산연령인구의 감소 및 이에 따른 성장잠재력 저하, 사회보장시스템의 재정악화 등 사회적 우려를 야기하고 있다. 또한 고령화사회의 개인은 퇴직 이후의 여명(餘命)이 증가함으로써 노후생활에 필요한 비용이 늘어나는 대신 소득수준의 상대적 저하를 맞이하고, 질병에 취약해지며, 긴 여가시간으로 무료한 나날을 장기간 보내야 하고, 자녀의 부양의식 저하 등으로 노후생활에 대한 불안요소가 갈수록 심각해지고 있다.

〈표 1-1〉 우리나라 평균수명 변화

연 도	남	여	평 균
1960	51.1	53.7	52.4
1970	58.7	65.6	61.9
1980	61.8	70.0	65.7
1990	67.3	75.5	71.3
2000	72.3	79.6	76.0
2010	77.2	84.1	80.8
2020	79.3	85.7	82.6
2030	81.4	87.0	84.3

출처 : 통계청(2011). 통계청 내부 자료.

평균수명이 연장되면서 고령인구가 증가하고 있으며, 보다 중요한 것은 우리나라가 2017년 고령사회에 진입하였다는 것이다. UN에서는 65세 이상 노인인구가 전체 인구의 7% 이상을 차지할 때 고령화사회, 14% 이상이면 고령사회, 20% 이상이면 초고령사회로 분류한다. 우리나라는 1960년 65세 이상의 노인인구는 불과 72만 6천 명(전체인구의 2.9%)이었는데, 2000년에는 339만 명(7.2%)으로 고령화사회에 진입하였다(통계청, 2011). 2019년 기준 우리나라 전체 인구는 5,170만 9천 명으로 2028년까지 계속 증가 후 감소하는 반면, 65세 이상 인구는 768만 5천 명으로 2050년(1,900만 7천 명)까지 지속적으로 증가할 전망이다. 또한 2019년 인구 피라미드는 30~50대가 두터운 항아리 형태이며, 2060년에는 고령화로 인하여 60대 이상이 두터운 모습으로 변화될 것으로 전망하고 있다. 그리고 2019년 65세 이상 인구가 차지하는 구성비는 14.9%로 지속적으로 증가하여 2060년에는 43.9%가 될 것으로 전망하고 있다. 연령별로 살펴보면, 65세 이상 인구 중 65~69세와 70~74세가 차지하는 구성비는 2019년 이후 증가하다 감소하는 반면, 75세 이상의 구성비는 증가 추세이다(통계청, 2019). 따라서 우리나라의 고령화 속도는 현재의 경제수준이나 사회복지제도로서는 감당하기 어려울 정도의 사회적 부담을 초래하게 될 것이므로 인구고령화로 인한 노인문제 해결은 물론 앞으로 고령사회에 대비한 장기적이고 종합적이며 구체적인 노인복지정책 방안이 시급히 요구되고 있다.

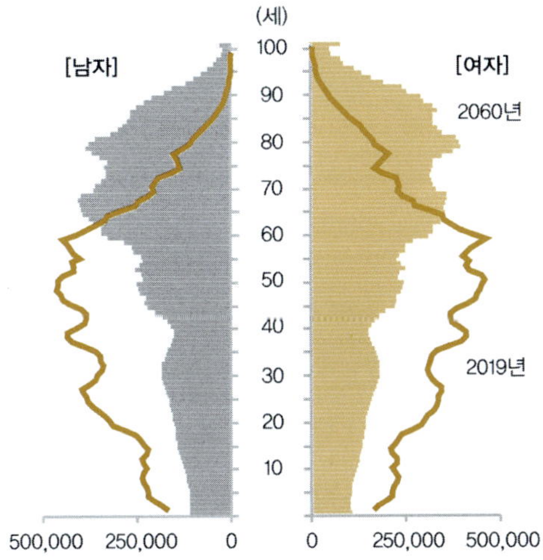

|그림 1-1| 인구 피라미드

출처 : 통계청(2019). 장래인구특별추계.

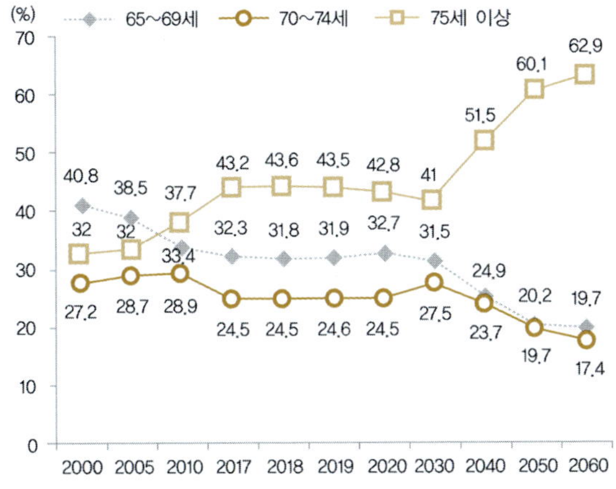

|그림 1-2| 고령자의 연령대별 구성비

출처 : 통계청(2019). 인구주택총조사, 장래인구특별추계.

|그림 1-3| 전체 인구 중 65세 이상 노인이 차지하는 비율

2. 인구구성비와 부양비

경제성장과 생활수준의 향상, 교육수준의 향상, 공공의료기술의 발달 등으로 인간의 평균수명이 늘어나고, 출산율의 저하, 1950년대 베이비붐 세대의 노년층으로의 편입 등으로 인해 노인의 절대인구와 전체 인구에 대한 노인인구의 비율이 높아짐에 따라 노인문제는 우리 사회의 현실적인 문제로 대두되고 있다. 우리나라의 인구는 2005년 기준으로 총인구가 4,813만 명으로, 이 중에서 생산가능인구는 3,453만 명이며 노인인구는 437만 명, 유년인구가 1,102만 명이다(통계청, 2011). 2019년 기준 65세 이상 고령자 중 여자의 비중은 57.1%로 남자의 비중인 42.9%보다 14.2%p 많지만 지속적으로 여자 비중은 감소하고 남자 비중은 증가하여 2060년에는 그 차이가 4.6%p로 적어질 것으로 전망된다. 또한 2019년 65세 이상 고령자 성비(여자 100명당 남자의 수)는 75.3명이며, 이는 지속적으로 증가하여 2060년에는 91.3명이 될 것으로 보인다(통계청, 2019).

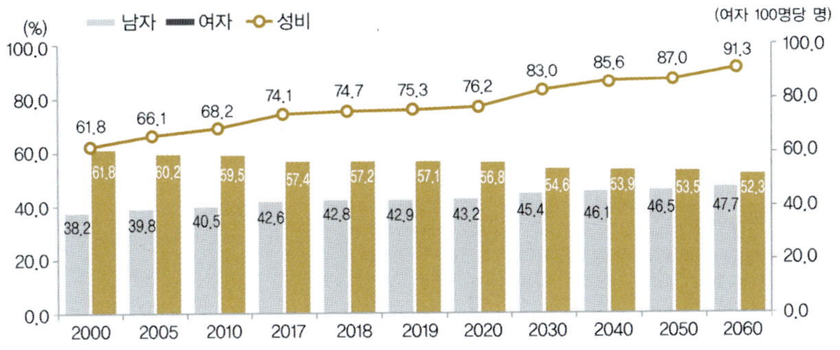

|그림 1-4| **성별 고령인구 구성비 및 성비**

출처 : 통계청(2019). 인구주택총조사, 장래인구특별추계.

〈표 1-2〉 우리나라의 연령과 성별에 의한 인구구성도

구 분	1980	2005	2020	2030	2050
총인구(만 명)	3,812	4,813	5,143	5,216	4,812
생산가능인구(만 명)	2,371	3,453	3,656	3,289	2,534
노인인구(만 명)	146	437	808	1,269	1,799
유소년인구(만 명)	1,401	1,102	840	715	595

출처 : 보건복지가족부(2011).

우리나라는 세계에서 유례를 찾아볼 수 없을 만큼 빠른 속도로 인구의 고령화 현상이 나타나고 있다. 선진국들은 고령화사회에서 초고령사회로 진입하는 데 1세기가 걸리지만 우리나라는 불과 26년 만에 진입하게 된다. 스웨덴, 독일, 영국, 프랑스, 일본 등은 이미 고령사회에 진입한 상태이고, 미국은 2013년 고령사회에 진입하였으며, 싱가포르도 2016년에 고령사회에 진입하였다. 우리나라도 2018년에 고령화가 진행되어, 2019년 기준 65세 이상 노인은 768만 5천 명으로 전체 인구의 14.9%를 넘어 이미 고령화 사회에 진입하였다(통계청, 2019). 고령화사회에서 고령사회로 진행되는 속도는 독일과 영국, 미국, 프랑스, 스웨덴이 40년 이상의 시간이 소요되었으나, 일본은 24년으로 빠른 진행을 보이고 이미 2005년 초고령사회로 진입하였다. 우리나라는 18년으로 고령화 속도는 일본보다 더 빠른 속도로 진행되고 있다.

더구나 우리나라는 초고령화 소요시간은 이보다 더 짧은 8년으로 고령화사회에서 초고령사회로의 소요시간이 30년도 채 안 될 것으로 추정된다.

〈표 1-3〉 인구 고령화 속도

(단위 : 연도, 연수)

구 분	도달연도			증가 소요연수	
	고령화사회 (7%)	고령사회 (14%)	초고령사회 (20%)	고령사회 도달 (7~14%)	초고령사회 도달 (14~20%)
한 국	2000	2018	2026	18	8
스웨덴	1887	1972	2012	85	40
독 일	1932	1972	2012	40	40
영 국	1929	1976	2020	47	44
프랑스	1864	1979	2018	115	39
일 본	1970	1994	2005	24	11
미 국	1942	2013	2028	71	15

출처 : 통계청(2011). 장래인구추계.

우리나라의 고령화는 출산율의 감소와 평균수명이 연장된 결과이다. 인구구조의 변화로 인하여 14세 이하의 유년인구에 대한 생산가능인구의 부양부담은 줄어들고 있지만, 노인인구에 대한 부양부담의 증가로 인하여 전체적인 부양부담은 증가하고 있다(통계청, 2014). 2019년 기준 노년부양비는 20.4명으로 65세 이상 고령자 1명에 대해 생산연령인구 4.9명이 부양하고 있다. 또한 저출산 · 고령화의 영향으로 65세 이상 고령자가 많아지면서 노년부양비 증가 속도가 빨라져 2065년에는 100.4명으로 생산연령인구를 넘어설 것으로 예상하고 있다. 노령화지수는 0~14세 인구 100명당 65세 이상 인구로 2016년 100.1명으로 0~14세 인구를 넘어서, 2019년 119.4명으로 나타나고 있으며, 노령화지수는 지속적으로 증가하여 2060년에는 2019년의 4.6배 수준인 546.1명으로 증가할 전망이다(통계청, 2019).

|그림 1-5| **노년부양비 및 노령화지수**

출처 : 통계청(2019).

〈표 1-4〉 노년부양비 및 노령화지수

구 분	노년부양비[1]	노령화지수[2]	고령자 1명당 생산연령인구[3]
2000	10.2	35.0	9.8
2005	12.9	48.6	7.8
2010	15.4	69.6	6.5
2016	18.1	100.1	5.5
2017	19.1	107.3	5.2
2018	19.8	113.9	5.0
2019[4]	20.4	119.4	4.9
2020	21.7	129.0	4.6
2030	38.2	259.6	2.6
2040	60.1	345.7	1.7
2050	77.6	447.2	1.3
2060	91.4	546.1	1.1
2065	100.4	576.6	1.0

주 : 1) 노년부양비 = (65세 이상 인구 / 15~64세 인구) × 100
2) 노령화지수 = (65세 이상 인구 / 0~14세 인구) × 100
3) 고령자 1명당 생산연령인구 = 15~64세 인구 / 65세 이상 인구
4) 2018년 이전은 인구주택총조사 자료, 2019년 이후는 장래인구특별추계 자료

자료 : 통계청(2019. 3). 인구주택총조사 각 년도(외국인 포함), 장래인구특별추계.

3. 국제비교

유엔(UN) 인구추계에 따르면, 2015~2067년 사이 OECD 일부 국가에서도 인구감소 현상이 전망되고 있으며, 국가별 감소현황은 아래와 같다(통계청, 2019).

- 인구 계속 감소 : 그리스, 이탈리아, 일본, 포르투갈, 폴란드, 헝가리 등 8개국
- 인구 증가 후 감소 : 한국, 네덜란드, 스페인, 체코, 칠레 등 11개국
- 인구 계속 증가 : 미국, 영국, 스위스, 캐나다, 프랑스, 호주 등 16개국

그리고 한국의 생산연령인구(2017년) 비중은 73.2%로 OECD 국가(2015년) 중 가장 높은 수준이나, 2065년(45.9%)에는 가장 낮아질 전망이며, 한국의 고령인구(2017년) 비중은 13.8%로 OECD 국가(2015년)들에 비해 낮은 수준이나, 2065년(46.1%)에는 가장 높아질 것으로 예상된다. 한국의 총부양비(2017년)는 36.7명으로 OECD 국가(2015년) 중 가장 낮은 수준이나, 2065년(117.8명)에는 가장 높은 수준이 될 것으로 예상된다.

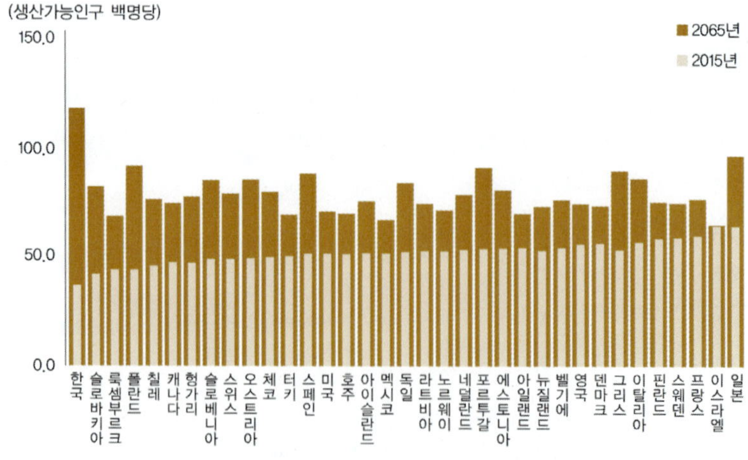

|그림 1-6| OECD 국가별 총부양비 비교, 2015, 2065년

주 : 2015년의 경우 한국은 2017년 추계치, 다른 국가들은 2015년 추계치
출처 : UN(2017). World Population Prospects : The 2017 Revision.
통계청(2019). 장래인구특별추계 : 2017~2067.

제2절 노인문제의 양상

사회문제의 하나로서 노인문제란 문제의 대상이 노인이며 그러한 다수의 노인에게 불편을 느끼게 하고 불안감을 느끼게 하는 상황이라고 볼 수 있을 것이다. 또한 문제를 느끼고 있는 노인이 그러한 상황이 개선되기를 원하는 상태라고 정의할 수 있을 것이다.

현대의 여러 가지 사회문제 중에서 해결해야 할 최우선 과제 중의 하나인 노인문제는 고령에 수반하여 발생하는 사회생활상의 여러 가지 곤란이라고 할 수 있으며, 곤란은 인간으로서 사회생활의 기본 욕구가 충족되지 않은 상태를 말한다. 노인의 기본 욕구는 경제적 안정, 직업적 안정, 가족관계의 안정, 의료와 건강의 보장, 교육의 기회, 사회협동의 기회, 문화·오락의 기회 등이라고 할 수 있다. 즉, 노인문제는 일반적으로 빈곤(경제적 의존), 질병(심신의 건강상실), 무위(사회적 역할상실), 고독(인간관계의 단절)의 4고로 나누어진다.

노인이 퇴직 후 소득감소에서 오는 생계비 문제, 노후에 자주 경험하는 만성질환과 심신쇠약으로 인한 건강문제, 은퇴 후 가정과 사회에서의 역할상실 및 지위의 저하, 그리고 결과적으로 나타나는 고독감, 소외감 등은 현대 노인들이 당면하고 있는 공통적인 문제이다.

대체로 개발도상국에서의 노인문제는 빈곤과 질병이며, 선진국에서는 노인의 빈곤과 질병을 사회보장제도로 해결해 나가고 있으며, 여가활동이나 사회참여 그리고 소외감 등의 사회심리적 문제들을 노인복지의 중요한 과제로 다루고 있다.

한국사회에서 노인문제와 욕구는 획일적으로 말하기 어렵다. 즉, 농어촌에 살고 있는 노인과 도시의 노인문제의 성격이 현격하게 다르고, 자녀와 함께 사는 노인과 따로 사는 노인들이 겪는 문제와 욕구는 매우 상이할 것이다. 많은 노인들이 일반적으로 겪는 문제와 욕구를 간략히 정리하면 다음과 같다.

〈표 1-5〉 노인이 겪는 가장 어려운 문제 (단위 : %)

구 분			경제적 어려움	직업 없음	소일거리 없음	건강 문제	외로움 소외감	가족 푸대접	경로 의식 약화	일상생활 도움 서비스 부족	노인복지 시설 부족
2014	65세 이상	계	50.7	9.7	7	14.4	10.5	3.5	1.7	–	2.4
		남	49.3	9	7.5	14.8	12.1	3.9	1.7	–	1.8
		여	52.1	10.4	6.5	14.1	8.9	3.2	1.8	–	2.9

출처 : 통계청(각 년도). 사회통계조사.

1. 빈 곤

한국사회에서 인구의 고령화는 단순히 노인인구의 수와 비중의 증가만을 의미하지 않는다. 지난 반세기 만에 농촌·농업·농민이 중심인 사회에서 도시·상공업·임금노동자가 중심인 사회로 바뀌면서 노인의 경제활동이 크게 위축되었다. 즉, 농민은 65세가 넘어도 농업에 종사할 수 있지만, 임금노동자는 대부분 55세 이전에 퇴직을 당하기 때문에 경제적 무능력자로 전락되어서 가족과 사회의 큰 부담이 된다. 노인소득보장의 중요한 원천인 연금보험이 제대로 역할을 수행하지 못하거나 개인적인 재산이나 저축이 부족하며, 건강상의 문제로 일을 할 수 없거나 일자리가 있어도 비전문직이나 비정규직이므로 소득이 적고 지속적이지 못하기 때문에 많은 노인들이 빈곤에 시달리고 있다. 이러한 수입의 절감은 노인인구를 빈곤상태에 빠뜨리고 또한 자녀에게 생활을 완전히 의존하게 만들기 때문에 노인들은 물질적인 어려움과 함께 심리적 고통을 안게 된다.

2018년 국민기초생활보장 전체 일반수급자 165만 4천 명 중 65세 이상 고령자는 54만 3천 명으로 32.8%를 차지하고 있다. 또한 2018년 65세 이상 고령자 중 국민기초생활보장 수급자 비율은 7.4%로 전년(6.1%)보다 1.3%p 증가하였다. 성별로 살펴보면 남자 수급자(18만 4천 명)보다 여자 수급자(35만 9천 명)가 약 2배 많은 것으로 나타났다(그림 1-7 참조).

그리고 생활비 마련 방법으로는 본인이 취업하며 생활비를 마련하는 65세 이상 노인은 91.5%이며, 비취업자는 49.4%로 나타났다. 자녀가 취업하여 생활비를 마련해 주는 경우는 5.0%, 비취업자로서 생활비를 마련해 주는 경우는 34.3%로 나타났으며, 그 밖에 정부(3.5%) 및 사회단체 지원(16.3%)으로 나타났다(그림 1-8 참조).

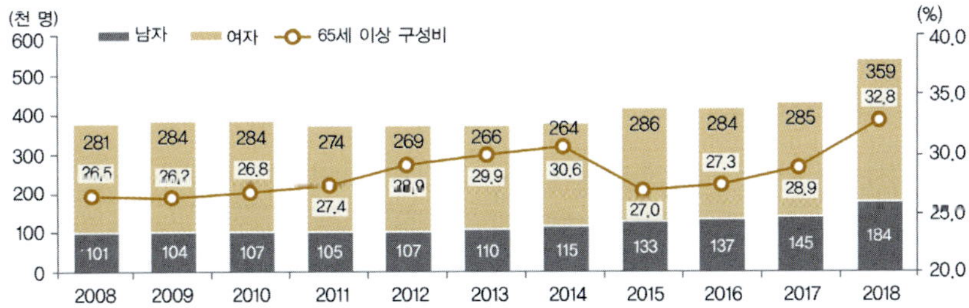

|그림 1-7| 국민기초생활보장 수급자(65세 이상)

출처 : 보건복지부(2019). 국민기초생활보장 수급자현황 자료.

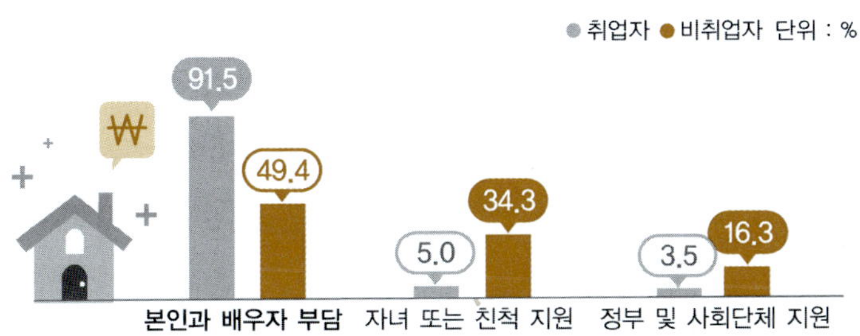

|그림 1-8| 생활비 마련 방법(65세 이상)

출처 : 통계청(2019). 2019 고령자 통계.

2. 노화와 질병

일반적으로 노화(aging)란 나이가 들어감에 따라 점진적으로 발생하는 생체조직과 생체기능의 약화현상을 말한다.

노인 중에서 신체적 · 정신적 노화로 인하여 허약노인 또는 장애노인의 수가 급증하고 있다. 전체 노인의 85.9%가 만성질환을 지니고 있고, 만성질환에 의하여 일상생활에 지장을 받는 노인은 72.2%이며, 이들 중 약 8%는 와상상태(종일 누워 지내는 상태)이다(이가옥 외, 1994; 최성재, 1995).

노인은 젊은이에 비하여 유병률이 2~3배 이상이 되며, 만성질환과 합병증 현상으로 빈번한 의료진료가 요구된다. 특히 노인질병의 진료는 고액진료가 많기 때문에 의료보험이나 의료보호의 제도적 뒷받침 없이 개인이 일시에 진료비를 부담하는 일은 상당히 어렵다. 또한 적절한 건강보호를 받기 위해서는 의료시설에의 접근이 용이해야 하는데, 대부분의 의료시설이 대도시에 편중되어 있어, 특히 농어촌 노인이 진료를 받는 데 많은 문제가 되고 있다.

특히 한국사회는 매우 짧은 기간에 도시화와 핵가족화가 동시에 진행되어서, 노년세대와 중년세대가 서로 다른 생활권에서 사는 경우가 많기 때문에 아픈 노인을 위한 가족의 보호가 일상적으로 이루어지기 어렵다. 이 때문에 혼자 신변처리를 하지 못하는 노인의 보호문제, 특히 치매노인의 보호문제는 심각한 사회문제가 되고 있다.

따라서 노인인구의 건강수준은 노인 자신뿐만 아니라 가족과 사회에 끼치는 영향력이 매우 크다고 하겠다.

3. 안전문제

노화로 인한 시각, 청각, 촉각, 미각의 저하는 곧바로 안전의 문제로 이어지게 된다. 따라서 노인의 안전문제와 관련하여 설명하면 다음과 같다(나용선, 2017).

노인들은 신체적 요인에 기인하여 안전의 위험에 처하게 되는데, 여기에 사회적 · 환경적 요인까지 더해져 안전에 매우 취약하게 된다. 특히 해마다 노인의 교통사고율이 증가하는 것이 이를 대변해 주고 있으며(왜 30km로 서행하라는 노인보호구역을 별도로 지정해 두고 있겠는가?), 이 외에도 낙상으로 인한 골절상으로 와상노인이 되는 것 또한 심각한 문제로 다루어지고 있다.

일반적으로 노인의 경우 횡단보도에서 사고가 잦은데, 이는 시각 및 감각의 기능이 떨어져 신속히 반응하지 못하여 발생하는 경우가 많다. 파란불로 바뀌어도 몇 초가 지나야 횡단보도를 지나간다든지 관절염 등으로 인하여 불법으로 횡단하는 사례가 많아 교통사고의 취약계층이 되고 있다.

〈표 1－6〉의 2018년 도로교통공단 자료에 따르면 2018년 전국 교통사고에서 발생한 사망자(3,781명) 중 61세 이상 고령사망자(1,982명)는 전체의 52.4%를 차지하고 있다. 이는 2015년 65세 이상 고령자사망자 수의 38.1%에 비해 14%p 이상 증가하였다. 지속적으로 고령자사망자 수가 증가하는 현실을 감안한다면 노인의 안전문제에 대한 시급한 대책마련이 필요하다.

〈표 1-6〉 연령별 교통사고 사망자 외

연령대	사망자 수	부상자 수
14세 이하	41	119,827
15～20세	113	68,839
21～30세	267	309,903
31～40세	277	396,805
41～50세	406	391,053
51～60세	695	363,067
61～70세	744	192,752
71세 이상	1,238	78,086
합 계	3,781	1,920,332

출처 : 도로교통공단(2018). 교통사고 통계분석.

4. 역할상실

고도의 기술 및 경쟁의 산업사회에서 새로운 기술과 직종의 발전은 고령자를 생산현장에서 몰아냈다. 이로 인해 노인은 직업적 역할을 상실하게 되었을 뿐만 아니라 직업역할 상실에 수반하여 생계유지자로서의 역할도

상실되어 그 역할상실고로 인한 상황은 더욱 심각해진다. 최근의 급속히 증가된 고령인구와 조기퇴직이라는 새로운 제도로 많은 노인이 역할을 상실하게 되는 현상이 나타나는 데 비해 이에 대한 준비가 부족했으므로 퇴직 후의 노령기에 있어서의 적절한 역할과 규범을 확립하지 못하고 있다.

특히 현대사회에서 노인이 기여할 수 있는 역할은 상당히 위축되고 있고, 비공식적 사회관계망의 기능도 약화되어 있어서 노인의 역할상실은 더욱 가속화되고 있다. 역할상실로 인해 노인이 사회와의 상호작용을 유지하지 못하고, 일거리 없음, 배우자나 친구의 상실, 대외활동의 어려움으로 인해 사회와 단절이 일어난다면 노인의 무력감은 증가될 수 있으며, 자살을 유발하는 등 위기상황을 초래할 수 있다.

5. 소 외

교육이 대중화되면서 일반적으로 자녀세대는 부모세대보다 교육수준이 높아졌다. 자녀의 교육수준이 높아지면서 부모세대의 지식수준은 낮아지고 뒤떨어지게 된다. 공식적 교육은 강력한 사회화의 수단이 되고 교육수준이 다른 세대 간에 또한 사회화의 차이를 가져오며, 이는 부모의 지식수준이 낮고 뒤떨어짐과 더불어 세대 간의 갈등과 고립을 가져오는 데 기여한다. 이러한 세대 간의 고립과 갈등은 가정과 사회에서 세대 간의 고립과 소외를 낳으며, 이에 따라 부모와의 동거・별거문제 등 심각한 갈등을 야기시킨다.

한편 현대화의 핵심적 요소인 도시화는 사회적 이동과 지리적 이동을 유발한다. 사회적 이동은 사회적 지위의 전도 등을 통하여 사회적 거리감을 크게 만들고, 이는 세대 간의 고립을 초래한다. 그리고 지리적 이동은 가치관 또는 사회화의 차이와 더불어 핵가족화를 촉진시키고, 핵가족화는 부모와 자녀 간의 공간적 고립을 가져와서 결국 사회와 노인 간, 젊은 세대와 노인세대 간, 가정 내의 부모와 자녀 간의 사회적・심리적 고립, 즉 소외라는 노인문제를 발생시킨다.

제3절 노인복지의 이해

1. 노인복지의 개념

노인복지(the aged welfare 또는 elderly welfare)란, 노인이 복지적 상태를 유지하도록 하는 사회적 활동으로 사회복지실천의 한 분야이다. 보다 구체적으로 정의하면, 노인복지는 "노인이 인간다운 생활을 영위하면서 자기가 속한 가족과 사회에 적응하고 통합될 수 있도록 필요한 자원과 서비스를 제공하는 데 관련된 공적・사적 차원에서의 조직적 제반활동"이다(장인협・최성재, 2009).

즉, 노인복지란 노인이 기본적 생계를 유지하는 데 어려움이 없어야 하며, 가족으로부터 사랑과 관심의 대상이 되어야 하고, 지역사회로부터 우선적으로 보호받는 존재로서 보다 풍요로운 노후를 살아갈 수 있도록 돕는 실천활동이라고 말할 수 있다. 여기서 공적・사적 제반 실천활동이란 노인복지정책과 행정, 각종 노인복지시설 및 노인복지서비스가 모두 포함된다.

노인의 복지를 위해서는 노인이 한 인간으로서의 기본적 욕구충족과 그 문화적 생활유지를 하도록 주어진 자원을 효과적이고 효율적으로 활용하여 물적・인적 자원을 조직하여야 한다. 노인도 사회적 활동을 함으로써 타인과 정상적인 대인관계를 유지하고, 일정한 사회적 역할을 수행하여 만족감과 생의 의의를 갖게 된다. 따라서 노인의 사회적 활동에 대한 욕구를 충족시켜 주도록 하는 것이 노인복지의 기본이다.

2. 노인복지의 원칙

노인복지의 원칙을 독립의 원칙, 참여의 원칙, 보호의 원칙, 자아실현의 원칙, 존엄의 원칙 등의 다섯 가지로 나누어 살펴보면 다음과 같다(한국임상사회사업학회, 2017).

1) 독립의 원칙

가족과 지역사회의 지원 및 자조를 통하여 의, 식, 주, 의료에 접근할 수 있어야 하며, 일할 수 있는 기회를 제공받거나 다른 소득을 얻을 수 있는 적절한 교육과 훈련 프로그램에 참여할 수 있어야 한다. 자신의 욕구에 맞추어 안전하고 편리하게 적응할 수 있는 환경에서 살 수 있어야 하며, 가능한 한 오랫동안 가정에서 살 수 있어야 한다.

2) 참여의 원칙

사회에 통합되어야 하며, 그들의 복지에 직접 영향을 미치는 정책의 형성과 이행에 적극적으로 참여할 수 있고 자신의 지식과 기술을 젊은 세대와 함께 공유할 수 있는 기회가 제공되어야 한다. 그리고 지역사회 봉사를 위한 기회를 찾고 개발하여야 하며, 흥미와 능력에 맞는 자원봉사자로서 봉사할 수 있어야 한다. 인권과 권익을 위해 사회운동과 단체를 형성할 수 있어야 한다.

3) 보호의 원칙

각 사회의 문화적 가치체계에 따라 가족과 지역사회의 보살핌과 보호를 받아야 하며, 신체적·정신적·정서적 안녕의 최적 수준을 유지하거나 되찾도록 도와주고 질병을 예방하거나 지연시키는 건강보호에 접근할 수 있어야 한다. 또한 사회적·법률적 서비스에 접근할 수 있어야 하며, 인간적이고 안전한 환경에서 보호, 재활, 사회적·정서적 격려를 제공하는 적정수준의 시설보호를 이용할 수 있어야 한다. 보호시설이나 치료시설에서 거주할 때 인권을 존중받으며, 자신들의 건강보호와 삶의 질을 결정하는 권리도 존중받는 것을 포함하는 인간의 권리와 기본적인 자유를 누릴 수 있어야 한다.

4) 자아실현의 원칙

자신들의 잠재력을 완전히 개발하기 위한 기회를 추구하여야 하며 사회의 교육적·문화적·정서적 여가에 관한 자원에 접근할 수 있어야 한다.

5) 존엄의 원칙

존엄과 안전 속에서 살 수 있어야 하며, 착취와 육체적·정신적 학대에서 자유로워야 한다. 나이, 성별, 인종이나 민족적인 배경, 장애나 기타 지위에 상관없이 공정하게 대우받아야 하며, 그들의 경제적인 기여와 관계없이 평가되어야 한다.

3. 노인복지의 특성

1) 욕구의 다양성

매슬로우(Maslow)의 욕구위계 5단계를 설명하지 않더라도 인간은 성장과정에 따라 그 행복의 조건 및 인간적 욕구가 변화하고, 특히 나이가 들수록 그 욕구가 다양해져서 노인의 경우에는 경제적 빈곤, 건강의 약화, 고독감, 역할상실 등 어려운 문제에 당면하고 있다고 할 수 있다. 또한 후손에게 어른으로서 대접을 받겠다는 욕구 등 그 욕구가 다원적 성격을 띠고 있다.

2) 대상의 보편성

인간은 누구나 막론하고 늙게 된다. 노인복지는 인간은 누구나 노인이 되고 모든 사람이 조만간 노인복지의 대상이 된다는 점에서 다른 복지분야와는 달리 대상의 보편성을 그 속성으로 한다.

3) 대상의 격증성

현대사회는 과학기술과 의학기술의 발달, 인구의 자연적 증가현상 등으로 생활수준이 향상되고 평균수명이 연장되어 인구의 고령화 현상이 나타나고 있다. 노인복지 대상으로서 고령인구는 이와 같은 요인 때문에 급격하게 증가하고 있다. 그리고 새로운 기술 개발, 산업화 정책, 정년제 등 인위적 정책에 따른 제도적 노인 취급에 의하여 노인층은 격증하고 있으며, 노인복지의 필요성이 대두되고 있다.

4) 선봉사 후수혜성

현재의 노인은 경제활동이 가능했던 활동기간 중에 보험료 또는 납세 등에 의해 보험재정이나 국가재정에 기여해 왔으며 사회적 활동을 통해 사회발전에 기여해 왔기 때문에 경제능력을 상실한 노후에는 오늘의 경제활동인구층으로부터 부양받을 권리를 갖고 있다는 것이다.

4. 노인복지의 목표

1) 개인의 성장욕구 충족

노령기는 인간의 성장·발달단계의 마지막 단계로서, 이 시기에 있는 개인은 개인으로서 특수한 발전의 욕구가 있고 또한 성공적인 노령기 삶을 위한 발달과업이 있다. 그러므로 노인복지 프로그램은 노인이 개인으로서 자기의 고유하고 특수한 욕구를 충족하고 또한 노령기의 발달적 과업을 잘 성취할 수 있도록 하는 데 그 목표를 두어야 할 것이다. 평균수명의 연장으로 노령기는 점차 연장되고 있으며, 이 기간은 노화의 부정적 영향을 잘 수용하면서 심리·사회적으로 더욱 성숙하고 성장하는 시기가 되어야 할 것이다.

2) 사회적 통합의 유지

사회적 통합은 개인이 자기가 속한 사회체계인 가족, 이웃, 집단, 조직, 지역사회 및 국가, 사회 등에 심리·사회적으로 유대감을 가지고 적응하고 있는 상태를 말한다. 노인복지의 모든 프로그램은 노인이 가정과 이웃 및 사회에서 소외되어 있다는 감정을 줄이고 사회체계 속에 연결되어 사회체계의 삶의 주류에 같이 흐르고 있다는 느낌을 줄 수 있어야 할 것이다.

3) 기본적인 삶의 질 유지

인간다운 삶의 보장은 의식주를 영위하는 생활보장만을 의미하지는 않는다. 노인의 삶은 노인 자신의 기본적인 생계보장, 노인을 둘러싼 환경으로서 가족관계의 유지가 매우 중요하다. 노인부양, 수발, 정서적 안녕과 삶의 기쁨은 모두 가족이라는 환경의 조건을 갖추고 있기 때문이다. 즉, 노인에 대한 지원은 가족에 대한 지원이기도 하다.

5. 노인복지사업의 원칙

노인복지사업의 목표를 달성하기 위해서는 다음과 같은 원칙이 준수되어야 할 것이다. 이러한 원칙은 사회복지사업의 기본적인 가치관을 전반적으로 반영하는 것이다(장인협·최성재, 2006).

1) 존엄성 및 개인존중의 원칙

대한민국 헌법 제10조에 "모든 국민은 인간으로서의 존엄과 가치를 가지며, 행복을 추구할 권리를 가진다. 국가는 개인이 가지는 불가침의 기본적 인권을 확인하고 이를 보장할 의무를 가진다"고 명시되어 있다.

노인복지실천현장에서도 대한민국 헌법에 나타난 이러한 원칙이 적용되는데, 노인은 누구나 평등하며 존엄한 가치를 지닌다. 나이와 성별, 직업, 사회적 지위, 경제적 상태 등의 어떠한 면에 있어서도 차별받지 않으며 인간적 권리를 누리며 존중을 받아야 한다.

이는 노인복지서비스 제공대상에 있어서 보편성의 원리와도 일맥상통하는데, 노인은 사회적으로 공헌하고 국가의 이익을 위해 노동력을 제공해 온 존재로서 노인이라면 누구나 인간적 대우와 존중을 받아야 한다.

2) 개별화의 원칙

개별사회사업의 7대 원리 가운데 하나인 개별화의 원칙은 노인복지실천현장에서도 요구되는 항목이다. 세상에 똑같은 성격과 기질을 가진 사람은 없고, 인간의 행동에는 나름대로 고유의 특성과 이유가 있다고 보아야 하며, 그러한 시각으로 실천적 접근이 이루어져야 한다.

인간은 타인과 구별되는 고유한 개인적 성질이 있으므로 차별당하지 않아야 하고 개별화되어 다루어져야 하는데, 특히 노화에 대한 부정적 시각을 버려야 하며 노인을 개별적으로 대우하여야 한다.

3) 자기결정의 원칙

자기결정의 원칙은 앞서 언급한 인간의 존엄성과 관련이 있는 항목으로서 노인의 욕구와 문제에 대하여 노인복지실천가는 노인의 개인성과 권리성을 최대한 인정해야 하며, 노인 자신의 문제를 스스로 해결할 수 있도록 경청하고 공감하며 지지하는 역할을 수행해야 한다. 그러나 욕구나 문제를 해결하는 데 있어 자원이 요구된다면 노인복지실천은 지역사회에서 동원 가능한 최대한의 자원을 확보해 주어 노인의 문제를 해결할 수 있도록 원조해야 한다. 노인은 인간으로서 존엄을 가진 존재로서, 노인이 스스로 선택하고 결정할 수 있도록 도와야 한다.

4) 권리와 책임성의 원칙

노인은 국민의 한 사람으로서 존엄과 안정된 삶을 보장받을 권리를 가지고 있는 반면, 노인이라고 무조건 받기만 하거나 의존하려고만 할 것이 아니라 자신의 심신을 건강하게 유지하고 기존의 지식과 경험을 활용하여 사회의 발전에 기여해야 하는 책임성을 동시에 지니고 있다. 오늘날 젊은이의 가치체계도 많이 달라졌으며 이러한 변화 속에서 노인 스스로도 과거 전통사회의 노인상을 고집하는 것은 지양해야 한다. 노인복지실천현장에서 사회복지사는 노인에게 무언가를 제공하면 무조건 좋아할 것이라는 생각을 버려야 하며, 노인의 욕구가 무엇인지 정확히 파악하고 노인 스스로가 서비스를 선택할 수 있도록 노인의 의사를 충분히 반영할 필요가 있다. 또한 노인은 은퇴 이후 사회적 역할이 소멸되었다고 생각할 것이 아니라 노년기에 적합한 다양한 사회참여를 통해 기여해야 할 책임성을 가지고 있다고 보아야 한다.

5) 보편성과 선별성의 원칙

로마니신(Romanyshin)에 의하면 선별적 의미로서 사회복지란, 서비스의 대상이 장애인, 아동, 노인, 여성 등 사회적 약자에게 한정되어 제공되는 원조라고 하였으며, 보편적 의미로서 사회복지란 전 국민의 보편적 욕구에 따라 국가와 사회가 책임을 지는 형태를 의미한다. 노인복지실천현장에 있어서 보편성과 선별성의 원칙은 "보편주의를 지향해야 한다. 또는 선별주의를 지향하여야 한다"는 어느 한쪽으로 치우쳐서는 안 되며 노인복지에 있어서 대부분의 노인이 가질 수 있는 보편적 욕구에 대해서는 보편성이 요구되고 경제적 차이처럼 개인적 차이가 있는 욕구에 대해서는 선별성이 요구된다.

6) 전문성의 원칙

노인의 문제는 신체적 노화와 더불어 복합적이고 광범위하게 발생하기 때문에 전문가의 참여가 매우 중요하다. 사회복지사를 비롯하여 의사, 간호사, 물리치료사, 영양사 등이 전문적으로 팀을 이루어 접근하는 것이 바람직하며 이러한 전문가는 객관적으로 자격이 인정된 사람이어야 하고 업무에 대해 권위와 자율권, 결정권 및 책임성을 가지고 있어야만 소기의 목적을 달성할 수 있다.

7) 노인의 시대적 욕구반영 원칙

오늘날 사회의 고령화가 빠른 속도로 진전되면서 노인인구가 급증하고 있다. 이는 노인의 욕구도 그만큼 증가하고 있으며 그 형태도 다양해지고 있다는 것을 의미하는데, 노인복지실천가는 수시로 욕구조사를 통해 시대적 상황에 따라 다변화하는 노인의 욕구에 부응하여 서비스를 제공해야 한다.

CHAPTER 02

노인과 노화에 대한 이해

Social Work With the Elderly

제1절 노인과 노화

1. 노인의 정의

노인복지를 이해하기 위해서는 노인복지의 주 대상자인 노인의 개념을 명확하게 이해하는 것이 필요하다. 즉, 노인이란 일반적으로 나이가 많은 사람, 혹은 늙은 사람을 지칭하는 말인데, 영어로는 old persons, the aged, the elderly, the third age, the ageing, senior citizens 등으로 표기할 수 있다. 노인학자들이 규명한 노인의 정의는 개인의 지각, 사회적 역할 변화, 역연령(chronological age) 및 기능적 연령(functional age) 등 네 가지 측면을 중시한다. 구체적으로 살펴보면 다음과 같다(박명화 외, 2004).

첫째, 개인의 자각 측면에서 볼 때 노인 스스로가 주관적 판단으로 자신을 노인으로 지각한다는 의미이다. 이 견해는 실제적으로 노인의 사회적 경험, 학력, 성별 등에 따라 달라질 수 있기 때문에 객관성은 떨어진다.

둘째, 사회적 역할 변화 측면에서 보는 노인의 경우 퇴직 등의 이유로 사회적 역할 변화로 노인으로 정하는 경우이다. 그러나 이 이론은 노인 자신의 역할이 분명하지 않거나 없을 경우 적용하기가 어렵다.

셋째, 역연령은 출생 후 달력의 시간에 의한 연령으로 일반적으로 65세 이상의 사람을 노인으로 규명하고 있다. 역연령 입장에서 노인을 설명할 경우, 노화의 개인차를 고려하지 않고 노인에 대한 고정관념과 편견을 갖게 되므로 객관적 판단이 용이하지 않으나 가장 보편적으로 적용되고 있는 견해이다.

넷째, 기능적 연령에 의한 노인은 전체 노인집단의 평균을 기준으로 가족기능적 수행능력에 따라 노인 여부를 판단하는 것인데, 개인차에 따른 노화를 인정하고 있지만 판단기준이 복잡하여 불편한 단점이 있다.

1) 국제노인학회의 정의

1951년 7월 세인트루이스(Saint Louis) 시에서 열린 제2회 국제노인학회(The 2nd International Conference of Gerontology)에서는 다음과 같은 사람을 노인으로 정의하고 있다(고재욱, 2010).

첫째, 환경의 변화에 적절히 적응할 수 있는 조직기능이 감퇴되고 있는 사람

둘째, 생체의 자체 통합능력이 감퇴되고 있는 사람

셋째, 인체의 기관, 조직, 기능에 쇠퇴현상이 일어나는 시기에 있는 사람

넷째, 생체의 적응이 제대로 되지 않는 사람

다섯째, 조직 및 기능저장의 소모로 적응감퇴현상이 있는 사람

2) 브린의 정의

브린(Breen, 1960)은 노인의 개념은 최소한 인간의 생리적·신체적·심리적·사회적 노화현상과 결부하여 이해되어야 한다고 하였다. 따라서 노인의 개념을 노화현상과 결부하여 정의하고자 한다면, 노인이란 노화현상에 의해 심리적·사회적 기능과 역할이 감퇴하고 있는 사람이라고 할 수 있다. 위와 같은 정의를 구체적으로 살펴보면 다음과 같다(고수현, 2009).

첫째, 생리적 및 육체적으로 변화기에 있는 사람
둘째, 심리적인 면에서 개성의 기능이 감퇴되고 있는 사람
셋째, 사회적 변화에 따라서 사회적 관계가 과거에 속해 있는 사람

한편 한국의 노인복지법에서는 65세를 노인으로 규정하고 있다(한국노년학회).

2. 노화의 정의

노화란 스탠리 홀(G. Stanly Hall)이 최초로 노년기 규정에서 만들어 낸 개념으로 'normal aging'과 'senescence'의 개념을 포함한다. 'normal aging(정상적인 노화)'이란 발생학적으로 대표적인 유기체가 정상적인 환경조건 속에서 살아가면서 시간과 흐름에 따라 자연히 일어나게 되는 변화를 말한다(하정연, 2003). 'senescence'란 생물학적인 측면에서 말하는 노화로 전 생애 가운데서 퇴화과정(degenerative processes)이 재생적인 생물학적 과정(regenerative biological process)을 통하여 결국 유기체의 파괴가 일어나게 되는 시기를 말한다(김영순, 2006).

노화는 인간의 정상적인 성장과 발달과정 전체의 한 부분이며 적어도 세 가지 면에서 변화과정을 포함하는 것으로 이해되어야 한다. 즉, 생물학적 노화, 심리학적 노화 및 사회적 노화과정을 포함하는 넓은 뜻으로 이해되어야 한다는 것이다(Birren, 1959). 생물학적 노화(biological aging)는 신체의 기관과 체계의 구조 및 기능이 시간의 경과에 따라 변화하는 것을 의미한다. 심리적 노화(psychological aging)는 축척된 경험에 의한 행동, 감각, 지각 기능, 자아에 대한 인식 등이 시간의 변화에 따라 변화하는 것을 의미한다. 마지막으로 사회적 노화(sociological aging)는 생활주기를 통하여 일어나는 규범, 기대, 사회적 지위 및 역할의 변화를 의미한다(최성재 · 장인협, 2003). 그

러므로 노화는 시간의 변화과정이며 정상적인 노화의 부수적인 과정이라 볼 수 있다. 이러한 노화의 일반적 특징을 요약하면 다음과 같다(유정화, 2010).

첫째, 모든 생명체와 세포는 노화한다.
둘째, 노화가 일어나는 속도는 개인에 따라 다르다.
셋째, 연령이 증가할수록 노화의 개인 간 차이가 증가한다.
넷째, 신체적 계통에 따라 노화의 속도가 다르다.
다섯째, 신체적 기관들은 서로 반의존적으로 노화한다.
여섯째, 노화에 따라 체내의 의학적 조성이 변화한다.
일곱째, 노화로 인하여 질병에 대한 감수성이 증가한다.
여덟째, 노화로 인하여 환경의 변화에 대한 적응력이 감소한다.
아홉째, 나이가 증가함에 따라 기능적 능력이 감소한다.

하지만 노화란 반드시 아프거나 쇠약하거나 성생활이 없거나 소비적이라는 부정적인 인생을 의미하지는 않는다. 전에는 노인이라고 하면 무조건 허약하다고 생각하였지만 지금은 활동적이고 건강한 장수라는 인식이 점차 증가하고 있다. 최근에는 '성공적' 노화, '건강한' 노화, '활동적' 노화라는 용어가 특별한 관심을 가지고 사용되고 있다. 노인들의 관점에서 어떻게 성공적으로 노화할 것인가를 연구한 브라이언트 등(Bryant, et al., 2001)에 따르면, 성공적으로 노화는 '의미 있는 활동을 지속하기'의 과정이다. 여기서 성공적 노화란 '가치 있거나 의미 있는 활동을 하는 것', '활동을 수행할 수 있는 능력', '활동을 지지하는 자원' 및 '긍정적 태도'의 하위범주들로 구성되며 정지되어 있는 개념이 아니라 지속적으로 상호작용하며 재배열과 균형이 이루어지는 과정이다. 이러한 하위범주들은 '의미 있는 활동을 지속하기'의 과정과 서로 상호작용을 한다. 즉, '활동을 수행할 수 있는 능력'과 '의미 있는 활동을 하는 것' 그리고 '긍정적 태도'와 '의미 있는 활동을 하는 것'은 두 하위범주가 상호작용하며 조절된다. 또한 '활동을 지지하는 자원'은 '의미 있는 활동을 하는 것'을 촉진하며 '활동을 수행할 수 있는 능력'을 보완해 주며 상호작용한다. 또한 '활동을 수행할 수 있는 능력'과 '긍정적 태도'는 상호 보완하며 균형을 이루어 나간다.

라이히슈타트, 뎁, 팔린카스, 폴섬과 제스티(Reichstadt, Depp, Palinkas, Folsom, & Jeste, 2007)는 노인포커스 집단을 구성하여 노인들이 경험하는 성공적 노화를 연구하였다. 이 연구에서는 성공적 노화에 대한 태도/ 적응, 안전/ 안정, 건강/ 안녕, 참여/ 자극의 주제가 확인되었고, 이러한 주제들은 서로가 통합되어 균형을 이룸으로써 성공적 노화의 과정을 거치게 된다. 이후 라이히슈타트, 센굽타, 뎁, 팔린카스와 제스티(Reichstadt, Sengupta, Depp, Palinkas, & Jeste, 2010)는 이를 더욱 발전시켜 성공적 노화를 하나의 연속된 선상에서의 양 측면으로 자기수용/ 자기만족과 삶의 참여/ 자기성장을 제시하고, 이러한 두 측면 간의 균형을 이루는 과정을 성공적 노화의 과정으로 설명하였다. 자기수용/ 자기만족의 하위범주에는 현실적 자기승인, 자신 삶에 대한 고찰과 현재를 바라보기가 있으며, 삶의 참여/ 자기성장의 하위범주로는 새로움의 추구, 타인에 대한 배려, 사회적 상호작용과 긍정적 태도를 제시하여 이러한 균형이 이루어지게 되면 삶의 지혜가 깊어져 성공적으로 노화할 수 있다고 제시하였다. 이러한 노화의 긍정적 측면은 극히 최근의 일로서 경제사회적 발전과 함께 평균수명이 길어지고 경제적 여건과 건강을 지닌 고령자가 많아짐으로써 노화현상을 새롭게 바라보며, 고령자집단을 새로운 사회집단으로 인식하는 데서 만들어진 것으로 판단된다. 우리나라와 서구에서 연구된 성공적 노화의 개념과 요인을 살펴보면 다음 〈표 2-1〉과 같다.

〈표 2-1〉 성공적 노화의 개념 · 요인에 관한 연구(국내 · 국외)

학자(연도)	성공적 노화
홍현방(2002)	심리적인 발달 : 자아개념과 통제감 사회적인 관계 : 사회적인 접촉, 가족과의 접촉 신체적인 건강 : 질병 유무, 기능 정도, 주관적 평가 정신적인 건강 : 질병 유무, 기능 정도
김은숙 · 김귀분(2002)	대접받는 삶, 평안한 삶, 독립적인 삶, 경제적인 삶, 만족한 삶
성혜영 · 유정현(2002)	사회적 관계 유지 및 적용, 정신적 · 신체적 기능 유지, 삶의 만족, 복지혜택 및 편함, 경제적 준비, 질병예방, 가족 간의 관계
박경란 · 이영숙(2002)	자율, 개인성장, 안락한 생활, 역할완수, 자아수용, 상호교류, 봉사
강 인(2003)	신체적 건강, 개인성장, 정서적 안녕, 자율성, 가족지향, 경제적 안정
김미혜 · 신경림(2005)	자기효능감을 느끼는 삶, 자녀성공을 통해 만족하는 삶, 부부간의 동반자적 삶, 자기통제를 잘하는 사람
최혜경 · 백지은 · 서선영(2005)	상층 : 중용으로서의 삶(어디를 가도 떳떳하다, 아무에게도 짐이 되지 않는다, 욕심을 버린다, 시간을 보람 있게 잘 보낸다, 자식이 잘 컸다) 중층 : 자식에게 투영된 삶(자녀의 성공은 나의 노력이며 나의 공, 자녀로 인해 부러움을 산다) 하층 : 내 한 몸 추스르는 삶
이영숙(2009)	심리적 측면, 신체적 측면, 사회적 측면, 인지적 측면
Birren(1959)	생물학적 노화, 심리학적 노화, 사회학적 노화
Ryff(1989)	자기수용, 타인과의 긍정적인 관계, 자율성, 환경에의 숙달, 인생의 목표, 개인적인 건강
Wong(1989)	신체적 적응, 심리적 안녕감, 적응능력
Baltes & Baltes(1993)	장수, 신체적 건강, 정신적 건강, 인지적 효능감, 사회적 유능성과 생산성, 개인조절능력, 개인적 성장
Vaillant(1994)	신체적 건강(생물학적 건강, 수명), 심리 · 사회적 건강(정신적 건강, 심신의 활력, 생활만족)
Fisher(1995)	자율, 환경에의 조절, 개인의 성장, 자아수용, 목표의식
Ardelt(1995)	인지적 · 정서적 요소들로 결합된 지혜
Rowe & Kahn(1999)	질병과 질병 관련 장애의 위험이 낮은 상태, 높은 수준의 인지적 기능과 신체적 기능, 삶에 대한 활동적인 참여
Fisher & Specht(1999)	타인과의 상호작용, 개인적 성장, 자기수용, 건강, 자율성, 목적의식
Peterson(1999)	신체적 영역(㉾ 적절한 신체적 기능), 사회적 영역(㉾ 경제적 어려움이나 위해에 대한 두려움이 없는 생활), 정신적, 정서적 혹은 영적 영역

출처 : 김재중(2007); 이영숙(2009); 송혜자(2009); 김미혜 · 신경림(2005) 재구성.

제2절 노인의 특성

신체적 노화는 신체 주요 구성성분의 변화로 나타난다. 신체변화란 신체를 구성하고 있는 세포가 노화에 의하여 제 기능을 충분히 발휘하지 못하는 것을 의미한다. 노화는 20세가 지나면서 서서히 시작되어 40세 이후부터 본격적으로 진행된다고 보는 것이 일반적이다. 그러므로 빠른 사람은 약 40세부터, 조금 늦은 사람이라 해도 50대 후반에는 몸의 노화를 느끼기 시작한다.

인간의 신체에 내재해 있는 기본적인 구조에 대한 지식 없이는 노년기의 심리 · 시회적 노화현상에 대해서도 이해할 수 없을 것이나(최순남, 2002). 이와 같은 노화현상은 신체적 외면상의 변화, 신체구조적인 쇠퇴, 그리고 질병발생률의 증가 등으로 나타난다.

1. 신체적 특성

1) 체력의 변화

노인들은 기초체력의 저하와 함께 관절이 굳고 근육량이 줄어서 기본적인 움직임 자체가 젊은 사람에 비해 느리고 힘들 수밖에 없다. 또한 신체조직의 수분과 뼈의 질량이 감소하고 골밀도가 낮아짐에 따라 관절염이 생기고 운동능력이 감퇴한다(남경은, 2009).

2) 피 부

피부는 연령이 증가할수록 수분과 피하지방의 감소로 인해 거칠고 건조하고 탄력성도 저하되며 주름살이 생긴다. 혈액순환의 저하로 온도조절기능이 약화되어 추위와 더위에 민감해진다. 또 멜라닌(melanin) 색소의 부분적 축적으로 노인의 상징인 얼룩반점이 생긴다.

3) 모 발

모발은 중년기부터 색의 변화가 시작되나 유전적 소인이 크게 좌우된다. 또 연령이 증가하면 남녀 모두 약화되어 탈모현상이 나타난다.

4) 치 아

치아는 연령이 증가함에 따라 감소하는데 45세를 경계로 현저히 나타난다. 일반적으로 치아의 남은 수는 60대에 14개, 70대에 11개, 80대에 6개 정도로 알려져 있다.

5) 장기의 무게

장기의 무게는 출생 후 계속 증가하다가 노화현상이 나타나는 40대부터 감소한다. 모든 장기는 노화와 함께 감소하나 심장의 무게는 동맥경화나 심근경색증, 당뇨병, 고혈압 등으로 증가하는 특징이 있다.

6) 소화기능

소화기관은 구강에서 항문까지를 포함한다. 그러므로 노년기의 소화기능은 치아의 결손, 침 분비의 감소, 위벽의 탄력성 저하, 위산분비의 감소, 근육의 약화, 장운동의 저하 등으로 인하여 감소되며 변비를 초래하기도 한다.

7) 기초대사기능

기초대사율은 휴식상태에서의 산소소모량을 말하는데, 이것은 연령이 증가함에 따라 감소한다. 그러나 혈액 속의 당분분포율을 나타내는 탄수화물 대사율은 연령증가와 함께 증가한다. 따라서 노년기 이후에는 당뇨병의 발생률이 높아진다.

8) 호흡기능

일반적으로 호흡기능은 20대 이후부터 감소하기 시작하는데 공기를 최대한 들이마실 수 있는 전폐용량과 들이마신 공기를 교환하여 밖으로 방출하는 폐활량은 20세 이후부터 연령증가에 따라 감소한다. 그러나 방출하지 못하고 폐에 남아 있는 잔기량은 70세에 이르면 35~40% 정도가 증가한다. 그러므로 노년기의 호흡기능은 감퇴하며 호흡기 질환의 발병률이 증가한다(최성재 · 장인협, 2003).

9) 회복능력의 변화

신체조직의 기능저하는 회복하는 기능도 감퇴시키기 때문에 작은 외부의 충격이나 변화에도 주의하여야 한다. 특히 노인들에게는 가벼운 감기나 질환, 갑작스러운 온도변화 등도 치명적일 수 있다(남경은, 2009).

2. 심리적 특성

노후에 따른 생물학적 변화에 대해서는 여러 부문에서 견해가 일치하고 있으나 심리적인 변화에 대해서는 의견들이 서로 상충하는 경우가 많다. 즉, 연령의 증가에 따라 감각 및 지각기능의 변화, 정신능력의 쇠퇴, 그리고 성격의 안정성 여부에 대해서도 다수의 대립되는 이론들이 많다. 따라서 이러한 통념들에 대해 유의하면서 노화에 따른 노인의 심리적인 특성으로서 감각기관의 변화, 인지적 변화, 성격 특성의 변화 등에 대해 살펴보고자 한다.

1) 감각기관의 변화

(1) 시력

시력이 감소하여 노안이 나타난다. 명시성이 낮은 색이나 비슷한 질감의 표면을 구분하기 힘들고 빛에 대한 감각이 둔화되어 젊은 사람보다 밝은

조도를 필요로 한다. 또한 나이가 들면서 지방이 감소하면 눈꺼풀이 처지게 되고 눈이 깊게 들어간다. 눈썹은 회색으로 변화하고, 남성의 눈썹은 거칠어지거나, 남녀 모두 눈썹은 가늘어진다. 결막은 얇아지고 누렇게 변하며 눈물의 양은 감소하여 건조해지고 불편감이나 자극을 주게 되는데 이는 인공눈물의 사용에 의해 완화될 수 있다.

(2) 청력

노화에 따라 귓바퀴는 연골형성이 계속되고 피부 탄력성이 상실되기 때문에 커지고 늘어진다. 외이도의 가려움과 건조증 또한 증가하고 귓바퀴의 끝은 거칠고 털로 덮여 있으며 이관은 내측으로 위축됨에 따라 좁아진다. 또한 높은 주파수의 소리를 듣기 어렵고 반사음에 대한 분별이 낮아져 노인성 난청이 발생한다. 소리에 대한 감각이 둔화되어 젊은 사람보다 큰 소리를 필요로 한다.

(3) 미각

미각의 둔화로 짜고 단것에 대한 감각이 낮아지고 외부온도에 대한 감각과 이에 대한 체온유지능력이 떨어지게 된다(최성재 · 장인협, 2003).

(4) 후각

나이 증가에 따른 변화가 거의 없어 모든 노인의 신체적 변화 중에서 가장 변화가 적게 일어난다.

(5) 촉각

신체부위에 대한 접촉의 민감성은 대체로 45세경까지는 증가하나 그 이후 현저히 감퇴하는 경향이 있다. 그러므로 노인은 접촉의 강도가 높아야 쉽게 접촉감을 느낄 수 있다. 노인이 되면 통증을 호소하는 정도는 증가하지만 통증에 대한 민감성이 감소하여 둔감한 반응을 보인다(박귀영 외, 2010).

2) 인지적 변화

(1) 지능

지능은 '새로운 것을 학습하는 능력' 또는 '환경에 적응할 수 있는 인지능력'이라고 할 수 있다. 지능은 추리력이나 기억력과 관련되어 새로운 것을 학습할 수 있는 능력인 유동적 지능과 경험이나 훈련과 관련되어 환경에 적응하는 능력인 결정화 지능으로 구분할 수 있다(Hom & Cattell, 1967). 두 가지 지능은 연령증가에 따라 다른 양상을 보인다. 따라서 노년기에는 새로운 것을 학습하는 유동적 지능은 저하되는 반면에 경험이나 훈련과 연관된 결정화 지능은 상승하는 양상을 보인다. 따라서 지능은 연령보다 교육의 정도가 더 큰 영향을 미친다고 볼 수 있다(Botwinick, 1978).

(2) 기억력

기억력이란 주어진 시간과 장소에서 발생했던 구체적인 사건에 대한 정보를 유지할 수 있는 능력을 의미한다. 이것은 장·단기 기억능력을 포함하며 사실 또는 정보를 저장하고 검색하는 과정이다. 단기기억이란 비교적 단기간의 시간이 지연된 후 생각하거나 회생하는 것을 의미하며, 장기기억이란 과거에 발생하여 자주 실행되거나 생각되지 않았던 사건을 기억하는 것이다(Craik, 1977). 지능의 경우와 마찬가지로 노년기의 기억변화에 대한 자료는 복잡하여 해석하기 어렵고, 때때로 모순적인 결과를 나타내는 것으로 보고되고 있다(Greene, 1986). 사회복지사에게 중요한 관심은 사건을 기억하는 능력이 클라이언트의 일상생활활동과 기능적 수용력에 어떤 영향을 미칠 수 있는가에 대한 것이다.

(3) 학습능력

학습능력은 연습이나 경험을 통하여 정보나 기술을 습득하는 것을 말하며 과업수행의 결과로 측정할 수 있는 것이다. 이 능력은 연령이 증가함에 따라 저하된다고는 하지만 다른 요인들도 복합적으로 영향을 미치고 있기 때문에 절대적이라고 볼 수는 없다. 만약 노년기에도 충분한 시간이 주어지거나 학습목표가 분명하고 학습내용이 구체적이거나 학습결과에 대한 보상이 주어지는 과제인 경우에는 학습능력이 향상될 수 있을 것이다(최성재 · 장인협, 2003).

(4) 창의력

데니스(Dennis, 1966)가 19세기까지 생존하였던 인문학, 과학, 예술분야 사람들의 업적을 연령대별로 구분하여 조사한 바에 의하면, 전반적으로 40대에 가장 많은 업적을 내었고, 그 이후 업적의 양은 약간 떨어질 뿐 큰 차이를 나타내지 않았다. 예술분야에서는 40대 이후에서 70대까지 업적의 양이 지속적으로 감소하였지만 인문학 분야의 경우 동일 기간 동안 업적의 산출량은 별반 차이를 보이지 않았다. 따라서 창의력(creative thinking abilities)은 연령의 노소에 의한 것보다 개인차, 당사자의 적성과 업무영역에 의해 결정되는 경우가 우세하다고 할 수 있다.

(5) 사고능력

사고능력은 학습과 지각에 의해서 받아들인 상황을 구별하는 능력을 말하는데 일반적으로 연령이 증가함에 따라 저하된다고 본다. 그러나 사고능력은 연령보다는 교육수준이나 지능에 의해 크게 영향을 받는다.

(6) 동기

동기는 목적을 추구하는 행위의 추진력을 말하는데 연령의 영향보다는 확고한 목표나 구체성, 보상의 크기에 따라 좌우된다고 할 수 있다(Kuhlen, 1964).

3) 성격적 측면

노인의 성격적 측면을 살펴보면 다음과 같다(고수현, 2009; 박귀영 외, 2010; 윤 진, 1985).

(1) 우울증 경향 증가

우울증은 노인에게 볼 수 있는 가장 흔한 기능적 정신질환으로 전 세계적으로 노인인구의 약 15% 정도가 경험하고 있는 것으로 나타났다. 노인이 경험할 수 있는 의존성 증가는 절망감, 무기력, 자기통제력 저하, 자아존중감과 자기가치의 저하 등을 일으키고, 이러한 변화는 노인의 일상생활기능에 지장을 초래하여 우울증이 되기도 하며, 치료되지 않은 채 남아 있을 때에는 사망률을 높일 수 있다.

노인이 우울할 때 경험하는 증상은 불쾌감, 피로, 흥미결여, 쾌락감 결여, 무가치감, 절망, 무기력, 성적 관심의 저하, 의존성 증가, 불안 등을 포함하며, 우울의 신호가 될 수 있는 인지변화는 개인의 기억력 저하, 편집증, 초조, 과거에의 어려움, 식욕저하, 수면양상의 변화, 에너지 수준의 저하, 옷차림 불량, 과거에 친했던 사람에 대한 관심철회와 같은 행동변화를 보인다. 우울을 경험하는 노인에게서 흔히 볼 수 있는 신체증상으로는 근육통, 복부의 통증, 팽만감, 오심과 구토, 구강건조, 두통 등을 들 수 있다.

(2) 경직성 증가

사람은 연령이 증가함에 따라 자신의 사고나 습관이나 행동을 고수하려는 성향이 있다. 특히 노년기가 되면 모든 면에 자신감이 없기 때문에 자존감을 유지하기 위해서 사고나 습관, 행동을 지속하려는 것이다. 이러한 특성은 노년기의 학습능력이나 문제해결능력을 저해하는 요인이 될 수 있다(Botwinick, 1978).

(3) 수동성 증가

노년기에는 자기 자신의 사고나 감정에 의해 사물을 판단하는 경향이 많아지고 누군가의 도움을 받아 문제를 해결하려고 하는 수동적 경향이 증가한다. 삶의 전반은 생물학적이고 사회적인 역할이 활발함에 반해 삶의 후

반은 정신, 심적 및 내적 발견으로 특징지어지는데, 정신 및 인간 내면성의 발달은 개인적 의미와 영적 의미를 추구하고자 하는 경향과 함께 생기나 많은 노인은 심리적 탐구에 별로 관심을 두지 않는다.

(4) 조심성 증가

일반적으로 노인이 되면 젊은이에 비해 모든 사물에의 판단과 행동수행에 있어 조심성(cautiousness)이 증가한다고 본다. 여기에 대해서는 여러 가지 의견이 있는데 다음과 같이 정리할 수 있다.

첫째, 감각능력 및 몸 기능의 퇴화 때문이라고 본다. 시각, 청각 등의 감각능력 감퇴를 비롯한 신체적·심리적 메커니즘 기능이 쇠퇴한 결과로 부득이 조심스럽게 된다고 보는 것이다.

둘째, 결정에 대한 자신감이 감퇴하기 때문으로 본다.

셋째, 노인은 특성상 작업의 속도나 양보다 정확성이나 질을 중요시하므로 자기 의지에 의하여 조심스럽게 행동한다고 보는 견해이다.

(5) 의존성 증가

노인은 신체적 기능의 약화와 경제적 능력의 쇠퇴로 인한 의존성과 뇌기능 감퇴로 인한 정신적 의존성, 생활에서 의미 있는 중요한 사람을 잃음으로써 생기는 사회적 의존성이 증가하는 경향이 있다.

(6) 절망감 증가

에릭슨(Erikson)은 생애주기 발달과정에서 8단계인 노년기에는 자아통합감 대 절망감의 발달과제가 있다고 제시하였다. 노년기에 접어들어 삶에 대한 회상에서 갈등이나 두려움의 문제를 잘 해결할 수 있으면, 삶에 대한 새로운 의미를 찾게 되며 죽음에 대한 준비를 잘할 수 있게 되고 또한 불안도 해소할 수 있게 되어 노령기의 발달과업이라 할 수 있는 자아통합을 잘 이룩할 수 있게 되고 그렇지 못할 경우에는 절망감이 증가하게 된다. 즉, 이 시기에 자아통합감을 갖는 노인은 지난 세월을 감사하게 받아들이지만 절망감에 빠진 노인은 역할상실이나 소외감을 호소한다.

(7) 양성성 증가

노년기에 이르러 남성은 유친성, 양육동기, 동정심 등 여성적 특성의 증가를 보이는 반면, 여성은 공격성, 자아중심적 경향 그리고 권위주의적 동기 등 남성적 특성의 증가를 보인다. 즉, 여성노인은 특히 부드럽고 전통적인 여성다움이 감소하여 좀 더 적극적이고 남성적인 특성이 나타나는 양성성(androgyny)의 경향이 있다. 남녀의 성역할에도 변화가 오는데 남성노인은 더욱 수동적이 되고, 여성노인은 더 능동적이며 권위적이 된다. 특히 남성노인의 경우에는 직장생활이 전부였다가 퇴직을 하면 점차 집에서 보내는 시간이 많아지고 집안일을 돕는 정도도 늘어난다. 여성노인은 출가한 자녀들을 방문한다든지, 친구와 함께 모임을 갖는다든지 하여 활동성이 더욱 증가하는 경향이 있다.

(8) 친근한 사물에 대한 애착심

노인이 될수록 오래 사용해 온 물건에 대한 애착심이 증가한다. 집, 가재도구, 사진, 골동품, 일용품 등 여러 가지 친숙한 물건은 노인으로 하여금 지나온 과거를 회상하게 하고 마음의 안락과 만족을 느끼게 한다.

애착의 정도는 대상에 대한 분리가 일어났을 때 느끼는 상실반응과 직접적 상관관계가 있다. 애착은 자신의 사후에 이 세상에 다녀갔다는 흔적을 남기려는 욕망으로 이어지게 되는데 이를 '유산을 남기려는 갈망'이라고 한다. 이러한 양상은 자손의 번영, 문학, 예술작품이나 독특한 기술의 산출, 지식, 재산 등을 후손에게 맡기려는 본능으로 이어진다.

3. 사회적 특성

사회적 노화는 개인이 사회생활을 하는 동안 가족, 집단, 지역사회 등의 사회적 관계망 속에서 연령이 증가함에 따라 변화하는 생활과 관련된다. 즉, 사회적 노화란 노화과정에 겪게 되는 사회적 관계의 내용인 지위와 역할 등 사회적 관계의 제반 측면의 변화를 말한다(현외성, 2011).

(1) 지위와 역할의 변화

노년기에 가장 뚜렷한 변화는 지위와 역할의 변화이다. 지위와 역할의 변화는 상실과 취득, 중요성과 변화, 역할의 종류와 규모 및 수행방법의 변화로 구분할 수 있다. 지위와 역할의 상실과 취득에 있어서는 직업적인 면에서 직업인의 역할을 상실하고 퇴직인으로서의 역할을 취득한다. 가족적인 면에서 가장의 역할을 상실하고 배우자의 사망으로 인해 남편이나 아내의 역할이 상실되는 반면에 의존자나 조부모의 역할을 획득한다. 역할의 중요성에서는 제도적 역할의 중요성은 감소하고 희박한 역할의 중요성은 증가한다. 역할활동의 종류와 규모에서는 1차 집단(가족)과의 관련 역할은 큰 변화가 없으나 2차 집단(사회)과의 관련 역할과 자발적 참여활동은 일반적으로 감소하는 경향이 있다. 역할수행 방법에 있어서도 지위에는 변화가 없어도 주도자적 역할에서 조언자나 지지자 정도로 역할의 내용이 달라지는 경향을 보인다.

(2) 자녀의 진수

'진수'는 사람을 독립시켜 떠나보내는 것을 뜻하며 모든 자녀는 진학이나 취업, 결혼 등을 이유로 부모의 곁을 떠나는데 이러한 상태를 '빈 둥우리(empty)'라고 한다. 노년기가 되면 모든 부모가 이러한 상황을 경험함으로써 노인이 되었음을 인식한다. 자녀가 진수한 후에는 부모나 부부의 역할이나 부모-자녀 관계에 변화가 나타나는데 부모와 자녀 간의 애정적 밀착 정도, 부모 자신의 자아성취적 활동에 대한 관심의 정도, 삶의 목표 등에 따라 부모의 노년기는 긍정적 또는 부정적으로 변화할 수 있다.

(3) 경제적 의존성

노인의 경제적 의존성은 퇴직 이후에 나타나는 양상이다. 일반적으로 퇴직 후에는 수입이 절반 이하로 감소하기 때문에 노년기의 경제적 의존성은 대부분 불가피한 상황이다. 현재 한국 노인의 노후생활보장은 반수 이상의 자녀의 원조에 의존하고 있다.

(4) 퇴직

퇴직은 직업적 역할의 상실이라는 면에서 보면 부정적 자아상을 형성하는 문제점을 유발한다. 퇴직은 모든 사람에게 같은 의미로 이해되는 것이 아니라 자발적이었는지, 강제적이었는지, 정년퇴직이었는지에 따라 또 개인의 인생관이나 생활목표에 따라 다른 의미를 갖는다. 퇴직은 지금까지 해오던 일에서 물러서는 것(retire from)으로 끝나는 것이 아니라 지금까지 하고 싶었던 것을 하기 위해서 하던 일에서 물러서는 것(retire to)으로 그 의미를 수용해야 할 것이다.

(5) 생활환경의 변화

퇴직을 기점으로 직장생활을 하던 사람이 낮 시간을 보내는 장소가 직장에서 가정으로 바뀐다. 가정에 머무는 시간이 길어짐에 따라 가정에서의 새로운 역할수행이 필요해지고 이 과정에서 역할갈등을 빚게 된다. 또 퇴직이나 자녀의 진수 후에 경제적・신체적・문화적・사회적 여건에 적응하기 위해서 주거환경에 변화를 주는 현상이 나타난다.

4. 성공적 노화

1) 성공적 노화의 개념 및 구성요인

성공적인 노화는 신체적, 정신적 건강 등 모든 영역에서 성공적으로 노화를 하는 것을 의미한다(Flood, 2002). 즉, 노인의 현재 상황을 최적화해서 효율을 높이는 것이다(Baltes & Baltes, 1990). 성공적 노화의 개념은 1986년 세계노년학회의 주제로 소개된 이래 사용되기 시작하여 성공적 노화에 대해 관심을 갖기 시작했다. 성공적 노화는 로위와 칸(Rowe & Kahn, 1998)의 노화 수준 구분에서 최적화의 노화에 해당하는 것으로, 생물 · 심리 · 사회적 기능 수준이 높고 삶의 만족과 환경에 대한 적응 수준이 높은 상태라는데 노년학자들은 전반적으로 일치된 견해를 보이고 있다.

성공적 노화는 노인을 병리적이고 수동적인 존재로 인식하던 기존의 부정적 관점에서 활기차고 건강한 노인으로의 의식의 대전환을 가져왔다고 평가받고 있다. 또한 개념정의에 있어서 학자들 간의 일치된 견해를 내지 못하고 많은 논란이 있었지만 학자들이 성공적 노화를 신체적 · 정신적 · 사회적 측면에서 바라보게 되었다(Lassey & Lassey, 2001).

성공적 노화의 구성요인을 노화의 세 가지 영역으로 구분하여 살펴보면 다음과 같다.

① 생물적 영역

첫째, 질병이나 장애 존재 여부에 상관없이 생활을 최소한도로 방해하는 것이다.

둘째, 일상생활을 자립적으로 할 수 있는 신체적 기능 수준을 유지하는 것이다.

셋째, 신체적 활력을 보유하는 상태로 노화하는 것을 말한다.

② 심리적 영역

첫째, 삶의 목표의식이 뚜렷하다.

둘째, 건강한 인지기능을 유지하고 있다.

셋째, 자신을 수용하고 통제하며 자신의 능력에 대해 신뢰하고 스스로의 성장을 도모한다.

넷째, 환경적 요구에 잘 대처하고 적응하면서 주관적으로 만족스러운 삶을 영위하는 상태를 의미한다.

③ 사회적 영역

첫째, 가족, 친구, 이웃 또는 이전의 동료와의 사회 접촉을 통하여 사회관계망을 유지 및 강화해 나간다.

둘째, 경제적으로 안정된 생활을 할 수 있는 정도의 노후소득 준비를 충분히 한다.

셋째, 은퇴 이후에도 경제활동 또는 사회발전에 기여할 수 있는 생산적 활동에 활발하게 참여하는 상태를 의미한다.

2) 성공적 노화의 촉진방안

노인이 성공적 노화에 이르기 위해서는 자발적 노력과 외부의 지원이 있어야 한다. 따라서 성공적인 노화를 촉진할 수 있는 방안에 대해 살펴보면 다음과 같다.

첫째, 노인의 건강증진을 위한 생활습관의 관리와 2차적 예방을 실시하여야 한다. 먼저, 금연, 체중감량, 운동 등의 바람직한 생활습관을 유지하여 질병에 걸리고 신체적 기능이 위축되는 것을 방지하는 1차적 예방활동을 가장 우선으로 실시하여야 한다. 그럼에도 질병에 걸릴 경우에는 질병이 악화되고 이로 인해 일상생활에 제약을 받지 않도록 적극적으로 질병을 치료하고 일상생활동작능력(activities of daily living)을 유지하기 위한 2차적인 예방적 개입을 실시하여야 한다.

둘째, 심리적으로 만족스럽고 정신적으로 건강한 삶을 영위할 수 있도록 원조하여야 한다. 이를 위해서는 노인 자신의 전 생애를 되돌아보고 해결되지 않은 생활사건이나 감정을 해결할 수 있는 기회를 부여하고 인생회고 프로그램이나 자서전 쓰기 프로그램을 실시하도록 한다.

셋째, 경제적 안정을 위한 지원을 해야 한다. 경제적 여유가 없으면 기본적인 생활이 어려워지며, 더 나아가 가족에게 의존하게 되고, 친구관계나 이웃과의 관계도 위축된다. 그러므로 노후생활에 필요한 적정 수준의 경제력을 갖추는 것이 중요하다.

넷째, 경제활동이나 사회발전에 기여할 수 있는 활동에 참여할 수 있는 기회를 부여해야 한다. 경제활동을 하게 될 경우 소득보완의 효과뿐만 아니라 사회관계망이 유지되고 사회적 지위와 역할을 부여받을 수 있는 효과가 있으므로 지역사회 내의 노인복지관이나 시니어클럽에서 실시하는 노인일자리 사업에 참여하도록 권유할 필요가 있다. 그리고 경제활동은 되지 않더라도 사회봉사활동에 참여할 수 있는 기회를 제공함으로써 사회관계를 유지하고 자아존중감 등의 긍정적 심리상태, 신체 및 정신건강을 유지하는 효과를 거둘 수 있으므로 지역 내 사회복지기관이나 공공단체에서 실시하는 노인봉사 프로그램에 참여하는 것을 권유하도록 해야 한다.

다섯째, 사회관계 유지와 적극적 여가 참여를 지원해야 한다. 노년기의 가장 중요한 관계인 부부관계, 부모－자녀 관계를 원만하게 유지하기 위해 가족관계 재조정 프로그램에 참여하도록 유도할 필요가 있다. 그리고 노인복지관이나 경로당 등과 같은 노인여가복지시설에 참여하도록 유도함으로써 사회관계를 유지하고 개인의 발전을 도모할 수 있도록 지원해야 할 것이다.

CHAPTER 03

노인소득보장정책

제1절 노인소득보장의 의의

1. 노인소득보장

현대사회에는 노년기에 오는 신체적 쇠약과 정년제도로 인해 수입의 감소나 수입이 단절되어 최소한 경제적 수입을 확보하지 못하는 노인들이 많다. 따라서 노인소득보장제도는 노인빈곤에 대한 사회적 대책으로 사회 또는 국가가 연대책임정신을 바탕으로 노인의 최소한의 경제적 삶을 보장하고자 하는 제도를 말한다.

한국사회의 노후소득보장제도는 첫째, 국민연금과 같이 고령인구에게 지급되는 공적 연금이 상대적으로 아직 성숙되지 않은 실정이며, 둘째, 생계형 근로에 종사하는 고령인구가 많으며, 셋째, 자식의 노부모 부양관습이 남아 있다. 이 중 둘째와 셋째의 요소는 노후소득보장을 위한 사회안전망이 미비했던 현실을 반영한 것으로 볼 수 있고, 특히 자식의 노부모부양은 동거를 통한 부양 이외에도 노부모가구에 대한 사전소득이전(private income transfer), 예컨대 생활비 제공이나 용돈 지급 등의 형태로 노인빈곤에 대한 일종의 사적 안전망의 역할을 해왔다. 그러나 핵가족화, 개인주의화, 저출산, 고령화 등 경제・사회적 여건의 변화추세는 고령인구를 각자 자식에게만 맡겨놓기 어렵게 만들었고, 국가에 대한 노인복지 욕구도 높아지고 있는 실정이다(김희삼, 2008). 따라서 노후에 노인들이 최적의 생활을 보장할 수는 없더라도 생리적·문화적 욕구를 어느 정도 충족시킬 수 있는 소득을 보장하여 젊음을 국가, 사회, 가정에 바친 이들에게 성공적인 삶을 영위할 수 있도록 국가적 차원에서 고려해야 한다.

제2절 노인소득보장정책의 현황

1. 노인소득보장제도의 체계

노인의 경제적 빈곤문제를 해결하기 위한 한국의 소득보장제도는 직접적 소득보장으로 국민연금제도, 국민기초생활보장제도, 기초노령연금제도, 퇴직금제도 등이 있으며, 간접적 소득보장제도에는 경로우대제도, 경로승차권제도, 세제감면제도 등이 있다. 우리나라 노인소득보장제도의 체계를 정리하여 나타내면 〈표 3-1〉과 같다.

〈표 3-1〉 현행 노인소득보장체계의 구성

<table>
<tr><th colspan="3">직접보장</th><th colspan="3">간접보장</th></tr>
<tr><th>구 분</th><th>프로그램</th><th>실시연도</th><th>구 분</th><th>프로그램</th><th>실시연도</th></tr>
<tr><td>사회보험</td><td>공무원연금
군인연금
사립학교교직원연금</td><td>1960
1963
1975</td><td>경로우대</td><td>공영시설 및 이용료 할인
버스승차권 지급
현금지급으로 개정</td><td>1980
1990
1996</td></tr>
<tr><td>공공부조</td><td>생활보호(2000, 폐지)
노령수당(1997, 폐지)
노인결연사업
경로연금(2007, 폐지)
국민기초생활보장</td><td>1961
1989
1991
1998
2000</td><td>취업증진</td><td>노인인력은행
노인공동작업장
고령자취업알선센터</td><td>1981
1986
1992</td></tr>
<tr><td>사회수당</td><td>기초노령연금</td><td>2008</td><td>생업지원</td><td>매점설치 우선권
전매품 판매우선선정</td><td>1989
1989</td></tr>
<tr><td>개인보장</td><td>퇴직금제도</td><td>1953</td><td>세제혜택</td><td>상속세 공제
소득공제</td><td>1986
1986</td></tr>
</table>

출처 : 원석조(2002) 재구성.

2. 사회보험

1) 국민연금

국민연금제도는 국가가 법령에 의하여 운영하는 대표적인 공적연금제도로 "모든 경제활동 계층을 대상으로 하여 가입자가 노령, 장애, 사망 등의 사회적 위험에 처해 소득이 감소되거나 상실되는 경우 본인이나 유족에게 경제적으로 안정적인 생활을 보장할 수 있도록 연금형태의 급여를 제공함"으로써 노후의 소득보장과 빈곤예방을 위한 사회복지 제도이다. 국민연금제도는 1986년 12월 31일 법률 제3902호로 입법된 국민연금법에 따라 1988년 도입되었으며, 법인체인 국민연금관리공단이 운영한다. 국민연금법 제49조에 규정된 급여의 종류에 따라 노령연금, 장애연금, 유족연금, 반환일시금, 분할연금 등이 있다(표 3-2 참조). 여기서 분할연금이란 수혜자가 이혼한 경우 혼인 기간이 5년 이상일 때 혼인 기간에 해당하는 연금액을 구분하여 나누어 주는 것을 의미하며, 장애연금은 가입기간 중 신체 또는 정신상의 장애가 발생하는 경우 지급하게 된다.

국민연금제도는 노령, 폐질 또는 사망과 같은 사회적 위험이 발생하여 노인빈곤으로 연결되는 것을 예방하기 위하여 가입자가 기여금과 사용주의 부담금을 주된 재원으로 한 연금급여를 제공함으로써 장기적으로 소득을 보장하는 제도라 할 수 있다.

〈표 3-2〉 국민연금 급여종류

급여종류	급여조건	급여수준
노령연금	10년 이상 가입자가 60세 도달 시	기본연금액(100%)과 가급연금[1)]
장애연금	가입 중 발생한 사고, 질병으로 인하여 신체 또는 정신의 장애	장애판정등급에 따라 기본연금액의 40~60%와 가입연금
유족연금	가입 중인 자, 10년 이상 가입자 사망 시	가입기간에 따라 기본연금액의 40~60%와 가급연금

반환일시금	10년 미만 가입자 자격상실 시	보험료에 일정 이자와 가산금을 합산하여 일시금으로 지급
분할연금	혼인 기간 5년 이상, 배우자가 국민연금 수급권자	배우자 노령연금 중 혼인 기간의 연금액을 나누어 지급

주 : 1) 가급연금은 수급권리를 취득할 당시 배우자, 자녀, 부모에게 지급하는 일종의 수당임

(1) 국민연금의 필요성

① 세계에서 가장 빠르게 노인인구가 늘고 있다

우리나라는 매우 빠른 속도로 노령화가 진행되고 있다. 이는 생활수준의 향상과 의료기술의 발달로 평균수명이 늘어나고, 출산율은 급속도로 감소하고 있기 때문이다. 우리나라의 65세 이상 노령인구비율은 2000년 7.2%로 고령화사회(UN 기준 : 7%)에, 2018년에 고령사회에 진입하였으며(UN 기준 : 14%) 2026년에는 초고령사회(UN 기준 : 20%)로 진입할 것으로 예상되고 있다. 특히 고령화사회 → 고령사회 → 초고령사회로의 이행기간이 짧아 세계에서 유례를 찾아볼 수 없을 정도로 빠르게 진행되고 있다.

〈표 3-3〉 고령화 속도 국제비교

구 분	프랑스	영 국	미 국	일 본	우리나라
고령사회(A)	115년	46년	72년	24년	18년
초고령사회(B)	39년	53년	18년	11년	8년

A : 고령화사회(노인인구 비율 7%)에서 고령사회(노인인구 비율 14%)로 진입하는 데 걸린 기간
B : 고령사회(노인인구 비율 14%)에서 초고령사회(노인인구 비율 20%)로 진입하는 데 걸린 기간
출처 : 국민연금관리공단(2019). 연금정보자료.

② 출산율이 급속하게 떨어지고 있다

급격한 고령사회가 되어가는 이유는 평균수명은 늘어난 반면, 신생아 출산율이 빠른 속도로 감소하기 때문이다. 통계청 자료에 따르면 1980년 2.83명이던 한국의 출산율은 2015년 1.2명으로 떨어졌으며 이 수치는 세계에서 최하위권에 해당된다. 그뿐만 아니라 2019년 통계청 자료에 따르면

고령인구는 총인구의 14.8%로 매년 증가하는 추세이며, 생산가능인구 약 65명이 노인 1명을 부양하고 있다. 현재의 저출산이 지속될 경우 베이비붐 세대의 고령인구 진입 및 기대수명 증가로 2030년에는 2.6명이 1명을, 2050년에는 1.4명이 노인 1명을, 2060년에는 1.2명이 노인 1명을 부양해야 하는 실정이다.

③ 부모를 모시는 가정이 줄고 있다

과거에는 평균수명이 짧고 노년인구의 수가 적어 노인은 농경사회 지혜의 원천으로 대가족 제도의 어른으로 존경의 대상이었다. 그러나 오늘날에는 노년인구가 많아지고 산업화 사회, 핵가족제도의 영향으로 노인을 존경의 대상보다는 부양의 대상으로 부담스럽게 생각하는 시각이 더 커지고 있다. 2019년 통계청 자료에 따르면 경제적인 어려움이 노인들에게 가장 해결이 어려운 문제로 나타나고 있으나 가족구조, 부양의식 변화 등으로 인해 사적부양의 역할은 축소되고 있다. 따라서 젊고 소득활동 능력이 있을 때 체계적으로 자신의 노후를 준비해야 하며 이러한 맥락에서 대표적인 공적부양제도인 국민연금이 더욱 중요한 역할을 담당할 것으로 예상된다.

④ 스스로 미래를 준비하는 사람이 적다

가난한 사람은 "지금 먹고 살기도 힘든데 무슨 노후 준비냐?"며 노후준비를 하지 않게 되고, 젊은 사람들은 "20, 30년 후의 노후준비를 왜 벌써부터 하느냐?"며 노후준비에 대한 인식이 부족하다. 실제로 "노후준비방법(19세 이상 가구주 대상)"에 대한 2015년 통계청 사회조사 결과에 따르면 응답자의 1/4가량은 노후준비를 전혀 하지 않았다. 그 이유는 노후준비능력이 없기 때문이라는 응답이 절반가량을 차지하는 것으로 나타났다. 노후준비를 하고 있는 경우에도 국민연금이나 공무원, 군인, 사립학교교직원 연금 등의 공적연금을 이용하는 사람들은 63.6%, 나머지 1/3 이상은 예금, 적금, 저축성보험(17.7%), 사적연금(9.0%), 퇴직금(3.9%) 등에 의존하고 있다. 특히 60세 이상 가구주의 경우 공적연금 이용 비중은 50% 미만인 것으로 나타났다. 따라서 퇴직연금금융소득이나 퇴직금만으로는 노후생활이 어렵고 개인연금제도 또한 대다수가 중도해지를 하는 등 노후보장수단으로는 한계가 있기 때문에 노후빈곤문제는 앞으로 심각한 사회문제로 대두될 것이다.

⑤ 증가하는 사회적 위험에 대비한 생계대책이 필요하다

사고나 질병은 누구에게나 예고 없이 다가온다. 특히 현대사회는 도시화, 산업화로 인해 교통사고나 산업재해 등 각종 사고의 위험이 크게 증가하고 있어 이러한 위험에 대한 대책 마련이 시급하다. 이러한 위험을 개인 또는 가족 스스로 해결하기에는 어려움이 많기 때문에 국가가 나서서 사회구성원 간의 공동체적 연대와 세대 간의 부양시스템에 기초를 둔 국민연금제도를 도입하게 되었다.

〈표 3-4〉 국민연금제도의 변천과정

시 기	내 용
1973. 12. 24.	국민복지연금법 공포(석유파동으로 시행 연기)
1986. 12. 31.	국민연금법 공포[법률 제3902호](구법 폐지)
1987. 9. 18.	국민연금관리공단 설립
1988. 1. 1.	국민연금제도 실시(상시근로자 10인 이상 사업장)
1992. 1. 1.	사업장 적용범위 확대(상시근로자 5인 이상 사업장)
1993. 1. 1.	특례노령연금 지급 개시
1995. 7. 1.	농어촌지역 연금 확대 적용
1999. 4. 1.	도시지역 연금 확대적용(전국민 연금 실현)
2000. 7. 1.	농어촌지역 특례노령연금 지급
2001. 11. 1.	텔레서비스 시스템 전국 확대 운영
2003. 7. 1.	사업장 적용범위 1단계 확대(근로자 1인 이상 법인·전문직종사업장)
2006. 1. 1.	사업장 적용범위 확대 완료(근로자 1인 이상 사업장 전체)
2008. 1. 1.	완전노령연금(가입기간 20년 이상) 지급 개시
2009. 8. 7.	국민연금과 4개 직역연금 가입기간 연계사업 시행

2011. 4. 1.	장애인 복지법상 장애 전(全) 등급 심사 개시
2012. 7. 1.	10인 미만 사업장 저소득근로자에 대한 국민연금 보험료 지원사업 시행(두루누리 사업)
2014. 7. 25.	기초연금 지급 개시
2015. 6. 22.	노후준비지원법 제정과 국민연금공단에 중앙노후준비지원센터 지정·운영
2016. 8. 1.	구직급여 수급자를 대상으로 실업크레딧 시행
2016. 11. 30.	경력단절 여성 대상으로 추후납부를 확대하여 1국민 1연금 시대 개막

출처 : 국민연금관리공단(2019). 연금정보자료.

(2) 연금 수령 구성비

2018년 1년간 고령자(55세~79세) 중 연금 수령자는 45.9%이고, 월평균 연금수령액은 61만 원으로 전년(45.6%, 57만 원)보다 각각 0.3%, 4만 원 증가하였다. 즉, 55세~79세 고령자의 월평균 연금수령액은 전년보다 4만 원 증가한 61만 원을 수령한 것으로 나타났다. 성별로 보면 남자 79만 원, 여자 41만 원으로 남자는 10~100만 원에 78.2%가 분포되어 있는 반면, 여자는 10~50만 원 연금을 받는 구성비가 83.4%로 가장 많았다.

(3) 대상

국민연금제도의 적용대상은 국민연금법 제6조에 따라 국내에 거주하는 18세 이상 60세 미만의 국민들을 의무가입 대상으로 하고 있다. 다만, 공무원연금, 군인연금, 사립학교교직원 연금에 가입하고 있거나 국민연금 노령연금을 받고 있는 국민은 가입대상에서 제외된다. 좀 더 구체적으로 국민연금 가입대상자를 구분하여 정리하면 다음과 같다.

① 사업장가입자

국민연금에 가입된 사업장의 18세 이상 60세 미만의 사용자 및 근로자로서 국민연금에 가입된 자를 말한다. 1인 이상의 근로자를 사용하는 사업장 또는 주한외국기관으로서 1인 이상의 국민인 근로자를 사용하는 사업장에서 근무하는 18세 이상 60세 미만의 사용자와 근로자는 당연히 사업장가입자가 된다. 따라서 지역가입자가 사업장에 취업하면 자동적으로 사업장가입자가 되고, 지역가입자 자격은 상실된다.

② 지역가입자

국내에 거주하는 18세 이상 60세 미만의 국민으로서 사업장가입자가 아닌 사람은 당연히 지역가입자가 된다. 다만, 다른 공적연금에서 퇴직연금(일시금), 장애연금을 받는 퇴직연금 등 수급권자, 국민기초생활 보장법에 의한 수급권자, 소득활동에 종사하지 않는 사업장가입자 등의 배우자 및 보험료를 납부한 사실이 없고 소득활동에 종사하지 않는 27세 미만인 자는 지역가입자가 될 수 없다.

③ 임의가입자

사업장가입자와 지역가입자가 될 수 없는 사람도 60세 이전에 본인의 희망에 의해 가입신청을 하면 임의가입자가 될 수 있다. 즉, 다른 공적연금에서 퇴직연금(일시금), 장애연금을 받는 퇴직연금 등 수급권자, 국민기초생활 보장법에 의한 수급권자, 소득활동에 종사하지 않는 사업장가입자 등의 배우자 및 보험료를 납부한 사실이 없고 소득활동에 종사하지 않는 27세 미만인 자는 가입을 희망하는 경우 임의가입자가 될 수 있다.

④ 임의계속가입자

가입기간이 20년 미만인 가입자가 60세 도달로 국민연금가입자 자격을 상실하였으나, 가입기간이 부족하여 연금을 받지 못하거나 가입기간을 연장하여 더 많은 연금을 받고자 할 경우는 65세에 달할 때까지 신청에 의하면 임의계속가입자가 될 수 있다.

⑤ 외국인가입자

우리나라에 거주하고 있는 외국인은 내국인과 동등하게 국민연금에 가입해야 한다. 즉, 18세 이상 60세 미만의 외국인이 국민연금에 가입된 사업장에 근무하면 사업장가입자가 되고, 그 외의 외국인은 지역가입자가 된다.

㉠ 가입대상

- 외국인 사업장가입자 : 국민연금 적용사업장에 종사하는 18세 이상 60세 미만의 외국인인 사용자 또는 근로자
- 외국인 지역가입자 : 국내에 거주하는 18세 이상 60세 미만의 외국인으로서 사업장가입자가 아닌 자

㉡ 가입대상 제외자

- 연수생(연수취업은 가입대상), 유학생, 외교관 등 법령에 의해 국민연금 의무가입을 제외한 경우
- 국민연금과 같은 성격의 연금제도에서 대한민국 국민을 의무적으로 가입시키지 않는 나라의 국민 : 해당 외국인의 본국법이 국민연금법에 의한 "국민연금에 상응하는 연금(국민연금과 같은 성격의 연금제도로서 사회경제적 위험분담 형태의 소득보장제도)"에 관하여 대한민국 국민에게 적용되지 않는 경우
- 우리나라와 사회보장협정을 맺은 나라에서 우리나라로 파견된 근로자가 본국의 가입증명서를 제출할 경우

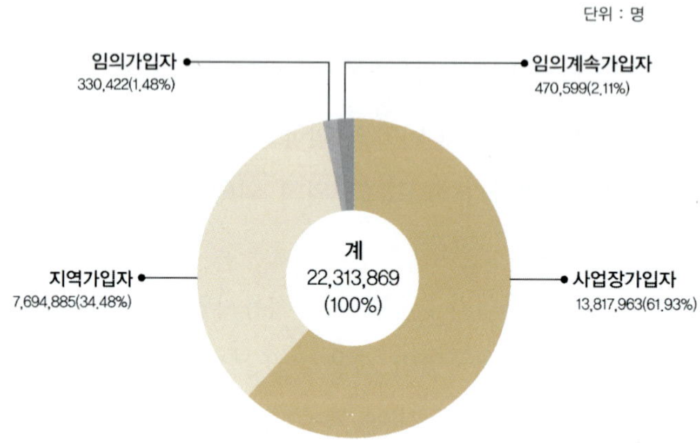

|그림 3-1| 2018년 가입자 현황

출처 : 국민연금공단(2019).

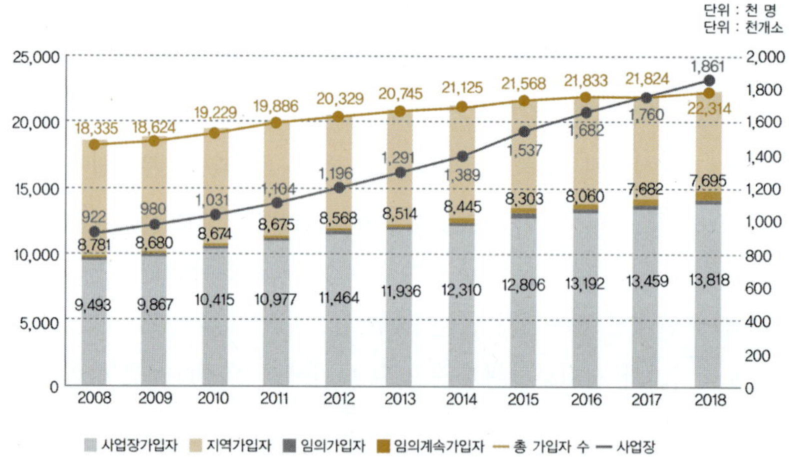

|그림 3-2| 연도별 가입자 현황

출처 : 국민연금공단(2019).
✻ 지역가입자 중에서 납부예외자를 포함하였음

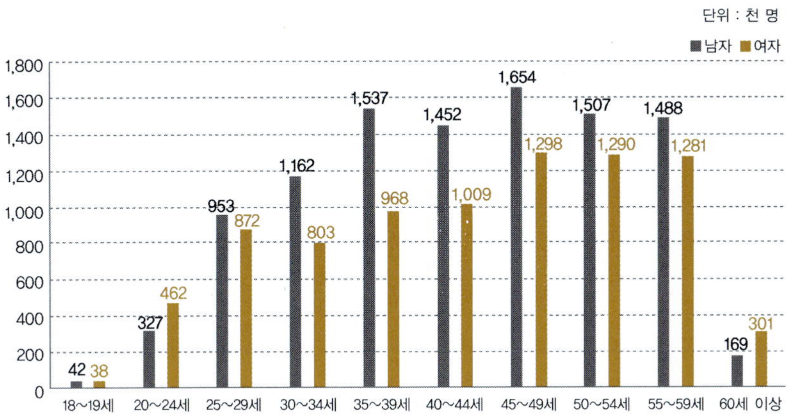

|그림 3-3| 2018 연령별 성별 가입자 현황

출처 : 국민연금공단(2019).

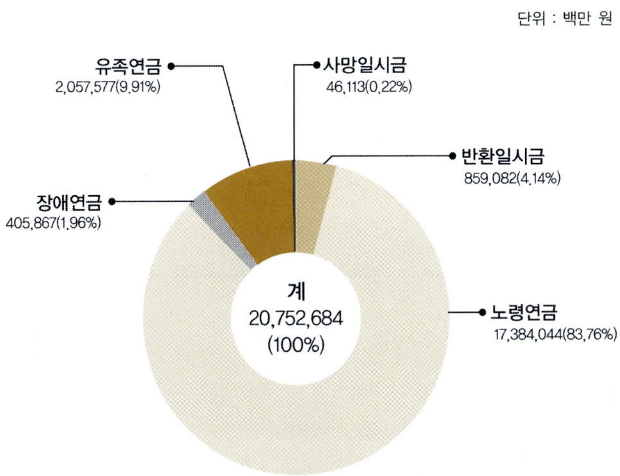

|그림 3-4| 2018년도 급여지급액 현황

출처 : 국민연금공단(2019).

2) 공무원연금

공무원연금제도는 우리나라에서 최초로 실시된 사회보험제도이다. 이 제도는 1960년에 제정된 아래 40여 차례의 개정을 통해 지금은 공직자들을 위한 노령연금제도로서 안정된 위치에 정착해 있다. 이 제도의 적용대상자는 국가공무원, 지방공무원, 교육공무원법 등에 의한 공무원 및 대통령이 정하는 국가 또는 지방자치단체의 직원이다.

공무원연금급여는 크게 단기급여와 장기급여로 구분할 수 있다. 단기급여는 공무상 요양비, 공무상 요양일시금, 재해부조금, 사망조위금 등 4종이 있다. 이 중에서 공무상 요양비는 공무원이 공무상 질병 또는 부상으로 인하여 요양을 하는 경우에 지급되며, 공무상 요양비는 동일한 질병 또는 부상에 대하여 실제 요양기간이 2년을 넘지 아니하는 범위 안에서 그 요양에 소요된 금액으로 한다. 또한 공무원이 20년 이상 재직하고 퇴직하면 퇴직연금과 일시금 중 하나를 선택할 수 있다.

〈표 3-5〉 공무원연금 급여 종류

<table>
<tr><td rowspan="3">장기
급여</td><td colspan="2">퇴직급여</td><td>퇴직연금
퇴직연금공제일시금
퇴직연금일시금, 퇴직일시금</td></tr>
<tr><td colspan="2">유족급여</td><td>유족연금(유족연금부가금, 유족연금특별부가금)
유족연금일시금, 유족일시금</td></tr>
<tr><td colspan="2">퇴직수당</td><td></td></tr>
<tr><td rowspan="4">단기
급여</td><td rowspan="3">재해보상급여</td><td>장해급여</td><td>장해보상금, 장해연금, 유족연금(장해연금수급자 사망)</td></tr>
<tr><td>유족급여</td><td>유족보상금</td></tr>
<tr><td>요양급여</td><td>공무상 요양비, 공무상 요양일시금</td></tr>
<tr><td colspan="2">부조급여</td><td>재해부조금, 사망조위금</td></tr>
</table>

주 : 재해보상급여는 장기급여인 장해급여와 유족급여, 단기급여인 요양비와 요양일시금 있음
출처 : 공무원 연금공단 내부자료 재수정.

3) 군인연금

군인연금은 1963년도에 제정된 군인연금법에 의해 실시되고 있다. 군인연금제도는 원칙적으로 기여금을 납부하는 군인(부사관, 준사관, 장교)에 대해서 적용된다. 그러나 군인연금법상의 급여 중 사망보상금과 장애보상금은 기여금을 납부하지 않는 병사에 대해서도 지급된다.

이 연금의 재정은 공무원연금과 동일하여 본인부담금 8.5%, 국가부담금 8.5%이고, 급여종류는 퇴직급여, 유족급여, 재해보상급여, 재해보상금, 퇴직수당이 있다(표 3-6 참조).

〈표 3-6〉 군인연금의 서비스 급여내용

구 분	금 액
퇴직급여	퇴역하는 군인에게 지급 퇴역연금, 퇴역연금일시금, 퇴역연금공제일시금, 퇴직일시금
유족급여	복무 중 군인이 사망한 경우 유족에게 지급 퇴직급여를 수령하던 군인이 사망한 경우 그 유족에게 지급 유족연금, 유족연금부가금, 유족연금특별부가금, 유족연금일시금, 유족일시금
재해보상급여	군인이 복무 중 공무상의 이유로 질병에 걸리거나 사망한 경우 본인이나 유족에게 지급 유족연금(순직), 상이연금, 공무상 요양비, 사망조위금, 재해부조금
재해보상금	사병을 포함한 군인이 복무 중 질병에 걸리거나 사망한 경우 지급 사망보상금, 장애보상금
퇴직수당	1년 이상 복무 후 퇴직한 군인에게 지급

출처 : 보건복지가족부(2009). 노인보건복지서비스 매뉴얼.

4) 사립학교교직원연금

사립학교교직원연금은 1973년에 제정된 교원연금법에 의해 1975년부터 실시되었고, 교원에게만 적용되던 것이 1978년부터는 사무직원에게까지 확대·적용되었다. 이 연금의 가입대상자는 사립학교에서 정하는 각급 학교 교직원과 교육인적자원부장관이 지정하는 사립학교교직원이 해당한다.

사립학교교직원이 퇴직·사망 시에는 퇴직급여·유족급여와 민간기업의 퇴직금에 해당하는 퇴직수당을 지급하고 있으며, 민간의 산재보험에 해당하는 재해보상급여와 기타 일반재해에 대한 각종 부조급여도 지급하고 있다.

본 연금의 재정은 가입자의 기여금, 학교법인부담금, 국가의 부담금으로 조달되며, 이 재정의 운영과 기금관리는 사립학교교직원연금법에 의하여 설립된 사립학교교원연금 관리공단에 의하여 수행된다.

〈표 3-7〉 사립학교교직원연금의 서비스·급여내용

구 분		급여 종류	급여내용
단기 급여/ 재직 중	부조급여	사망조위금	•교직원의 가족 등이 사망한 경우 •교직원의 직계존속, 교직원의 배우자나 배우자의 직계존속 •교직원이 사망한 경우 : 보수월액의 3배
		재해부조금	교직원의 주택이 재해를 입은 경우 재해 정도에 따라 보수월액의 2~6배의 재해부조금
	재해보상 급여	직무상 요양비	직무상 질병 또는 부상을 당하여 공단으로부터 직무상 요양 승인을 받아 요양기관에서 요양할 때
		직무상 요양 일시금	직무상 요양승인을 받아 요양을 하였으나, 2년간의 요양기간이 지나도 완치되지 아니하여 계속 진료를 받아야 하는 경우
퇴직 후 급여	퇴직급여 (퇴직 후 급여)	퇴직연금	•교직원이 20년 이상 재직하고 퇴직한 경우 •재직기간에 따라 평균 보수월액의 50~76%를 사망 시까지 매월 지급
		조기퇴직 연금	•교직원이 20년 이상 재직하고 60세에 도달하기 전이나, 정년 또는 근무상한연령에 도달하지 않고 퇴직한 때
		퇴직연금 공제일시금	•재직기간 20년 이상으로 퇴직하여 연금과 일시금을 둘 다 원할 때
		퇴직연금 일시금	•교직원이 20년 이상 재직하고 퇴직하여 일시금을 원할 때
		퇴직일시금	교직원이 20년 미만 재직하고 퇴직한 때
	유족급여 (사망 후 급여)	유족연금	재직기간 20년 이상인 교직원이 사망하여 유족이 연금을 원할 때 퇴직연금액 또는 조기퇴직연금액의 70%
		유족연금 부가금	재직기간 20년 이상인 교직원이 사망하여 유족이 연금을 원할 때 퇴직연금일시금의 1/4

퇴직 후 급여	유족급여 (사망 후 급여)	유족보상금	직무상 재해로 인해 재직 중 사망하거나 퇴직 후 3년 이내에 사망한 때
		유족연금 특별부가금	퇴직연금 또는 장해연금수급자가 사망한 때
		유족연금 일시금	재직기간 20년 이상인 교직원이 사망하여 유족이 일시금을 원할 때
		유족일시금	재직기간 20년 미만인 교직원이 사망한 때
	장해급여 (폐질 후 급여)	장해연금	해당 교직원이 사망하거나 쾌유 등으로 연금수급권을 상실할 때까지 지급
		장해보상금	장해연금 대신에 일시금을 원할 경우 일시금으로 지급
	퇴직수당	교직원이 1년 이상 재직하고 퇴직 또는 사망한 때에 교직원 또는 유족에게 퇴직수당을 지급하며, 퇴직급여 또는 유족급여 지급 시 같이 지급	

출처 : 보건복지가족부(2009). 노인보건복지서비스 매뉴얼.

3. 공공부조

1) 국민기초생활보장제도

2000년 10월 1일부터 시행된 국민기초생활보장제도는 1961년 도입되어 약 40년간 시행되어 온 생활보호제도를 대체한 공공부조에 의하여 행해지는 노후소득보장의 중요한 방법이다. 수급대상자의 기준은 2002년까지는 소득평가액과 재산이 기준 이하인 자이며, 2003년부터는 소득평가액과 재산이 소득환산액을 합산한 소득인정액이 일정 기준 이하인 자이다. 이 제도 자체는 노인만을 대상으로 하는 것이 아니라 전체 국민 가운데 저소득층 가구를 대상으로 한다.

그리고 2015년 7월 1일부터 그간 최저생계비 이하의 가구에 대해 모든 급여를 통합하여 지원하던 방식에서 상대 빈곤선을 도입하고, 급여별 선정기준을 다층화하여 욕구별 지원을 강화하기 위한 '맞춤형 기초생활보장제도'로 개편하였다. 또한 수급자로 선정되기 위해서는 소득인정액 기준과 부양의무자 기준을 동시에 충족시켜야 한다. 소득인정액제도 도입에 따라 종전의 수급자 선정기준이 소득평가액 기준과 재산기준, 그리고 부양의무자 기준에서 소득인정액 기준과 부양의무자 기준으로 통합하였다.

또한 2015년 7월 맞춤형 기초생활보장제도 개편에 따라 교육급여에 있어서 부양의무자 기준을 적용하지 않으며, 2017년 8월 제1차 기초생활보장 종합계획에 따라 2018년 10월부터 주거급여에 대한 부양의무자 기준도 폐지되었다.

급여의 종류에는 생계급여, 의료급여, 자활급여, 장제급여, 주거급여 등이 있다. 생계급여액은 생계급여 선정기준(급여기준)에서 가구의 소득인정액을 차감한 금액이다.

2019년도 현금급여액은 1인 기준 51만 2천 원, 4인 기준 138만 4천 원이다. 그리고 19년도 기준 중위소득은 4인 가구 기준 4,613,536원으로 2018년 대비 94,334만 원 인상(2.09%)되었다. 실제로 빈곤층인 국민기초생활보장 대상자 중 노인비율은 상당히 높은데, 2018년 말 국민기초생활보장수급자는 150만 명이며, 이 중 65세 이상 수급자는 122,669명으로 나타났다(보건복지부, 2019).

〈표 3-8〉 2018년 및 2019년 기준 중위소득

가구원 수		1인	2인	3인	4인	5인	6인
기준 중위소득	2018년	1,672,105	2,847,097	3,683,150	**4,519,202**	5,355,254	6,191,307
	2019년	1,707,008	2,906,528	3,760,032	**4,613,536**	5,467,040	6,320,544

출처 : 보건복지부(2019). 국민기초생활보장 수급자 현황 자료.

〈표 3-9〉 2018년 및 2019년 급여별 선정기준

가구원 수		1인	2인	3인	4인	5인	6인
교육급여 (중위 50%)	2018년	836,053	1,423,549	1,841,575	**2,259,601**	2,677,627	3,095,654
	2019년	853,504	1,453,264	1,880,016	**2,306,768**	2,733,520	3,160,272
주거급여 (중위 44%)	2018년(43%)	719,005	1,224,252	1,583,755	**1,943,257**	2,302,759	2,662,262
	2019년(44%)	751,084	1,278,872	1,654,414	**2,029,956**	2,405,498	2,781,039
의료급여 (중위 40%)	2018년	668,842	1,138,839	1,473,260	**1,807,681**	2,142,102	2,476,523
	2019년	682,803	1,162,611	1,504,013	**1,845,414**	2,186,816	2,528,218
생계급여 (중위 30%)	2018년	501,632	854,129	1,104,945	**1,355,761**	1,606,576	1,857,392
	2019년	512,102	871,958	1,128,010	**1,384,061**	1,640,112	1,896,163

출처 : 보건복지부(2019). 국민기초생활보장 수급자 현황 자료.

한편 기초생활보장제도의 수급자 중 노인비율은 매우 높지만, 빈곤노인 가구 중 기초생활제도 수급률은 다른 인구집단보다 낮아서, 노인가구의 탈락비율이 매우 높다. 기초생활보장제도 수급대상 가구의 공공부조 적용실태를 분석한 연구에 의하면, 빈곤계층으로서 소득인정액 기준을 만족시키는 수급대상 가구 중 실제 국민기초생활보장제도의 혜택을 받는 가구는 전체 대상 가구의 37.1%에 불과한 것으로 나타났다. 특히 가구유형별 공공부조 수급률에 있어 노인가구의 수급률이 가장 낮았다. 이것은 국민기초생활보장제도가 요구하는 두 가지 자격요건 중 부양의무자의 부양능력 판정기준 때문에 노인가구가 탈락할 가능성이 더 크기 때문이다(홍경준, 2003). 대부분의 노인들은 부양의무자에 해당하는 성인 자녀들이 있기 때문에 부양의무자의 부양능력 판정기준이 노인들이 수급자로 선정되는 데 불리하게 작용할 가능성이 크다. 실제로 국민기초생활보장수급권 신청 탈락가구의 탈락사유 가운데 가장 많은 55.3%가 부양의무자 기준 때문인 것으로 나타났다(여유진, 2005).

또한 기초생활보장제도 수급에서 제외된 빈곤층 노인들은 인구학적 특성과 소득 특성이 수급자 집단과 거의 유사하여 공공부조 수급의 욕구가 큼에도 불구하고 수급에서 배제된 것으로 나타났다(최희경, 2004).

2) 기초연금

기초노령연금제도의 시작은 경로연금에서부터 찾아볼 수 있다. 경로연금제도에 대해서 먼저 살펴보면 노인복지법 제9조 제1항에 의거하여 실시되었던 정책으로 경로연금의 수급자격은 65세 이상의 국민기초생활보장제도 수급자이거나 차상위 저소득 노령계층이다. 1991년부터 생활보호대상 노인에게 지급되던 노령수당제도를 흡수·통합하여 1998년에 도입하였다. 그 결과 공공부조 수급 노령계층에 대한 노령수당 성격과 1998년 국민연금제도 도입 당시 노령으로 가입기회를 갖지 못한 노령계층 중 저소득노인을 위한 공적연금의 보완적인 연금제도로서의 성격을 갖는다. 따라서 장기적으로 공공부조 수급 노인에 대한 노령수당으로서의 성격은 지속되지만, 공적연금의 보완적인 무기여 연금제도로서의 기능은 국민연금제도의 성숙에 따라 점차 소멸되도록 설계되었다(양유진, 2009).

2008년 1월 1일부터 전면 폐지되었으며 이에 따라 기초노령연금이 시작되었다. 기초노령연금법의 제1조 "이 법은 노인이 후손의 양육과 국가 및 사회의 발전에 이바지하여 온 점을 고려하여 생활이 어려운 노인에게 기초노령연금을 지급함으로써 노인의 생활안정을 지원하고 복지를 증진함을 목적으로 한다"에 따라 시행하는 정책으로 65세 이상인 자로서 소득인정액이 대통령령으로 정하는 금액 이하인 자에게 연금을 지급하는 제도를 말한다.

그러나 저소득 노인들의 생활보장을 위해 2007년 도입된 기초노령연금은 2014년 5월 20일 기초연금법이 제정되었고, 7월 1일부터 시행됨에 따라 기초노령연금제도가 바뀌게 되었다.

기초연금은 상대적으로 높은 우리나라의 노인빈곤문제를 해소하고 노후생활의 안정을 도모하기 위한 제도로 생활이 어려운 노인들은 새로운 기초연금을 통해 이전보다 나은 생활을 영위할 수 있게 되었다. 즉, 1988년 시행된 국민연금에 가입하지 못한 많은 노인들, 가입했어도 급여가 적어 생활이 어려운 노인들에게 조세에 의한 기초연금제도의 도입으로 기본적인 노후생활을 영위할 수 있는 제도적 장치가 마련되었다고 할 수 있다.

기초연금의 대상은 만 65세 이상의 노인으로 한국 국적을 가지고 있고 주민등록이 되어있는 자 중 가구의 소득인정액이 선정기준 이하(소득 하위 70%)인 자이다.

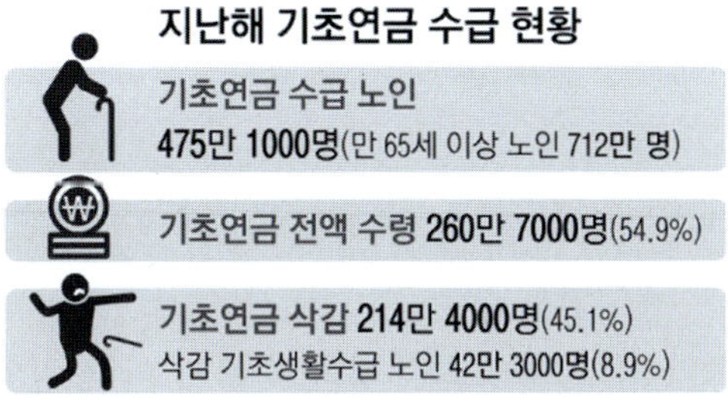

출처 : 보건복지부(2019).

경남 거제시에서 홀로 사는 기초생활보장 수급자 허명자(73 · 가명) 할머니는 월 20만 원이었던 기초연금 수급액이 지난 9월부터 25만 원으로 오른다는 소식을 듣고 "생계 부담이 줄었다"며 기뻐했다. 하지만 지난달 통장을 보니 기초생활보장 생계급여액이 5만 원 줄어 소득은 단 1원도 늘지 않았다. 허 할머니는 인근 면사무소를 찾았지만 "나라에서 하는 일이어서 우리도 어쩔 수 없다"는 대답만 돌아왔다. 허 할머니처럼 '줬다 뺏는 기초연금' 제도 때문에 박탈감만 느끼는 65세 이상의 극빈층 노인이 전국에 42만 명이나 된다.

최근 국회가 이들의 소득을 일부 보전해 주는 새로운 방안을 논의하고 있어 제도 개선 가능성에 관심이 집중된다. 22일 빈곤노인기초연금연대 등에 따르면 국회 보건복지위원회는 최근 '줬다 뺏는 기초연금' 부분 개선안에 합의했다. 복지위 예산소위는 기초생활보장 수급 노인에게 '부가급여' 형태로 월 10만 원을 지급하기로 결정했다. 부가급여는 교통비와 문화생활비 등의 명목으로 삭감된 기초생활보장 수급자의 생계비를 일부 보전해 주는 방식이다.

선정기준은 2019년 일반수급자 단독가구는 1,370,000원, 부부가구는 2,192,000원 이하이다. 또한 저소득수급자 단독가구는 50,000원, 부부가구는 80,000원 이하이며, 소득인정액은 월 소득 평가액과 재산의 월 소득환산액을 합산한 금액을 말한다.

기초연금액은 일반 수급자 월 최대 253,750원, 저소득 수급자 월 최대 300,000원(2019년 4월~2020년 3월)이다. 일반수급자는 소득하위 70%이며, 저소득수급자에 해당하지 않는 기초연금수급자이며, 저소득수급자는 소득하위 20%에 해당하는 기초연금수급자이다.

- 국민연금을 받지 않고 계신 분(무연금자)
- 국민연금 월 급여액(국민연금법 제52조에 따른 부양가족연금액 제외)이 (일반수급자)380,625원 (저소득수급자) 450,000원 이하인 분
- 국민연금의 유족연금이나 장애연금을 받고 계신 분
- 국민기초생활보장 수급권자, 장애연금을 받고 계신 분 등

다만, 소득 수준이 상대적으로 높아 소득역전방지 감액[1]이 적용되거나, 부부 두 분 모두 기초연금을 받을 경우에 20% 감액될 수 있다. 또한 산정된 기초연금액은 가구 유형, 소득인정액 수준에 따라 감액될 수 있다.

3) 경로연금제도

경로연금제도는 전국민연금제도 시행을 앞두고 연령상의 이유로 국민연금이 시행되어도 연금에 가입할 수 없었던 저소득 노인의 소득보장을 위하여 1998년 7월 1일자로 노인복지법을 개정·시행함으로써 도입되었다. 이 제도는 저소득 노인에게 경제적 지원을 통해 노후에 조금이나마 편안한 삶을 지원하고자 1991년부터 70세 이상 생활보호대상 노인에게 지급하던 노령수당을 65세 이상으로 확대하여 발전시킨 것으로, 공공부조 부가급여와 공적연금 보완의 성격을 갖는다.

---

1 • (수급자와 비수급자 간)기초연금을 받는 사람과 못 받는 사람 간에 기초연금 수급으로 인해 발생할 수 있는 소득역전을 최소화하기 위해 소득인정액과 기초연금액(부부 2인 수급 가구는 부부감액 이후)을 합한 금액과 선정기준액의 차이만큼 감액
• 단독가구, 부부 1인 수급가구는 기준연금액의 10%, 부부 2인 수급가구는 기준연금액의 20%를 최저연금액으로 지급
• (수급자 간)일반수급자와 저소득수급자 간에 기초연금 수급으로 인해 발생할 수 있는 소득역전을 최소화하기 위해 저소득수급자의 경우 소득인정액과 기초연금액(부부 2인 수급가구는 부부감액 적용 이후)을 합한 금액과 저소득수급자 선정기준액+일반수급자의 기준연금액의 차이만큼 감액

따라서 경로연금은 공적연금을 보완하는 역할로서 성격을 갖기 때문에 전국민연금 실시 시점에서 제도권 밖에 있던 일정 연령 이상 노인의 생계보장을 그 목적으로 하고 있고, 국민연금 가입대상에서 원칙적으로 배제된 65세 이상 노인을 대상으로 함에 따라 국민연금제도 성숙과 함께 점차 소멸되도록 설계되었다. 그리하여 기초노령연금법이 2007년 제정·공포되어 2008년 1월부터 시행됨에 따라 경로연금제도는 10년의 역사를 마감하고 폐지되었다(보건복지부, 2007).

4. 기타 간섭지원세도

1) 경로우대제도

현행 노인복지법 제26조에 근거하여 65세 이상의 노인들에 대하여 수송시설인 지하철, 도시철도, 고궁, 능원, 국·공립박물관 및 국·공립공원 등을 무료로 이용할 수 있으며, 철도의 경우 통근열차는 운임의 50%, 새마을호, 무궁화호는 운임의 30% 할인을 적용받으며, KTX의 경우 운임의 30%(토, 일, 공휴일 제외) 할인을 적용받는다. 또한 지하철, 고궁, 능원, 국·공립박물관, 국·공립 공원 및 미술관 등은 100% 할인을 받는다. 국내 항공기는 운임의 10%, 국내 여객선은 운임의 20%를 할인하며 목욕, 이발 등과 같은 기타 경로우대업종은 자율적으로 경로우대를 실시하도록 되어있다(보건복지부, 2014).

2) 세제감면제도

기타 세금감면제도는 노인을 보호하는 부양자가 제공받을 수 있는 혜택들이 대부분이다. 60세 이상 노부모를 동거 부양하거나 동거하지 않더라도 의료보험증에 부양자로 기입된 것같이 노부모를 부양한다는 것이 입증된 자녀가 받을 수 있는 혜택으로 상속세 공제, 양도소득세 면제, 소득세 공제, 주택자금 할증지원, 주택분양 우선권, 노인봉양수당 지급 등이 있다(박석돈, 2010). 구체적으로 살펴보면 다음과 같다.

(1) 상속세 공제(상속세 및 증여세법 제20조)

이 제도는 상속받은 자 중 노부모를 부양하는 자에 대해 상속세를 덜어주는 제도이다. 즉, 남·여 구분 없이 65세 이상의 노인을 부양하는 경우에, 65세 이상의 노부모에 대하여 노인 1인당 상속분 중 5,000만 원에 해당하는 세금을 공제해 준다.

(2) 소득공제(소득세법 제50조)

이 제도는 부양가족 공제인 경우 본인 및 배우자의 60세 이상 직계존속과 생계를 같이 하거나 주민등록이 따로 되어 있더라도 생활비를 보조해 주는 부양자인 경우에 제공되는 소득공제이다.

(3) 양도소득세(소득세법 시행령 제155조 제4항)

60세 이상 부모 또는 부모와 자녀가 각각 주택을 소유하고 따로 살다가 세대를 합침으로써 한 주택을 매매하는 경우 먼저 매매하는 주택에서 3년 이상 거주했거나 세대를 합친 후 10년 이내에 한 주택을 매매하는 경우 양도소득세를 면제한다.

(4) 생계형 저축 비과세(조세특례제한법 제88조의2)

65세 이상 노인 1인당 5,000만 원 이하의 생계형 저축에 가입하는 경우 이자소득 또는 배당소득에 대하여 면세해 주고, 5,000만 원 이하 세금우대 종합저축은 100% 분리과세 및 주민세를 면제해 준다.

3) 경로승차권제도

중앙정부의 비용으로 65세 이상 모든 노인에게 월 12매의 버스 승차권에 해당하는 시내요금을 현금으로 지급하는 제도이다. 다른 용어로는 교통수당이라고 한다. 이 제도는 경로우대제도와 성격이 비슷하지만 시행주체가 보건복지부라는 점과 현금의 지급이라는 점에서 차이가 난다. 노인의 여가활동 증진과 사회참여 촉진의 잠재적 기능도 있는 것으로 생각되어 적지 않은 국가예산이 소요되어 1995년부터 지방자치단체 소관사업으로 완전히 이전되었다(임춘식 외, 2008).

제3절 노인소득보장제도의 개선방안

노인소득보장제도의 개선과제는 다음과 같다(권중돈, 2009; 박석돈 외, 2010; 유근옥, 2011; 이은희, 2009).

1) 사회적 인식의 전환

우리나라의 경우 오늘의 노인은 과거 그들 희생의 대가 위에 국가를 발전시켜 온 측면에서 볼 때도 사회적 보상의 의미로서 획기적인 노후소득보장정책이 마련되어야 한다. 이를 위해서는 먼저 노인 자신은 물론 국민과 정책결정 관계자의 획기적인 인식전환, 즉 노인의 기본욕구 충족이 사회적 책임이라는 인식이 선행되어야 한다.

2) 공공부조 적용범위의 확대

우리나라의 공공부조는 도움이 필요한 국민을 대상으로 급여를 제공해야 함에도 불구하고 예산의 범위 내에서 인구비례적으로 배정, 선별되어 많은 사람이 제외되고 있다. 이는 공공부조의 본래 취지에서 벗어나는 것으로 예산의 확충과 함께 수급대상의 범위를 확대하여 도움이 필요한 국민에게 급여를 제공할 수 있어야 한다.

3) 연금지급 방식의 전환

현행 공적연금제도는 모두 일시금제도를 인정하고 있다. 그런데 인플레이션으로 인한 실질가치의 하락과 연금제도에 대한 불신, 퇴직 후 재취업의 경우 연금감액지급 등의 제한조치 및 사회적 불안, 부동산이나 증권 등에 대한 투기 분위기 때문에 전반적으로 연금방식보다는 일시금을 선호하는 경향이 있었다. 그러나 사후조사에 의하면, 일시금 수령자의 경우 대부분 원금을 탕진하고 생활고에 시달리면서 일시금 수령을 후회하는 경우가 많다. 따라서 노후 안정생활을 도모하는 연금제도로서 본래의 목적을 달성하기 위해서는 현재 일시금의 수령선호도가 높은 저해요인을 제거하여 연금방식으로 전환하도록 해야 할 것이다.

4) 국민연금의 투명한 운영

국민연금제도는 발족 이후 많이 개선되어 가고 있기는 하나 현재까지 계속해서 끊임없이 문제가 제기되어 왔다. 우선 급여개시연령의 연장과 관련된 문제이다. 국민연금법 개정으로 수급연령을 현재의 60세에서 2013년부터 5년마다 1세씩 수급연령을 연장하여 2033년에 65세가 되도록 단계적·점진적으로 연장하도록 되어 있다. 그런데 국민연금의 고갈시점을 2033년 중반으로 예상하고 있다. 또 다른 중요한 문제점은 전 세대적으로 공정한 세대 간 소득재분배 구조를 만들어 내지 못하고 있다는 것이다. 그리고 연금사각지대를 만들어 실질적으로 연금이 필요로 한 빈곤노인들이 그 혜택을 받지 못하고 있다. 따라서 소득이 없는 노인의 경우 가입대상에서 배제되고 있어 노인들이 빈곤에 그대로 노출될 수밖에 없으므로 이에 대한 새로운 정책적 대안이 요구된다.

5) 사적 저축의 증대

사회보장의 일차적인 목표는 최저한의 생활보장이므로 사회보장에 의한 급여로는 경제적으로 여유 있는 생활을 하기는 어렵다. 현행 국민연금의 소득대체율은 20년 가입을 기준으로 할 때 40% 정도밖에 되지 않는다. 따라서 노후의 보다 여유 있는 생활을 위해서는 장기간의 개인저축이 필요하다. 국민 개개인 노후를 예상하여 스스로 장기저축에 가입하기 어렵기 때문에 국가는 국민들로 하여금 스스로 노후를 대비하도록 유도하는 것이 바람직하다.

6) 국민기초생활보장제도의 보완

국민기초생활보장제도는 생계비 계측시간 간격이 너무 길어 최저생계비가 제대로 반영될 수 없다. 특히 노인의 경우 의료비 지출이 일반가구에 비하여 크게 높기 때문에 이것을 고려한 생계비 기준을 마련할 필요가 있다. 또한 생계보호의 수준은 수입이 전혀 없는 경우는 최저생계비에 미치지 못하는 것도 해결해야 할 과제이다.

CHAPTER 04

노인고용보장정책

Social Work With the Elderly

제1절 고령사회와 노인고용의 필요성

1. 노인부양의 한계

최근 들어 우리 사회는 고령화가 진행 중이며 2006년 65세 이상 노령인구가 전체 인구의 7%를 넘어 UN이 분류한 고령화사회(aging society)로 이미 접어들었다. 2019년 기준 노령인구의 비율이 14% 이상의 고령사회(aged society)이며, 2026년에는 노인인구가 국가의 총인구의 20%가 넘는 초고령사회(super-aged society)가 될 전망이다(임춘식, 2001). 하지만 급격한 사회경제적 변화와 이로 인한 가족구조와 가족관계의 변화에 따라 가족에 의한 노인부양은 현실적으로 매우 어려워지고 있다. 그리하여 가족 간 그리고 세대 간의 갈등이 심화되어 가족통합을 저해할 우려가 높다. 그리고 우리 사회에서 전개되고 있는 급속한 고령화는 노인인구에 대한 생산연령인구의 부양부담을 높여서 결국 사회적 부양의 어려움을 초래하여 사회통합에 부정적 영향을 줄 가능성이 높다. 이러한 점에서 노인들의 자립이 중요하며 생산적 고령화 정책이 절실히 요구된다(김형수, 2003).

1) 가족부양의 한계

전통적으로 노인부양에 대한 책임은 일차적인 가족의 책임이었다. 그러나 현대사회에서는 가족이 노인을 부양하는 데 한계가 있다. 고령화로 인한 부양노인의 수가 급증하여 이들의 부양에 필요한 사회·경제적 비용이 사회문제가 될 정도로 심화되었기 때문이다.

최근 산업화·도시화로 전통적으로 중시되던 가족의 유대관계의 기반이 약화되고 사회적으로 불리한 연령주의(ageism against the aged)가 급속히 확산되면서 노인의 권위는 급속히 약화되었다(Park, 1991). 또한 핵가족화가 심화되면서 가족의 노인부양에 대한 기능이 크게 약화됨에 따라 가족의 시간과 에너지의 많은 부분은 자녀에게 집중되었다.

도시근로자 가구당 소비지출 구성을 보면, 교육이나 교양·오락 및 교통통신의 지출비중은 꾸준히 증가추세를 보이고 있다(통계청, 2002). 교육비와 컴퓨터나 휴대폰 등의 각종 첨단통신 비용 등의 증가는 자녀중심의 소비가 증가하고 있어 노인에 대한 관심과 책임이 소홀해졌음을 의미한다. 이처럼 가족의 시간과 에너지가 자녀에게 더욱더 집중됨으로써 노부모에 대한 경제적 지원은 더욱 어려워지게 된다.

2018년 65세 이상 고령자의 배우자와의 관계에 대한 만족도가 60.8%로 2년 전(59.0%)보다 1.8%p 증가하였다. 성별로 보면 남자는 68.3%, 여자는 50.6%가 만족하여 남편의 만족도가 상대적으로 17.7%p 높게 나타났다. 고령자의 자녀와의 관계에 대한 만족도 또한 68.1%로 2년 전(66.3%)보다 1.8%p 증가하였고, 연령별로는 80세 이상이 70.5%로 가장 높았으며, 다음으로 65~69세가 69.4%, 70~79세는 66.3%로 나타났다(그림 4-1, 4-2 참조).

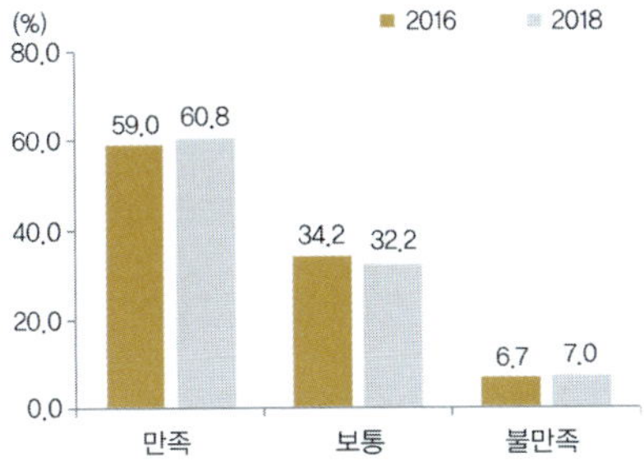

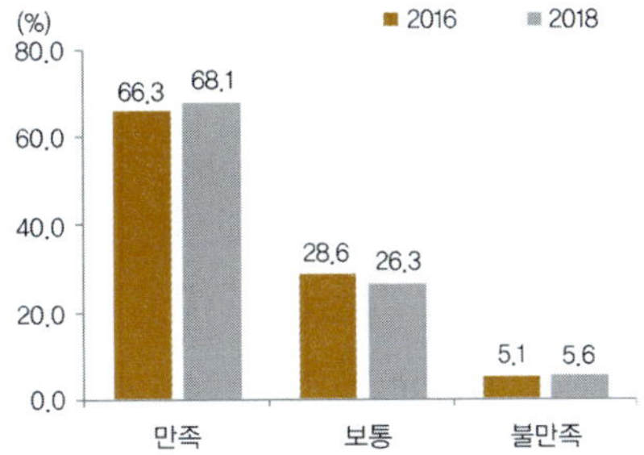

|그림 4-1| **배우자와의 관계 만족도(65세 이상)** |그림 4-2| **자녀와의 관계 만족도(65세 이상)**

출처 : 통계청(2019). 사회조사.

그리고 부모 부양에 대해 살펴보면, 2018년 65세 이상 고령자는 부모의 노후를 가족과 정부·사회가 책임져야 한다고 생각하는 사람이 37.1%로 가장 높았으며, 그 다음은 가족(29.7%), 부모 스스로 해결(24.9%) 순으로 나타났다. 가족 중에는 모든 자녀가 부모를 부양해야 한다는 견해가 59.3%로 가장 많고, 그 다음은 자식 중 능력 있는 자가 부양해야 한다고 생각하는 사람이 20.9%로 나타났다. 또한 부모 부양을 부모 스스로 해결해야 한다고 생각하는 사람의 비율은 남자(27.2%)가 여자(23.1%)보다 높았으며, 가족이 책임져야 한다고 생각하는 사람은 여자(31.2%)가 남자(27.5%)보다 높게 나타났다(그림 4-3 참조).

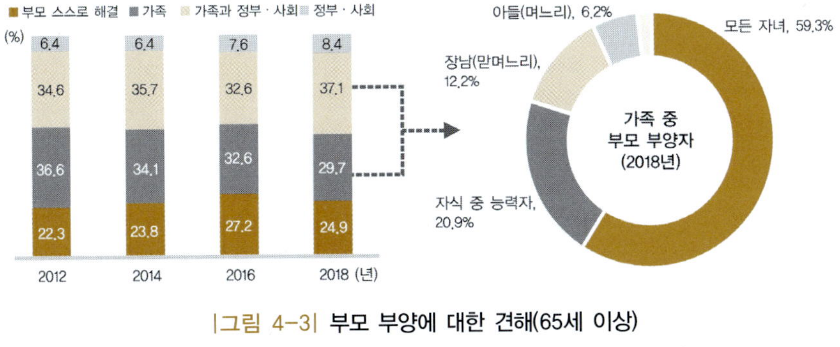

|그림 4-3| **부모 부양에 대한 견해(65세 이상)**

출처 : 통계청(2019). 사회조사.

2) 사회적 부양의 한계

고령화가 진행되면서 피할 수 없는 도전과제가 노인부양 부담의 문제이다. 노인부양비는 1970년에 5.7%이던 것이 2000년에는 10.1%로 두 배 가까이 증가하였고, 2020년에 21.3%로 다시 두 배로 증가하여 2030년이 되면 37.5%가 될 전망이다(통계청, 2001). 이처럼 고령인구의 지속적인 증가와 이들을 부양하기 위한 사회적 부담이 증가하였다.

노인부양 비용의 증가에 따라 노인복지에 대한 국가적 역할이 점차 강조되고 있다. 하지만 이미 고령사회를 경험하고 있는 서구 선진국의 교훈에서 알 수 있듯이 국가복지의 증대는 복지수요의 증가에 따른 과다한 사회적 비용과 그로 인한 높은 조세부담을 가져온다. 또한 투자의욕을 저하시킬 수 있어 시장과 갈등관계를 유발할 수 있다는 점은 장기적인 관점에서의 분명한 한계점이다(임춘식 외, 2008). 여기에 조기퇴직 등 사회적 은퇴는 노인의 경제적 능력을 상실하게 하여 많은 노인들을 경제적으로 의존상태에 놓이게 하였다. 경제적으로 독립적인 생활을 영위할 수 없는 노인이 되는 경우 빈곤한 삶을 누릴 수밖에 없으며, 이러한 노인층이 전체 인구에서 차지하는 비율이 높아질수록 결국 사회 전체의 부양부담도 커질 수밖에 없다.

대부분 사람들은 직업을 가지고 일에 종사할 때 역할을 가지고 있다고 생각한다. 그런 측면에서 볼 때 직업은 인간에게 기본적인 경제적 욕구를 충족시켜 줄 뿐만 아니라 성취감, 긍지, 자부심 등 심리적인 욕구를 충족시켜 주기도 한다(이정순, 2006). 따라서 고령사회를 맞이한 현 시점에서 60세 정년의 정착화와 이를 기반으로 한 65세까지의 지속적인 고용안정화에 대한 대책이 시급한 상황이므로 노인에 대한 고용정책이 마련되어야 할 것이다. 이러한 고용정책이 마련되어 시행된다면 노인들은 취업을 통해 경제적 안정과 더불어 삶의 질을 높이고 보다 더 많은 고용에 대한 정보 및 기회를 제공받을 수 있기에 더 적극적인 자세로 고용에 대한 애착과 삶에 대한 희망과 의욕을 가지며 삶을 영위할 수 있으리라 보인다.

2. 노인의 소외와 사회활동의 욕구

노인은 은퇴로 인해 사회적 활동이 축소됨에 따라 사회로부터 소외되기 쉽고 가족이나 친구, 이웃과 같은 비공식 관계망이 삶의 질에 큰 영향을 미치게 된다. 따라서 노인들이 자유로운 시간을 활용하여 사회적·심리적 고립과 소외문제가 발생하지 않도록 만들어 주는 것이 고령사회에서 매우 중요하다. 현대사회에서는 건강하고 능력 있는 노인의 증가로 취업 및 사회활동을 희망하는 노인들 및 나도 할 수 있다는 긍정적인 사고를 가진 노인들이 증가하고 있다. 그리하여 2004년부터 노인일자리 사업이 본격적으로 시작됨에 따라 우리 사회에서는 노인의 사회적 공감대의 확산을 위해 노인 일자리 가능영역이 확대되는 등 노인일자리 사업을 추진하고 있다. 따라서 노인의 노후생활에 있어 삶의 질을 향상시키기 위한 방안으로 노인일자리 사업을 통하여 활기찬 노후생활을 영위하고 스스로 경제적 부담을 해소하여 가족·사회적 부양부담을 경감시킬 수 있도록 고용정책을 통한 생산적 복지가 필요하다. 특히 노인의 생계보장을 위한 일자리 마련이 지속적으로 확대되어야 하며 체계적으로 추진되어야 하겠다.

65세 이상 노인 절반 "일하고 싶다"

경기도는 전문 여론조사기관을 통해 지난 6월 초부터 한 달 동안 도내 65~74세 남·여 노인 400명을 대상으로 설문조사를 한 결과, 응답자 중 52.5%가 "재취업해 일하고 싶다"고 응답했다고 밝혔다.

노인들이 다시 일하고 싶어 하는 이유는 일을 할 수 있는 능력이 충분하고(51.4%), 생활비를 벌 필요가 있으며(19.5%), 무료함을 벗어나기 위해서(19.5%)였다. 월급은 61~80만 원, 근로시간은 8시간, 희망 재취업 분야는 단순 노무분야를 가장 원했다. 또 최근 사회적 이슈가 되고 있는 정년연장에 대해서는 88.0%가 "찬성한다"고 말했다. 응답자의 83.8%는 "노인의 능력에 대한 부정적 인식으로 기업들이 무조건 고용을 기피, 취업에 어려움을 겪고 있다"고 밝혔으며, 64.1%는 "정부·지방자치단체의 노인취업 지원시책을 전혀 모르고 있다"고 답했다.

한편 도내 250개 기업체를 대상으로 한 설문조사에서는 "노인고용에 긍정적"이라는 답변은 5.6%에 그쳤으며, 92.0%가 "앞으로 1년 이내에 노인을 채용할 계획이 없다"고 응답했다. 기피이유는 74.7%가 "노인인력의 체력·감각기능 저하에 따른 안전사고 위험"을 꼽았다.

(출처 : 조선일보, 2003. 11. 23)

제2절 노인고용의 현황

최근 우리나라 노인들 중 생활고를 해결하기 위해 일자리를 원하는 노인이 해마다 증가하고 있다. 따라서 한국은 본격적인 고령화사회로 접어들면서 노년층의 고용문제가 새로운 노인문제로 떠오르고 있다. 현재의 대다수 고령자는 일할 능력도 있고 일할 의욕도 있지만 적극적으로 사회에 참여하여 일할 자리가 부족하다는 것이다. 노인들의 경제활동 욕구가 이렇듯 강하게 나타나고 있음에도 불구하고 정부 대책은 아직 미흡하다는 것이 안타까운 현실이다. 향후 노인에게 알맞은 고용창출정책은 젊은이의 일자리 창출에 못지않게 우리 사회에 중요한 사회적 의미를 가지고 있다고 할 수 있다.

1. 노인고용의 현황

2019년 5월 55~79세 고령층 인구는 1,384명으로 전년 동월대비 40만 2천명(3.0%) 증가하였으며, 15세 이상 인구(4,446만 명)의 31.1%를 차지하였다. 고령층 중 경제활동인구는 797만 4천 명으로 전년 동월대비 35만 3천 명 증가하였으며, 비경제활동인구는 586만 9천 명으로 전년 동월대비 4만 9천 명 증가하였다. 경제활동인구 중 취업자는 773만 9천 명으로 전년 동월대비 31만 8천 명 증가하였으며, 실업자는 23만 5천 명으로 전년 동월대비 3만 5천 명 증가하였다.

또한 고령층의 경제활동참가율은 57.6%로 전년 동월대비 0.9%p 상승하였고, 고용률은 55.9%로 전년 동월대비 0.7%p 상승하였다. 55세~64세 고용률은 67.9%로 전년 동월대비 동일하였고, 65~79세 고용률은 40.1%로 1.8%p 상승하였다(표 4-1, 그림 4-4 참조).

〈표 4-1〉 고령층 경제활동상태 (단위 : 천 명, %, %p)

구 분	2018. 5			2019. 5					
	고령층 인구	55~64세	65~79세	고령층 인구	증감	55~64세	증감	65~79세	증감
전 체	13,441	7,676	5,765	13,843	402	7,883	207	5,960	196
경제활동인구	7,621	5,371	2,250	7,974	353	5,524	153	2,450	200
– 취업자	7,421	5,213	2,209	7,739	318	5,350	138	2,389	180
– 실업자	200	158	42	235	35	174	16	62	20
비경제활동인구	5,820	2,306	3,514	5,869	49	2,359	54	3,510	-4
경제활동참가율	56.7	70.0	39.0	57.6	0.9	70.1	0.1	41.1	2.1
고용률	55.2	67.9	38.3	55.9	0.7	67.9	0.0	40.1	1.8
실업률	2.6	2.9	1.9	2.9	0.3	3.1	0.2	2.5	0.6

출처 : 통계청(2019). 2019년 경제활동인구조사.

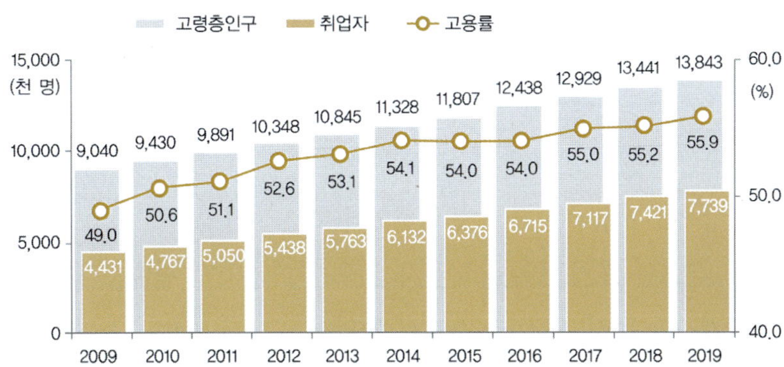

|그림 4-4| **고령층 인구, 취업자 및 고용률 추이**

출처 : 통계청(2019). 2019년 경제활동인구조사.

고령층의 취업상태에서는 고용률은 55.9%(773만 9천 명)로 전년 동월대비 0.7%p 상승하였으며 고령층 남자의 고용률은 66.6%로 여자(46.2%)보다 20.4%p 높은 것으로 나타났다. 또한 생애 동안 취업경험이 전혀 없는 경우는 3.7%(51만 명)로, 이 중 여자가 96.2%(49만 1천 명)를 차지하는 것으로 나타났다(표 4-2 참조).

〈표 4-2〉 고령층 현재 취업상태

(단위 : 천 명, %, %p)

구 분	2018. 5				2019. 5						
	55~79세 인구	구성비	남자	여자	55~79세 인구	구성비	증감	남자	구성비	여자	구성비
전 체	13,441	100.0	6,395	7,046	13,843	100.0	-	6,587	100.0	7,256	100.0
취업자(고용률)	7,421	55.2	4,296	3,126	7,739	55.9	0.7	4,385	66.6	3,354	46.2
미취업자	6,020	44.8	2,100	3,920	6,104	44.1	-0.7	2,203	33.4	3,902	53.8
-취업경험 있으나 현재 미취업	5,501	40.9	2,076	3,425	5,594	40.4	-0.5	2,184	33.1	3,411	47.0
-생애 동안 취업 경험 전혀 없음	519	3.9	24	495	510	3.7	-0.2	19	0.3	491	6.8

출처 : 통계청(2019). 2019년 경제활동인구조사.

2. 산업별 · 직업별 고령자 취업자

고령층 취업자의 산업별 분포를 보면, 사업 · 개인 · 공공서비스업이 36.4%로 가장 높았으며, 도소매 · 음식숙박업(19.8%), 농림어업(13.8%) 순으로 나타났다. 전년 동월과 비교하면, 사업 · 개인 · 공공서비스업은 0.8%p 상승한 반면, 농림어업 비중은 0.6%p 하락하였다(표 4-3 참조).

직업별 분포를 보면, 단순노무종사자(24.3%), 서비스 · 판매종사자(23.0%), 기능 · 기계조작 종사자(22.0%) 순으로 높았다. 그리고 서비스 · 판매종사자 비중은 전년 동월대비 0.9%p 상승한 반면, 농림어업숙련종사자 비중은 0.5%p 하락하였다(표 4-4 참조).

〈표 4-3〉 산업별 취업자 분포 (단위 : 천 명, %, %p)

구 분	2018. 5				2019. 5							
	55~79세 취업자	구성비	55~64세	65~79세	55~79세 취업자	구성비	증감	55~64세	구성비	65~79세	구성비	전체[1] 취업자
전 체	7,421	100.0	5,213	2,209	7,739	100.0	-	5,350	100.0	2,389	100.0	100.0
농림어업	1,067	14.4	454	613	1,064	13.8	-0.6	459	8.6	605	25.3	5.5
광업・제조업	875	11.8	732	143	901	11.6	-0.2	753	14.1	148	6.2	16.3
– 제조업	866	11.7	726	140	897	11.6	-0.1	750	14.0	147	6.2	16.2
사회간접자본 및 기타서비스업	5,480	73.8	4,028	1,453	5,774	74.6	0.8	4,138	77.3	1,636	68.5	78.2
– 건설업	646	8.7	561	85	665	8.6	-0.1	573	10.7	92	3.9	7.5
– 도소매・음식 숙박업	1,456	19.6	1,146	310	1,532	19.8	0.2	1,184	22.1	348	14.6	22.1
– 사업・개인・공공서비스업	2,639	35.6	1,746	893	2,819	36.4	0.8	1,798	33.6	1,021	42.8	37.3
– 전기・운수 통신・금융업	740	10.0	575	165	758	9.8	-0.2	583	10.9	174	7.3	11.4

출처 : 통계청(2019). 2019년 경제활동인구조사.

〈표 4-4〉 직업별 취업자 분포 (단위: 천 명, %, %p)

구 분	2018. 5				2019. 5							
	55~79세 취업자	구성비	55~64세	65~79세	55~79세 취업자	구성비	증감	55~64세	구성비	65~79세	구성비	전체[1] 취업자
전 체	7,421	100.0	5,213	2,209	7,739	100.0	-	5,350	100.0	2,389	100.0	100.0
관리자・전문가	781	10.5	670	111	811	10.5	0.0	677	12.7	134	5.6	21.8
사무종사자	517	7.0	452	65	547	7.1	0.1	480	9.0	67	2.8	17.3
서비스・판매 종사자	1,640	22.1	1,280	360	1,778	23.0	0.9	1,344	25.1	434	18.2	22.6
농림어업숙련 종사자	1,015	13.7	439	577	1,024	13.2	-0.5	451	8.4	573	24.0	5.2
기능・기계조작 종사자	1,658	22.3	1,359	300	1,699	22.0	-0.3	1,363	25.5	336	14.1	19.8
단순노무종사자	1,810	24.4	1,014	796	1,880	24.3	-0.1	1,035	19.3	845	35.4	13.3

출처 : 통계청(2019). 2019년 경제활동인구조사.

3. 장래 근로에 대한 희망

고령층 중 장래에 일하기를 원하는 비율은 64.9%(897만 9천 명)로 전년 동월대비 0.8%p 상승하였다. 근로 희망 사유는 생활비에 보탬(60.2%), 일하는 즐거움과 건강히 허락하는 한 일하고 싶어서가(32.8%), 등의 순으로 많았다. 성별로 보면 남자(75.5%)가 여자(55.2%)보다 장래에 일하기를 더 원했으며, 근로 희망 사유는 남녀 모두 생활비에 보탬이 가장 많은 것으로 조사되었다.

〈표 4-5〉 성별 향후 취업의사 및 취업동기 (단위 : 천 명, %, %p)

구분		2018. 5				2019. 5						
		55~79세 인구	구성비	남자	여자	55~79세 인구	구성비	증감	남자	구성비	여자	구성비
전 체		13,441	100.0	6,395	7,046	13,843	100.0	–	6,587	100.0	7,256	100.0
장래근로 원하지 않음		4,829	35.9	1,559	3,270	4,864	35.1	-0.8	1,613	24.5	3,251	44.8
장래근로 원함		8,613	64.1	4,836	3,776	8,979	64.9	0.8	4,975	75.5	4,005	55.2
취업희망동기[1]	일하는 즐거움	2,923	33.9	1,764	1,159	2,949	32.8	-1.1	1,763	35.4	1,187	29.6
	생활비에 보탬	5,085	59.0	2,744	2,341	5,403	60.2	1.2	2,864	57.6	2,538	63.4
	사회가 필요로 함	191	2.2	146	45	178	2.0	-0.2	138	2.8	40	1.0
	건강유지	126	1.5	62	64	157	1.7	0.2	86	1.7	71	1.8
	무료해서	284	3.3	120	164	289	3.2	-0.1	122	2.5	167	4.2
	기 타	3	0.0	1	2	4	0.0	0.0	2	0.0	2	0.0

주 : 1) 취업희망동기의 구성비는 장래근로 원함을 기준으로 산출함
출처 : 통계청(2019). 2019년 경제활동인구조사.

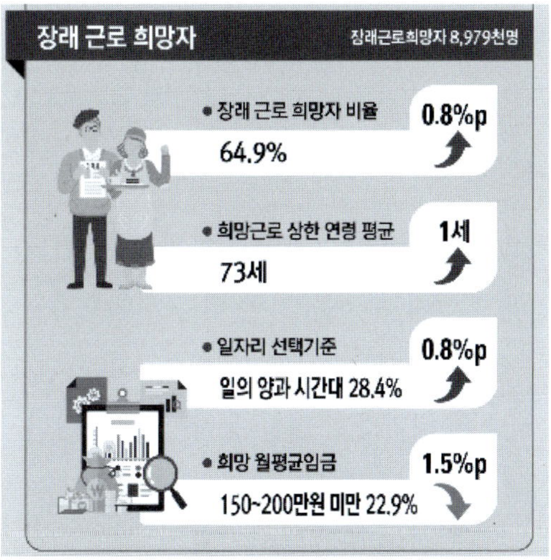

|그림 4-5| 고령층 장래 근로 희망자

통계청(2019). 2019년 경제활동인구조사.

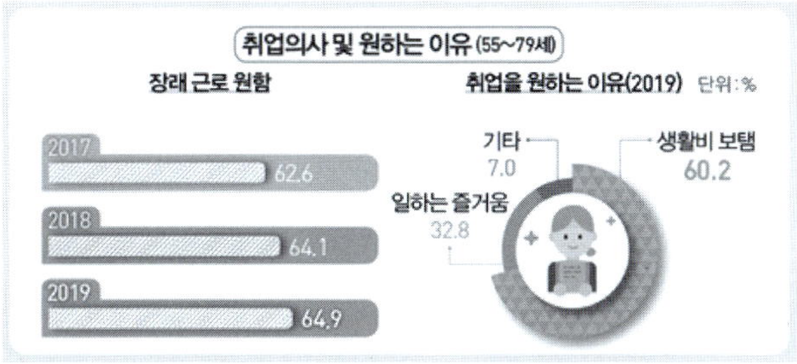

|그림 4-6| 고령층 취업의사 및 원하는 이유

통계청(2019). 2019년 고령자 통계자료.

제3절 노인고용제도와 실태

1) 고령자고용촉진

「고용상 연령차별금지 및 고령자고용촉진에 관한 법률」 고령자가 그 능력에 적합한 직업에 취업하는 것을 지원 및 촉진함으로써 고령자의 고용안정과 국민경제발전을 이바지함을 목적(제1조)으로 1992년 7월부터 실행되고 있다. 즉, 고령화시대에 대비하고 일할 능력이 있는 장년근로자의 일할 기회를 보장하기 위해 「고용상 연령차별금지 및 고령자고용촉진에 관한 법률」을 개정(2013년 5월)하여 60세 이상 정년제를 시행하고 있다.

– 「고용상 연령차별금지 및 고령자고용촉진에 관한 법률」 주요 개정 내용 –

근로자 정년 60세 이상 의무화, 정년을 60세 미만으로 정한 경우 60세로 간주

※ 300인 이상 사업장 및 공공기관 : 2016년 1월 1일부터

※ 300인 미만 사업장 및 국가 · 지방자치단체 : 2017년 1월 1일부터

노사에게 개별 사업장 여건에 따라 임금체계 개편 등 필요한 조치 의무화

정부는 임금체계 개편 등 필요한 조치를 한 사업주나 근로자에게 지원금 지원

(1) 고령자 기준고용률

'기준고용률'이란 '사업장에서 상시 고용하는 고령자의 비율'로서, 현재 시행령에서는 전체 상시근로자 3%를 기준고용률로 정하고 있다. 즉, 상시 300인 이상의 근로자를 사용하는 사업장의 사업주는 적어도 3% 이상의 근로자를 55세 이상의 고령자로 고용하도록 노력하여야 한다. 이러한 노력이 미흡한 경우, 노동부장관은 사업주에 대하여 기준고용률을 이행에 관한 계획을 작성하여 제출하게 하고 이 계획의 적절한 실시를 권고할 수 있다(김기태 외, 2009).

(2) 준고령자 우선 고용직종

2008년 7월 노동부장관이 '준고령자 · 고령자 우선고용직종'을 고시하면서 2009년 1월 1일부터 시행하였다. 국가 및 지방자치단체, 정부투자기관, 정부출연기관의 장은 그 기관의 적합직종에 고령자와 준고령자를 우선적으로 채용하여야 하며, 채용현황을 매년 노동부장관에게 제출하여야 한다.

〈표 4-6〉 고령자 우선 고용직종 선정기준과 개념

기 준	개 념
신체적 적합직종	신체적 · 정신적 한계로 인해 다른 연령계층에 비해 생산성이 떨어지지 않거나 산업재해의 위험이 낮은 직종
고령종사자 규모가 큰 직종	현재 노동시장에서 고령자의 종사자 규모가 큰 직종
빈 일자리 직종	다른 연령계층의 진입, 기피나 회피 등으로 인하여, 다른 직종에 비해 고령자가 진입할 수 있는 빈 일자리가 많은 직종
일자리 증가 직종	미래 일자리 증가가 예상되며, 일자리 증가에 있어 고령자가 진입할 여지가 있는 직종
기능 보유 직종	일정 기간 훈련이수 및 자격취득을 통해 특정 기능을 보유함으로써 취업경쟁력을 확보할 수 있는 직종
경력 보존 직종	고도의 특정 직무의 기술 및 지식에 대한 Know-how를 보유하여, 충분히 직업능력을 발휘할 수 있는 직종
단순노무 직종	특정 지식이나 기술이 필요하지 않아, 일자리만 있다면 단기간 내에 취업이 가능한 직종

출처 : 한국고용정보원(2007), p. 71.

(3) 60세 이상 고령자 고용 지원금

고령자를 일정 수준 이상 고용하는 사업주에게 지원금을 지급함으로써 고령자의 고용촉진 및 안정을 도모하기 위한 목적에서 고령자 고용 지원금을 실시하고 있다.

지원 대상은 모든 사업장이며, 지원요건은 정년 미설정 사업장에서 고용기간이 1년 이상인 60세 이상 고령자를 업종별 기준고용률(1~23%)을 초과하여 고용할 수 있다. 다만 지원요건에 해당하는 근로자에 대해 고령자다

수고용장려금 또는 고령자정년연장지원금을 수급중이거나, 지원금 신청 전 3개월부터 신청한 후 6개월까지 55세 이상 근로자를 고용조정으로 이직시키는 경우는 지원에서 제외된다.

지원 수준 및 기간은 기준고용률 초과 인원 1인당 분기별 18만 원 지원되며, 근로자수의 20%(대기업 10%) 한도에서 지원된다. 그리고 지급절차는 분기 단위로 지원금 신청(사업주) → 사실관계 확인 후 지원금 지급(고용센터)한다(노동부, 2017).

(4) 임금피크제 지원금

임금피크제란 고용보험법 제23조와 고용보험 시행령 제28조에 따라 고용자의 고용촉진을 지원하기 위하여 실시되는 제도로 일정한 나이가 지나면 생산성에 따라 임금을 줄이는 대신 정년을 보장하거나 일정 기간 고용을 연장해 주는 방식의 임금제도를 말한다. 즉, 임금피크제를 적용받는 근로자에게 감액된 임금의 일부를 지원하여 근로자의 고용안정 및 기업의 임금부담을 완화하고자 하는 것이다.

지원요건은 정년은 60세 이상으로 정한 사업장에서 18개월 이상 계속 근무한 근로자가 55세 이후부터 피크임금 대비 10% 이상 임금이 감액된 경우 근로자에게 지원하는 것이다. 지원수준 및 기간은 피크 임금에 비해 10% 이상 낮아진 금액을 지급하되, 1인당 연간 180만 원 한도 내에서 지급된다. 또한 임금이 감액된 날부터 2018년 12월 31일까지 지급(2018년 12월 31일 이전에 고용이 종료된 경우 해당기간까지 지급)한다. 그리고 임금 감액 이후 연간 임금이 7,250만 원을 초과하는 근로자는 지원 대상에서 제외된다.

신청절차는 사업장 소재지 관할 고용센터에 다음 연도 1월 말일(매분기/매월 다음 달 말일)까지 신청서와 구비서류 제출(사업주가 소속 근로자를 대신하여 신청가능)하면 된다(고용노동부, 2019).

2) 고용알선 프로그램

(1) 노인취업지원센터

기존의 노인취업알선센터는 대한노인회 시・도연합회 및 시・군・구 지회에 설치되어 운영되었으나 2004년부터 정부에서 추진하고 있는 노인일자리 사업에 따라 노인취업지원센터로 명칭이 변경되어 2005년 전국에 261개의 취업지원센터가 운영되고 있다.

취업지원센터는 구직희망 노인의 상담, 알선, 취업, 연계조정, 사후관리 서비스를 통해 행정사무원, 경비원, 안내원, 청소원, 판매원 등의 인력파견형 일사리를 세공하고 있다. 2006년 12월 31일 현재 취업지원센터는 장기 22,916개, 단기 10,635개 등 총 33,551개의 일자리를 알선하여 성공적으로 그 역할을 수행하고 있는 것으로 평가되었다. 향후 지역사회 홍보강화를 통해 구인처를 지속적으로 발굴하고 필요한 경우 구인처의 요구에 적합한 교육을 실시하여 구인처와 구직자들 모두에게 맞춤형 일자리를 제공하고자 한다(보건복지부, 2006a).

(2) 고령자인재은행

고령자인재은행은 고령사회로 고령인력의 경제활동 참여비중이 증대됨에 따라 고령자의 고용촉진 및 취업기회 확대를 위해 민간의 무료직업소개사업을 수행하는 비영리법인 또는 공익단체를 고령자인재은행으로 지정하여 고령자 고용안정 및 인력 수급활성화를 기여할 목적으로 시행되고 있다.

사업내용

- 지원대상 : 만 50세 이상의 장년
- 지원내용 : ① 고령자에 대한 구인, 구직등록, 직업지도 및 취업알선
  ② 취업희망 고령자의 직업상담 및 정년퇴직자의 재취업 상담

• 구직등록자 중 취업능력을 제고할 필요가 있는 사람에 대해 일정 기간 (50시간 이상) 취업의욕 고취 및 직무능력향상교육을 실시하고 있다.

〈표 4-7〉 고령자인재은행 지정기관(49개소)

기관명	주 소	기관연락처
강동종합사회복지관	서울 강동구 천호3동 555	02-2041-7814
서울중부여성발전센터	서울시 마포구 토정35길 17	02-719-6303
서울서부여성발전센터	서울 양천구 남부순환로 371	02-2607-8794
북부종합사회복지관	서울시 노원구 동일로 245길 56	02-3391-2217
중계종합사회복지관	서울시 노원구 덕릉로 662	02-952-0336
생명의전화 종합사회복지관	서울특별시 성북구 하월곡동 96-155	02-916-9193
서울북부여성발전센터	서울특별시 노원구 중계2동 501-1	02-3399-7638
동작종합사회복지관	서울특별시 동작구 등용문로 47	02-824-7082
서울남부여성발전센터	서울특별시 금천구 독산로50길 23	02-867-8219
의정부 YWCA	경기도 의정부시 장곡로 606 엘리트타운 5층	031-853-6340
남양주 YWCA	경기도 남양주시 와부읍 덕소로 97번길 7-1	031-577-7762
수원 YWCA	경기도 수원시 장안구 정자천로 134번길 34	031-252-5111
평택 YWCA	경기도 평택시 평택5로 65(비전2동)	031-651-7701
춘천 YWCA	강원도 춘천시 중앙로 14	033-254-4878
강릉 YWCA	강원도 강릉시 수리골길 27	033-651-1385
속초 YWCA	강원도 강릉시 번영로 184	033-635-3524
원주 YWCA	강원도 원주시 천사로 190	033-744-6091
부산진여성인력개발센터	부산광역시 부산진구 부전로 94	051-807-7944
동래여성인력개발센터	부산광역시 동래구 충렬대로 126번길 5	051-503-8944
해운대여성인력개발센터	부산광역시 해운대구 해운대로 575	051-702-9198
실버벨노인복지관	부산광역시 북구 시랑로 114번길 45(구포동)	051-337-5959
(사)경남고용복지센터	경남 창원시 의창구 원이대로 450, 149-1호(창원종합운동장내)	055-261-8523
울산YWCA	울산광역시 남구 삼호로 81(삼호동)	052-247-3523
양산YWCA	경남 양산시 삼일로 67, 7층	055-384-9192
진주YWCA	경남 진주시 동진로263번길 14	055-755-3463

거제시희망복지재단 옥포종합사회복지관	경남 거제시 옥포대첩로 84	055-680-7023
대구달서시니어클럽	대구광역시 달서구 성당로 47안길 49(두류동)	053-626-8317
달구벌여성인력개발센터	대구광역시 서구 달구벌대로337길 9(내당4동)	053-285-1331
포항YWCA	경북 포항시 남구 대도동 127-2, 6층(일선빌딩)	054-274-4444
사단법인 가경복지센터	경북 경주시 동문로 30, 3층	054-773-5002
한국산업단지공단 대경권본부	경북 구미시 수출대로 127	070-8895-7714
영주시종합사회복지관	경북 영주시 대학로 130-1	054-635-4562
안동YMCA	경북 안동시 송현동 319-1	054-858-8219
광주 YWCA	광주광역시 북구 중가로 43	062-609-1357
노동실업광주센터	광주광역시 동구 중앙로 196번길 31-3, 3층	062-225-4139
전주YWCA	전북 전주시 완산구 용머리로 98	063-224-5501
원광효도마을시니어클럽	전북 익산시 선화로 259 제일빌딩 2층	063-833-0334
익산YWCA	전북 익산시 동서로 181	063-857-8910
군산노인종합복지관	전북 군산시 둔배미길 29	063-446-7577
목포상공회의소	전남 목포시 평화로 5, 2층(목포고용복지플러스센터)	061-280-0573
순천 YWCA	전남 순천시 저전동 서문로 6	061-744-9004
여수 YWCA	전남 여수시 동문로 120	061-665-5060
세종YWCA	대전광역시 서구 둔산북로90번길 34, 3층(대전지방고용노동청)	042-480-6490
(재)대한산업인력개발원	충북 청주시 서원구 1순환로 642, 4층(청주고용복지+센터)	043-230-7021

출처 : 고용노동부(2019). 2019년 고용노동부 정보공개 자료.

(3) 시니어인턴십

시니어인턴십 사업이란 만 60세 이상의 노인에게 일할 기회를 제공함으로써 노인의 직업능력 강화 및 재취업기회를 촉진함과 동시에 노인에 대한 긍정적 인식의 확산을 도모하기 위한 사업이다. 참여대상은 만 60세 이상의 자를 고용할 의사가 있는 4대 보험 가입사업장 중 근로자 보호 규정을 준수하는 기업 및 비영리민간단체이다. 단 소비향락업체, 다단계판매업체, 임금체불사업장 등은 제외된다.

참여자는 만 60세 이상으로 개발원 및 운영기관에서 진행하는 교육을 이수한 자이지만 중앙정부 및 지방자치단체 재정지원 일자리사업 등에 참여 중인 자는 신청에서 제외된다. 또한 3개월간 인턴십 참여 후 장기근로계약 체결 시 1인당 240만 원 인건비를 지원해 준다.

〈표 4-8〉 시니어인턴 지원 내용

구 분		인 턴
참여기업	기업지원금	참여자 1인당 최대 3개월간 월 약정급여의 50%(일반형 최고 월 30만 원, 전략직종형은 최고 월 40만 원)지원
	채용성과금	인턴 종료 후 계속근로계약(6개월 이상) 체결 시 참여자 1인당 3개월간 월 약정급여의 50%(일반형은 최고 월 30만 원, 전략직종형은 최고 월 40만 원) 추가 지원
	장기취업 유지지원금	18개월 이상 고용한 뒤, 6개월 이상 계속고용계약을 체결할 경우 총 90만 원 지원 ※ 참여 후 18개월 경과시점이 2018년 12월 이후인 참여자부터 해당되며, 지원 기준일(18개월 경과시점) 이후 1개월 이내 신청기업에 한해 지원
운영기관	위탁운영비	참여자 1인당 30만 원
	채용성공보수	인턴 종료 후 계속고용계약을 체결하고, 해당 기간을 기준으로 근로유지 시 아래와 같이 지원 – 일반형은 6개월 이상 3만 원, 9개월 이상 5만 원 – 전략직종형은 6개월 이상 5만 원, 9개월 이상 7만 원

출처 : 한국노인인력개발원(2019). kordi.or.kr

(4) 노인일자리 및 사회활동 지원 사업

노인이 활기차고 건강한 노후생활을 영위할 수 있도록 공익활동, 재능나눔 등 다양한 사회활동을 지원하여 노인복지 향상에 기여하고자 하는 목적에서 노인일자리 및 사회활동 지원 사업을 시행하고 있다. 참여대상은 공익활동과 재능 나눔 활동은 만 65세 이상 사회참여 가능한 자이며, 공익활동은 기초연금수급자만 가능하다. 시장형은 만 60세 이상 사업 참여 가능자이다.

수행기관은 참여자 활동 지원 등 노인일자리 및 사회활동 지원 사업을 직접적으로 수행하는 기관으로 시 · 군 · 구(노인복지 담당과), 노인복지관, 시니어클럽, 대한노인회 취업지원센터, 종합사회복지관, 노인복지센터, 지역문화원, 지자체 전담기관(실버인력뱅크 등)에서 담당한다.

노인일자리 및 사회활동 지원 사업 참여방법은 시 · 군 · 구 또는 수행기관(모집기관)에 관련 서류 제출 및 상담을 통하여 지원할 수 있다. 준비 서류는 참여 신청서, 개인정보 수집 및 이용에 관한 동의서(자필서명), 해당 활동 관련 자격증 사본(해당자에 한함)을 제출하여야 한다. 단, 수행기관 신청 시 주민등록등본은 첨부하여야 한다. 또한 관련 서류와 전산시스템을 통한 국민기초생활수급 여부 등 자격확인 후 참여자 선발기준에 따라 고득점자 순으로 선정하여 참여자를 선발한다.

〈표 4-9〉 노인일자리 및 사회활동 지원 사업 유형

유 형	정 의	예 시
공익활동	노인이 자기만족과 성취감 향상 및 지역사회 공익증진을 위해 자발적으로 참여하는 봉사활동	노노케어(취약노인 안부확인, 생활상태 점검 등), 보육시설 봉사 등 지역사회 공익 증진을 위한 16개 프로그램
재능나눔활동	재능을 보유한 노인에게 재능나눔 활동 기회를 부여하여 사회참여를 통한 노후 성취감 제고, 건강 및 대인관계 개선 유도	취약노인 발굴 · 지원, 학대노인 예방 · 지원, 노인이용시설 안전관리, 노인문화복지활동, 복지정책홍보 등 기타 노인권익증진 활동

시장형	시장형 사업단	참여자 인건비를 일부 보충지원하고 추가 사업소득으로 연중 운영하는 노인 일자리	장류 · 김부각 · 두부과자 · 양파즙 · 한과 · 천연조미료 등 제조판매, 아파트 · 지하철 택배, 쇼핑백 제작, 콩 등 농산물 재배
	인력파견형 사업단	수요처의 요구에 의해서 일정 교육을 수료하거나 관련된 업무능력이 있는 자를 해당수요처로 연계하여 근무기간에 대한 일정 임금을 지급받을 수 있는 일자리	시험감독관, 주유원, 주례사, 가사도우미, 건물관리, 경비 등
	시니어 인턴십	노인이 기업에서 인턴으로 참여할 수 있는 기회 제공	상점판매원, 물류관리, 주유원, 차량관리원, 고객상담, 홀서빙 등
	고령자 친화기업	고령자가 경쟁력을 가질 수 있는 적합한 직종에서 다수의 고령자를 고용하는 기업 설립 지원	(주)고을, (주)Delicious Plan, (주)6088식품, (주)천년누리, (주)탑리서치코리아 등

보건복지부(2019). 2019년 노인일자리 사업 종합안내.

노인들에게 제공되는 일자리는 주로 국가발전이나 국민의 삶의 질 향상을 위해 반드시 필요하나 수익성이 낮아 민간시장에서 배제된 일자리이며, 국가경제가 발전하고 노인역량이 증대되는 것에 발맞추어 민간시장 내에서 경쟁력을 가질 수 있는 일자리도 점차 늘려가고 있다. 정부는 노인일자리 사업을 공익형, 교육형, 복지형, 공동작업형 · 제조판매형, 인력파견형으로 나누어 추진하고 있다.

① 사회공헌형

㉠ 공익형 : 공익형은 공공의 이익에 부합하고 사회적으로 유용성이 강한 일자리를 말한다. 즉, 공익형은 지방자치단체 및 공공기관에서 공공서비스 향상을 목적으로 공공업무 영역(환경, 질서유지, 시설관리 등) 및 지역사회 현안 문제해결 등을 위해 창출된 일자리를 말한다. 목적은 첫째, 전문기술이 없거나 고연령 등으로 사회에서 소외된 노인층에게 사회에 공헌할 기회를 제공하여 참여노인의 자존감 고취, 둘째, 지방자치단체 고유 업무영역에서 저비용 고효율의 노인일자리 창출을 통해 지방자치단체의 행정비용 절감, 셋째,

사업추진을 통해 지역사회 현안문제 예방 및 완화 등에 도움을 제공하는 것이다.

〈표 4-10〉 공익형 사업종류

분 류	세부사업명	세부사업 내용
미래세대 지원사업	아동안전보호사업	• 초등학교 등·하굣길 및 학교 주변의 교통정리, 어린이 보호 및 순찰사업
	초등학교 급식도우미사업	• 초등학생을 대상으로 급식지도 및 지원사업
지역사회 관리지원사업	지역사회 환경개선보호사업	• 지역 내 주거환경 및 생태환경 등 보호, 개선사업
	지역사회 문화재관리지원사업	• 지역 내 문화재 보호, 훼손방지 및 관람편의 제공사업
공공질서 관리지원사업	주·정차질서 계도지원사업	• 주차혼잡지역의 질서유지 및 계도지원사업
	지하철 이용질서 계도지원사업	• 지하철역 이용질서 계도지원사업
공중이용시설 관리지원사업	도서관 관리지원사업	• 국·공립 및 초·중·고등학교 등 관리지원사업
	생활근린시설 관리지원사업	• 놀이터, 공원 및 공설운동장 등 관리지원사업
	의료 및 복지시설 관리지원사업	• 보건소, 양로원 및 복지기관 등 관리지원사업
기타 지역특화사업	행정조사지원사업	• 지역사회 기초자료 조사 및 지원사업
	기타(지역특화) 사업	• 지역상황에 적합한 사업 예 산불예방사업, 지방세 고지서 송달사업 등

㉡ **교육형** : 교육형은 경험과 교육을 통해 습득한 지식을 가진 노인이 다양한 계층을 대상으로 자신의 경륜과 지식을 전달함으로써 세대 간 문화전승의 효과를 살리고 교육대상자의 능력을 향상시키는

일자리이다. 교육형에는 학습형과 해설형이 있다. 학습형은 각종 교과목 및 특기과목 등의 학습을 필요로 하는 지역 내 교육기관 및 관련 시설에 강사로 노인을 파견하는 것이다. 해설형은 지역 내 주요 문화재시설 및 자연생태 체험학습이 가능한 곳에 노인해설사를 파견하여 전문적인 해설을 실시하는 일자리이다. 목적은 첫째, 노인 인적자원의 발굴과 개발을 통해 지역사회에 기여할 수 있는 기회부여, 둘째, 참여노인의 전문능력을 향상시킬 수 있는 기회를 제공함으로써 자립기반 제공이다.

㉢ 복지형 : 복지형은 사회・문화적 소외계층을 대상으로 제공되는 사회서비스 중에서 노인적합형일자리를 창출하여 노인에게 제공하여 사회서비스 확대를 도모하고 서비스 이용자의 사회적응 및 안정적 생활을 유지할 수 있도록 지원하는 일자리 서비스이다. 목적은 첫째, 지역사회 내 다양한 분야의 사회서비스 확충을 위한 노인인력 적극적 활용 도모, 둘째, 참여자의 자긍심 증진 및 서비스 이용자의 생활・정서적 안정 도모이다.

② 시장진입형

㉠ 인력파견형 : 인력파견형은 수요처의 요구에 의해서 일정 교육을 수료하거나 관련된 업무능력이 있는 자를 해당 수요처로 파견하여 근무기간에 대한 일정 보수를 지급받을 수 있는 일자리이다. 목적은 첫째, 부수적 수입이나 어느 정도 높은 안정된 소득을 희망하는 노인의 욕구를 충족시키기 위함이고, 둘째, 시장진입에 성공한 일자리에 대한 재교육 또는 대체파견 등의 사후관리를 통해 안정된 민간분야에 계속 누적될 수 있도록 하는 것이다.

구분	유 형		세부유형	사업내용	근무시간 및 급여	활동성격
노인 일자리	인력 파견형 사업단	관리사무 종사자	경영, 영업, 판매 및 운송 관련 관리자	행정 및 경영, 회계, 영업 및 판매 관련 관리자, 운송, 기타 고객 서비스 관리자	- 운영기간 : 연중 - 근무시간 및 급여 : 근로계약서상 정한 시간 및 급여 기준에 따름	근로
			기타 사무직	상담, 여행·안내, 통계 관련 사무원, 고객상담 및 기타 사무원		
		공공/ 전문직 종사자	교육 관련 종사자	교육강사, 보조교사, 보육교사		
			기타 전문직	시험감독관, 리서치, 설문, 번역, 문화, 방송, 출판 관련 종사원		
		서비스 종사자	예식 및 보건·의료 서비스	예식, 혼례 및 장례종사자, 산후조리, 요양, 간병 등 보건·의료 관련 서비스 종사자		
			운송 및 여가 서비스	택시, 버스, 기타 자동차운전원, 운송 서비스 종사자		
			조리 및 음식 서비스	패스트푸드원, 주방·식당보조원, 음식배달원 등 서비스 종사자		
			배달원	택배원, 우편물집배원, 기타 배달원		
		판매 종사자	계산원 및 매표원	매장계산원 및 요금정산원, 매표원, 복권판매원		
			판매원 및 판매 단순종사자	주유원, 상점판매원, 상품대여원, 기타 판매 관련 단순 종사원		
		농림어업 숙련 종사자	농림 어업 작물재배 종사자	곡식, 채소 및 특용작물, 과수, 원예작물 재배업, 조경원 조림 및 벌목원, 임산물 채취, 양식원 및 기타 관련 종사원		
		기능원 및 관련 기능 종사자	식품가공관련 종사자	정육원, 김치 및 밑반찬 제조 종사원, 기타 식품가공 종사원		
			기타 기능 관련직	섬유·의복, 가죽 관련 기능직, 목재·기구·악기, 금속성형, 전기·전자 관련 기능직, 공예 및 귀금속 세공원, 배관공 등		
		생산·제조 단순 노무직	생산/제조	식료품 제조, 곡물가공품 제조, 떡, 빵 및 과자류 제조, 도시락 및 식사용 조리식품 제조, 탁주 및 발효주 제조업 등		
			단순노무직	청소원 및 환경미화원, 경비원, 가사 및 육아도우미, 주차관리원 및 안내원, 재활용품수거원, 세차, 세탁, 검침, 골프장도우미, 학교 병원급식 도우미, 농어촌일손도우미, 기타 단순종사원		
			기타	육류, 수산물 가공 및 저장, 과실 및 채소가공, 소분		

출처 : 한국노인인력개발원(2019). kordi.or.kr

제4절 노인고용정책의 개선방안

현대 지식정보사회에서는 육체적 능력보다 지식, 정보, 경험 등과 같은 무형자산과 신뢰나 우애 등과 같은 사회적 자본이 보다 중요한 부가가치를 창출한다. 따라서 고령자가 반드시 청장년층보다 덜 생산적이라고 말할 수 없다(문선화 외, 2002). 따라서 노인들의 다양한 욕구와 근로능력, 교육수준과 건강 등을 고려하여 다양한 노인고용정책이 실시되어야 할 것이다. 즉, 국가는 노인들이 사회적으로 유능한 공헌을 할 수 있도록 원조하고, 아울러 그들이 자아실현을 이룰 수 있도록 노인인력을 적극적으로 활용하는 방안을 모색해야 한다. 우리나라 노인고용정책의 활성화 과제들을 종합하여 단계적으로 요약하면 |그림 4-7|과 같다.

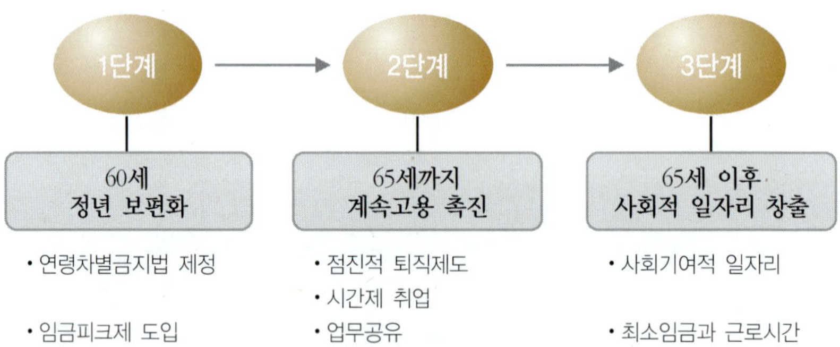

|그림 4-7| 단계별 생산적 고령화 방안

1단계는 60세까지 정년제가 보장되어야 한다. 즉, 평균수명이 급격히 늘어나는 현 시점에서 55세 전후의 조기정년은 개인적으로도 사회적으로도 큰 손실이 아닐 수 없다. 정년퇴직 연령의 고정화 현상은 평균수명의 연장이나 인구고령화, 그리고 고령인구의 급증현상과는 사뭇 모순되는 것이다(이인수, 2001). 따라서 고령인력을 생산적으로 활용한다는 측면이나 노인에

대한 경제활동인구의 부양부담을 경감시킨다는 의미에서도 가장 시급히 강구되어야 할 대책이며 정년을 연장하는 방향으로 수반되어야 할 것이다. 이와 동시에 정년 후 근무기간 연장에 따라 근로자 측에서는 임금이 계속 줄더라도 정년 이후에도 일할 수 있게 임금피크제를 적극적으로 활용한다면 퇴직에 대한 막연한 불안감을 제거하고, 조직에 대한 충성심을 제고하여 생산성이 향상되며, 중고령자의 조기퇴직으로 인한 각종 사회·경제적 부정적 효과 등을 제거할 수 있을 것이다. 그러나 임금피크제는 근로자의 정년을 보장하는 조건으로 시행되어야 하며 이를 근로자의 임금삭감을 위한 도구로 이용해서는 안 된다.

2단계는 고령자의 경제활동을 촉진하기 위해서 고령자의 퇴직 및 조기퇴직을 억제하고 노동시장에서 60세 이후부터 유연한 고용구조로 계속고용이 이루어져 65세까지 정년을 이룰 수 있는 발판을 마련하여야 한다. 그러나 기업 측면에서는 60세 이상의 노인의 상용고용 임금부담이 클 수 있다. 따라서 60세 정년 이후에는 시간제 등 고용형태의 다양화를 통해 고령근로자 고용에 따른 임금부담을 줄이고, 고령자의 시간제 취업과 직무공유와 같은 고용을 통해 계속고용이 가능하도록 수반되어야 할 것이다. 왜냐하면 노년기의 건강상태에 맞게 적절히 일하면서 자신이 평생에 걸쳐 쌓은 능력과 노하우를 활용할 기회를 연장한다는 의미에서 개인과 사회 모두에게 도움이 되기 때문이다(방하남 외, 2006).

3단계는 65세 이후부터 노인이 처해진 경제적 여건에 따라 사회기여적 성격의 일자리를 창출하거나 혹은 자기개발과 자기성장 차원에서 사회에 기여할 수 있는 활동의 기회를 제공하여야 한다. 이런 점에서 노동시장 참여가 상대적으로 어려운 65세 이상 노인들 중 경제적 소득이 필요하고 노동시장에 참여하고자 하는 노인들에 대하여 일자리를 제공하는 사회복지적 차원의 고용정책적 뒷받침이 수반되어야 할 것이다. 왜냐하면 노인의 일자리 창출을 통해 생계유지라는 경제적 목적뿐만 아니라 건강유지 및 자아실현, 욕구충족과 관련되어 있으며 향후 노인의 생활보장을 위한 사회적 분야 부담을 경감할 수 있기 때문이다.

자기개발 차원에서는 취업 이외의 사회활동 참여기회를 부여할 필요가 있다. 왜냐하면 근로능력은 다소 떨어질 수 있으나 전문적인 지식 및 지혜와 경험을 바탕으로 노인들이 정년퇴직 이후에도 자원봉사 및 사회활동을 통해 사회에 기여함으로써 삶의 보람과 자기성장을 계속할 수 있기 때문이다. 따라서 노인의 자원봉사활동을 통해 개인적으로 노후에 경험하는 역할 상실과 소외감을 극복할 수 있으며, 국가의 경제적인 측면뿐만 아니라 노인의 삶의 질 향상에도 많은 기여를 할 수 있을 것이다.

CHAPTER

05 노인의료보장정책

Social Work With the Elderly

제1절 노인의료보장의 개념 및 필요성

1. 의료보장의 개념

의료보장(medical security)이란 첫째, 국민의 질병, 부상, 분만 또는 사망 등에 대하여 보험급여를 실시함으로써 국민보건을 향상시키고 사회보장의 증진을 도모하려는 의료보험, 둘째, 생활유지의 능력이 없거나 생활이 어려운 자에게 공적부조의 1종인 의료보호를 실시하여 국민보건의 향상과 사회복지 증진을 도모하려는 의료보호제도, 셋째, 국가가 국민보건의 향상과 질병의 예방을 위하여 각종 의료서비스를 제공하는 국민보건서비스 등이 모두 포함된 개념을 의료보장의 개념으로 볼 수 있다(고재욱 외, 2010).

의료보장제도로서 의료보험은 생활능력 있는 자의 질병위험을 분산시키고 그들의 상호부조와 소득재분배의 기능도 수행한다. 이와 같은 의료보험의 기능은 사회보험의 기본 원리인 강제성과 보편성의 원리가 적용되어야 본래의 기능을 발휘할 수 있는 것이며, 그러한 경우 의료보험은 사회를 통합시키고 국민화시키는 데 기여할 수 있다. 따라서 노인의료보장은 노화에 따른 신체적 기능 쇠퇴와 질병으로 인한 건강상의 문제를 해결하기 위해 국가가 노인에 대하여 질병으로부터 빈부차별 없이 구제하고 건강한 생명을 유지하기 위해 필요할 때 필요한 의료서비스를 받을 수 있도록 실시하는 정책을 말한다.

2. 의료보장의 필요성

노년기는 노화로 인한 기능저하와 질병에 대한 저항력의 저하로 건강상의 요구가 증가하는 반면 이러한 요구를 충족시켜 줄 수 있는 자원이 부족하게 되는 시기이다. 사람에 따라 개인차가 있으나 일반적으로 노인들은 건강이 불가피하게 약화되어 자신뿐 아니라 사회적으로 문제를 야기시키기 마련이다. 따라서 인구고령화에 따른 건강문제에 대처하기 위하여 노인에 대한 의료보장의 필요성은 다음과 같다.

첫째, 건강보호를 위한 의료서비스는 노인의 삶의 질과 수명에 가장 직접적 영향을 미친다. 건강은 삶의 질에 있어서 주요한 국면이며, 가장 소중한 개인의 자원이다. 건강은 사생활에 있어서 자신을 유지하고 사회적 생활에 있어서 기대되는 역할을 수행하도록 할 뿐만 아니라 사회심리적인 면에서 자기 자신에 대한 평가를 긍정적으로 향상시키므로 국가는 국민건강보호의 책임을 가져야 하며 이는 개인의 권리로 인정되어야 한다.

둘째, 예측불허의 사고와 빈번한 질병, 이에 따른 고액의 의료비 부담은 개인적인 차원에서 해결이 어렵거나 거의 불가능하다는 점이다. 노인건강의 일반적 특성은 다른 연령층에 비해 질병에 걸릴 확률이 높을 뿐만 아니라 질병 자체가 만성적이어서 장기적 치료와 요양을 요함에 따라 고액의 의료비가 요구되므로 국가 차원에서 해결방안이 절실히 요구된다 할 수 있다.

셋째, 노인의 건강유지는 노인 개개인에 있어 생활의 만족감을 향상시키고 자신이 속해 있는 사회적 조직망으로의 통합, 특히 가족집단, 친족 및 근친집단, 나아가서는 국가, 사회 전체로의 통합을 촉진시킨다(김갑중, 2006).

즉, 고령화사회에 진입한 현 시점에서 고연령층 노인들이 보다 체계화된 보건의료서비스를 제공받을 수 있도록 재정적 · 제도적인 보완이 마련되어야 할 것으로 보인다. 이와 같은 보건의료서비스 체계가 구축된다면 노인의 삶의 질 또한 향상될 수 있으리라 예상된다.

3. 노인의료보장의 정책원리

1) 적용대상의 보편성의 원리

노인의료보장은 그 대상과 기회의 측면에서 전체 노인에게 공평하게 의료의 기회가 제공되어야 한다. 각국의 모든 국민을 대상으로 하는 보편성의 원리에 충실하고 있다.

2) 재원부담의 형평성의 원리

노인의료보장은 그 재원조달에 있어서 정부재원에 의한 부담과 국민 상호 간의 능력에 비례하는 부담을 원칙으로 하고 있다. 재원부담에서 각자의 능력에 비례한 비용부담과 급여의 공평한 혜택은 사회계층 간의 소득재분배 효과를 가져온다.

3) 급여수준의 적정성의 원리

노인의료보장은 질병이라는 사회적 사고에 대하여 예방급여와 적정수준의 치료를 함으로써 건강하고 문화적인 생활수준을 유지하도록 급여수준의 적정성의 원리에 충실해야 한다.

4) 의료서비스와 개호서비스의 병행원리

노인의료보장은 예방적 · 전문적 중심이 되고, 동시에 간호와 개호서비스를 중심으로 한 제반 사회적 서비스를 병행해야 한다.

제2절 노인의료보장정책의 현황

1. 국민건강보험제도

국민건강보험은 국민의 질병, 부상에 대한 예방, 진단, 치료, 재활과 출산, 사망 및 건강증진에 대하여 보험급여를 실시함으로써 국민보건을 향상시키고 사회보장을 증진함을 목적으로 하는 사회보험제도이다. 1963년 의료보험법이 제정되었으나 1976년까지 시범사업으로 시행되었고, 1976년부터 기존의 의료보험법을 개정하여 실시하였다. 1988년에는 농어촌의료보험, 1989년 7월에 도시지역의료보험을 실시함으로써 전 국민대상의 의료보험을 실현하게 되었고, 1997년 국민의료보험법 제정, 1998년부터 시행하였다. 이후 2000년 7월 국민건강보험을 제정하여 국민의료보험법에 의한 공무원 및 사립학교교직원 의료보험, 지역의료보험 및 직장의료보험이 단일체계로 통합되었다.

노인으로서 국민건강보험제도에서 받는 특혜는 본인부담금에 대한 경감이 있다. 노인인구의 진료비 부담을 경감하기 위해 65세 이상의 노인이 간단한 질병 때문에 의원 또는 치과의원을 방문하는 경우에 본인부담금을 경감하여 주고 있다. 즉, 노인은 다른 연령계층에 비하여 이환율이 높고 노인성 질환이 만성질환인 관계로 상대적으로 더 많은 의료서비스 이용이 필요하며 그만큼 노인복지 증진에 보건의료서비스가 중요하다.

1) 국민건강보험제도의 특성

(1) 보험가입 및 보험료 납부의 의무

보험가입을 기피할 수 있도록 제도화될 경우 질병위험이 큰 사람만 보험에 가입하여 국민 상호 간 위험분담 및 의료비 공동해결이라는 건강보험제도의 목적을 실현할 수 없기 때문에 일정한 법적 요건이 충족되면 본인의 의사와 관계없이 건강보험가입이 강제되며 보험료 납부의무가 부여된다.

(2) 부담능력에 따른 보험료 부과

민간보험은 보장의 범위, 질병위험의 정도, 계약의 내용 등에 따라 보험료를 부담하는 데 비해, 사회보험방식으로 운영되는 국민건강보험은 사회적 연대를 기초로 의료비 문제를 해결하는 것을 목적으로 하므로 소득수준 등 보험료 부담능력에 따라서 보험료를 부과한다.

(3) 균등한 보장

민간보험은 보험료 수준과 계약내용에 따라 개인별로 다르게 보장되지만, 사회보험인 국민건강보험은 보험료 부담수준과 관계없이 관계법령에 의하여 균등하게 보험급여가 이루어진다.

2) 국민건강보험제도의 유형과 기능

(1) 국민건강보험제도의 유형

의료보장제도는 각국의 고유한 문화와 전통을 배경으로 하는 역사적 산물로서 단순 분류에는 어려움이 있으나 일반적으로 사회보험(SHI : Social Health Insurance), 국민보건서비스(NHS : National Health Service)로 구별된다. 우리나라는 의료보장제도의 유형은 사회보험을 취하면서 전 국민을 대상으로 단일한 보험자가 운영하는 국민건강보험(NHI : National Health Insurance)이다. 따라서 세 가지의 유형을 구체적으로 살펴보면 다음과 같다.

첫째, 사회보험은 국가가 기본적으로 의료보장에 대한 책임을 지지만, 의료비에 대한 국민의 자기 책임을 일정 부분 인정하는 체계이다. 정부기관이 아닌 보험자가 보험료를 통해 재원을 마련하여 의료를 보장하는 방식으로 정부에 대해 상대적으로 자율성을 지닌 기구를 통한 자치적 운영을 근간으로 하며 의료공급자가 국민과 보험자 간에서 보험급여를 대행하는 방식이다. 예를 들면, 독일, 프랑스 등이 사회보험방식으로 의료보장을 제공하는 대표적인 국가라고 볼 수 있다.

둘째, 국민건강보험은 사회보험과 마찬가지로 사회연대성을 기반으로 보험의 원리를 도입한 의료보장체계이지만 다수 보험자를 통해 운영되는 전통적인 사회보험방식과 달리 단일한 보험자가 국가 전체의 건강보험을 관리・운영한다. 이러한 국민건강보험(NHI : National Health Insurance)방식 의료보장체계를 채택한 대표적인 국가는 한국과 대만을 들 수 있다.

셋째, 국민보건서비스는 국민의 의료문제는 국가가 모두 책임져야 한다는 관점에서 정부가 일반조세로 재원을 마련하고 모든 국민에게 무상으로 의료를 제공하여 국가가 직접적으로 의료를 관장하는 방식이다. 이 경우 의료기관의 상당부분이 사회화 내지 국유화되어 있으며, 영국의 비버리지가 제안한 이래 영국, 스웨덴, 이탈리아 등의 유럽에 확산되었다.

(2) 국민건강보험제도의 기능

① 의료보장기능

건강보험은 피보험대상자 모두에게 필요한 기본적 의료를 적정한 수준까지 보장함으로써 그들의 의료문제를 해결하고 누구에게나 균등하게 적정 수준의 급여를 제공하는 것이다.

② 사회연대 기능

건강보험은 사회보험으로서 건강에 대한 사회공동의 책임을 강조하여 비용(보험료)부담은 소득과 능력에 따라 부담하고 가입자 모두에게 균등한 급여를 제공함으로써 사회적 연대를 강화하고 사회통합을 이루는 기능을 가지고 있다.

③ 소득재분배 기능

질병은 개인의 경제생활에 지장을 주어 소득을 떨어뜨리고 다시 건강을 악화시키는 악순환을 초래하기 때문에 각 개인의 경제적 능력에 따른 일정한 부담으로 재원을 조성하고 개별부담과 관계없이 필요에 따라 균등한 급여를 제공하여 질병의 치료부담을 경감시키는 건강보험은 소득재분배 기능을 수행한다.

3) 적용대상(국민건강보험법 제5 · 6조)

적용대상자는 국내에 거주하는 국민으로서, 가입자는 직장가입자 및 지역가입자로 구분되고, 적용대상은 가입자 본인 및 피부양자, 의료급여를 받는 자, 독립유공자 등이다. 모든 사업장의 근로자 및 사용자와 공무원 및 교직원은 직장가입자가 된다. 직장가입자의 피부양자는 가입자에 의하여 주로 생계를 유지하는 자로서 소득이 없는 자를 말하며, 직장가입자의 배우자, 직계존속, 직계비속 및 그 배우자, 형제, 자매이다.

4) 건강보험급여(제41 · 50 · 51조)

첫째, 요양급여는 가입자 및 피부양자의 질병, 부상, 출산 등에 대하여 진찰 · 검사, 약제 · 치료재료의 지급, 처지 · 수술 기타의 치료, 예방 · 재활, 입원, 간호, 이송 등이 지급된다.

둘째, 임의급여로서 대통령에 의해 규정된 장제비, 상병수당, 기타 급여를 실시하며, 등록한 장애인인 가입자 및 피부양자에게는 보조기기에 대하여 보험급여를 실시한다.

〈표 5-1〉 보험급여의 형태

종 류	종 별	지급대상	비 고
요양급여	현물급여	가입자, 피부양자	법정급여
건강검진	현물급여	가입자, 피부양자	법정급여
요양비	현금급여	가입자, 피부양자	법정급여
출산비	현금급여	처방 전에 직접 구입한 가입자, 피부양자	법정급여
장애인보장구 급여비	현금급여	장애등록된 가입자, 피부양자	법정급여
장제비	현금급여	가입자, 피부양자	임의급여
본인부담액 보상금	현금급여	가입자, 피부양자	임의급여

출처 : www.nhic.or.kr

5) 요양기관(제42조)

의료기관, 약국, 한국희귀・필수의약품센터, 보건소・보건의료원 및 보건지소, 보건진료소 등이다.

6) 전달체계

의료보험체계는 국민건강보험시대 이전에는 직장과 지역단위로 설립된 의료보험조합과 의료보험조합연합회를 통하여 운영되었다. 2000년 7월 이후 국민건강보험시대에는 전국적으로 단일체계인 국민건강관리공단과 별도 요양급여 비용을 심사하고 요양급여 비용을 평가하기 위하여 국민건강심사평가원을 설립하여 운영하고 있다. 의료전달체계는 요양급여는 1단계와 2단계로 구분되며, 의원과 같은 1단계 의료기관에서는 가벼운 질환을, 종합전문요양기관과 같은 2단계에서는 1단계 의료기관에서 진료하기 어려운 질환이나 복합적인 중증질환을 진료한다. 건강보험의 가입자 및 피부양자가 대형 종합병원을 이용할 때에는 1단계 의료기관에서 요양급여를 받은 후 종합전문요양기관에서 2단계 요양급여를 받아야 하며, 1단계 진료를 담당한 의사의 진료의뢰서를 제출해야 보험급여 혜택을 받을 수 있다(국민건강보험공단, 2005).

7) 재 정

국민건강보험의 재원은 보험료, 국고지원금 등으로 충당되는데, 직장가입자의 월별 보험료는 개인단위로 산정하고 표준보수월액에 보험료율을 곱하여 산출, 지역가입자의 월별 보험료는 세대단위로 산정하고 부과표준소득에 따라 대통령이 정하는 등급 구분에 의하여 공단 재정운영위원회의 의결을 거쳐 공단의 정관이 정하는 금액으로 산출한다.

지역가입자의 부과표준소득은 지역가입자의 소득, 재산, 생활수준, 직업 및 경제활동 참가율 등을 참작하여 정한다. 65세 이상 노인, 장애인, 국가유공자, 오지, 벽지, 농어촌에 거주하면서 농어업에 종사하는 가입자에 대하여는 보험료의 일부를 경감해 주고 있다.

직장가입자의 표준보수월액은 직장가입자가 일정 기간 동안 지급받는 보수를 기준으로 하여 등급별로 산정한다. 직장가입자로서 일반 직장인과 공무원의 경우 보수월액의 8% 범위 내에서 일정 비율로 보험료로 정하여 가입자와 사용자(민간 사용자 또는 국가/ 지방자치단체)가 절반씩 분담, 사립학교 교직원의 경우는 가입자, 학교법인, 국가가 각각 50%, 30%, 20%씩 분담, 지역가입자는 부과표준소득에 대한 보험료 전액을 본인 또는 가족원이 분담하여 납부, 국가에서 일부를 부담한다(양옥남 외, 2010).

2. 의료급여

의료급여제도는 무기여에 의한 공공부조제도로서 국민건강보험에서 제외된 국민기초생활보장 수급자 등이 급여대상자가 된다. 따라서 생활유지 능력이 없거나 생활이 어려운 국민에게 발생하는 의료문제, 즉 개인의 질병, 부상, 출산 등에 의료급여서비스(진찰 · 검사, 치료 등)를 제공하는 것이다.

노인의 경우 경제적인 어려움과 건강의 쇠약 및 여러 가지 질병의 문제가 상대적으로 크게 작용하므로 의료급여는 노인들에게 중요한 의료보장제도로서의 역할을 하고 있다.

1) 적용대상

소득이 최저생계비 이하인 빈곤계층이 재산 및 부양의무자 기준을 충족하는 경우에 의료급여 수급자가 된다. 즉, 국민기초생활보장 수급권자는 자동적으로 의료급여 수급권자가 된다. 국민기초생활보장 수급권자 중 65세 이상 노인은 근로능력이 없는 자로 규정되어 있기 때문에 1종 의료급여 수급자가 되는 것이다. 따라서 〈표 5－2〉와 같이 의료급여 수급권자는 1종과 2종 수급권자로 구분할 수 있다.

〈표 5-2〉 의료급여 수급자 유형

구 분	수급권자
1종	• 국민기초생활보장 수급자 중 근로능력이 없는 자(65세 이상) • 의상자, 의사자의 유족, 이재민 • 국가유공자, 독립유공자, 무형문화재 보유자, 북한이탈주민, 광주민주화운동 관련자 보상을 받은 자와 그 가족
2종	• 국민기초생활보장 수급자 가구 중 근로능력이 있는 가구

2) 급 여

의료급여 내용은 진찰, 검사, 처치, 수술과 그 밖의 치료, 약제 또는 치료재료 지급, 예방, 재활, 입원, 간호, 이송과 그 밖의 의료목적 달성을 위한 조치를 포함한다. 현행 의료급여법은 의료급여 수급권자에 대한 건강검진을 기초단체장의 재량에 따라 실시하도록 규정하고 있어, 건강보험과 달리 건강검진을 의무로 규정하고 있지 않아 검진결과에 따른 사후관리가 이루어지지 못하고 있다. 또한 의료급여의 기간은 2000년에 기간제한을 폐지하여 이용접근이 쉬워졌으나, 급여기간 폐지에 따른 의료급여 수급권자의 의료남용 등의 문제가 발생하여 2002년 1월부터 365일로 급여기간을 제한하고 있다. 따라서 의료급여 대상자가 365일을 초과하여 진료를 받고자 하는 경우에는 담당 의사의 소견서를 받아 보장기관에 급여일수 연장승진을 신청하여 승인을 받도록 하고 있다(유원섭, 2006).

3) 전달체계

1차 진료는 초진 및 외래진료를 말하며 1차 진료기관으로 지정된 보건소, 보건지소, 보건진료소, 의원, 치과의원 및 한방의원에서 전달된다. 2차 진료는 재진 이상의 입원진료로서 2차 진료기관으로 지정된 종합병원, 병원, 치과병원, 한방병원에서의 전달・진료를 구분하여 지정된 병원에서 서비스를 받도록 규정하는 것은 비용의 절약과 의료전달체계의 합리성을 기하기 위한 것이다. 의료보험에서는 병원이 지정되어 있는 것은 아니지만 의료보험에 의한 의료서비스도 이러한 1차 및 2차 진료의 체계를 의료진료 수급자들이 잘 지킬 수 있다면 의료비용의 절약과 보다 체계적이고 합리적인 의료진료가 이루어질 것이다.

4) 재 정

재정은 국고보조금과 지방비 출연금, 결산상 잉여금, 기금운영으로 생기는 수익 및 기타 수입으로 충당된다. 이 재원으로 각 시・도의 의료급여기금이 만들어지고, 이 기금에서 의료비와 진료비가 지불된다.

국고와 지방비의 비율을 살펴보면, 서울의 경우 국고 50%, 지방비 50%, 그 외 광역시와 도는 국고 80%, 지방비 20%이다(신영석, 2006).

3. 노인건강진단제도

1) 노인건강진단

1981년 제정된 노인복지법에 따라 65세 이상의 노인에 대한 건강진단은 2년에 1회씩 국 · 공립병원 또는 보건소에서 무료 실시하고, 건강진단 결과를 검토하여 필요하다고 인정될 때는 후속조치를 하도록 한 제도이다.

노인건강진단은 2년에 한 번 1차 진료와 2차 진료를 실시한다. 1차 건강진단은 1차 건강진단 전 항목(시 · 군 · 구에서 조정하는 경우를 제외)을 대상으로 실시하며(의사의 판단이나 노인이 원하지 않는 경우에는 이를 생략할 수 있다), 검사항목은 진찰 등 12항목이다. 2차 건강진단은 1차 진달결과 유소견자 및 2007년도 진단결과 유질환자에 한하여 해당 질환별로 실시하며 검사항목은 정밀안저검사 등 30항목이다.

〈표 5-3〉 건강진단항목

구 분			진단항목
1차	기본 진료		1. 진찰(시진, 청진, 문진), 2. 체위검사(신장, 체중, 근거리 및 원거리 시력, 청력, 혈압), 3. 치과검사(우식증, 결손치, 치주질환)
	혈액검사		1. 혈색소, 2. 총콜레스테롤, 3. 혈청지오티, 4. 혈청지피티, 5. 혈당, 6. 매독주
	기타 검사		1. 요검사(요당, 요단백, 요잠혈, 임질, 클라미디아감염증주), 2. 안검사(정밀안저검사, 양측), 3. 흉부 X선 간접촬영, 4. 간이정신상태검사(MMSE-K)
2차	기본 진료		1. 진찰(시진, 청진, 촉진, 문진)
	흉부진료		1. 흉부 X선 직접촬영, 2. 결핵균 집균도말 검사
	순환계 질환	고혈압	1. 혈압, 2. 정밀안저검사(양측), 3. 심전도 검사
		고지혈증	1. 혈압, 2. 트리그리 세라이드, 3. HDL 콜레스테롤
	간질환		1. 총단백, 2. 알부민, 3. 알카라인포스파티제, 4. 총빌리루빈, 5. 유산탈수효소(LDH), 6. 알파휘토단백
	신장질환		1. 요침사 현미경 검사, 2. 요산, 3. 크레아티닌, 4. 요소 · 질소

2차	빈 혈	1. 헤마토크리트, 2. 백혈구 수, 3. 적혈구 수
	당뇨질환	1. 식전 혈당(FBS), 2. 식후 혈당(PPS)
	안질환	1. 안압검사, 2. 각막곡률검사, 3. 굴절 및 조절검사
	치 매	1. 치매척도검사(GDS 또는 GDR)
	골다공증 검사	1. 양방사선(광자) 골밀도 검사

출처 : 건강보험공단(2014).

2) 노인 안 검진 및 개안수술

노인복지법 제27조, 시행령 제20조, 시행규칙 제8~9조에 의하여 2003년부터 실시된 노인 안 검진 및 개안수술사업은 정밀 안 검진의 실시로 안질환을 조기발견 및 조기치료함으로써 노인들의 시력향상 및 실명예방과 노인 개안수술비 지원을 통한 노인 및 가족의 의료비 부담을 경감하고자 시행된 사업이다. 이 사업은 60세 이상 국민기초생활보장 수급권자 및 저소득층 노인을 대상으로 한국실명재단이 주체가 되어 실시하고 있다.

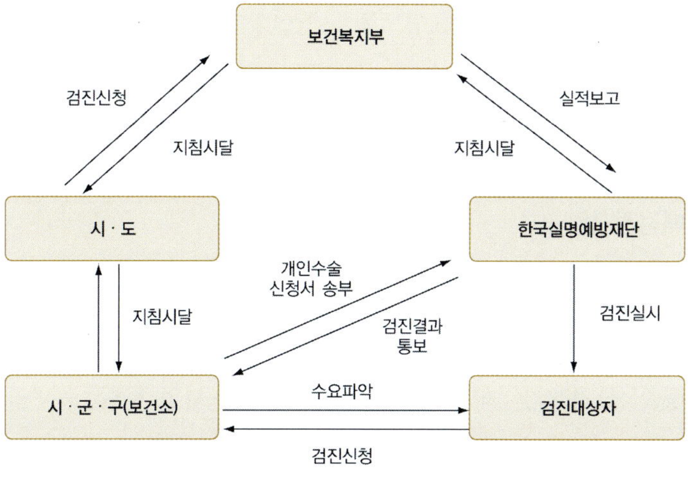

| 그림 5-1 | 노인 안 검진사업 실시체계

출처 : 보건복지부(2019).

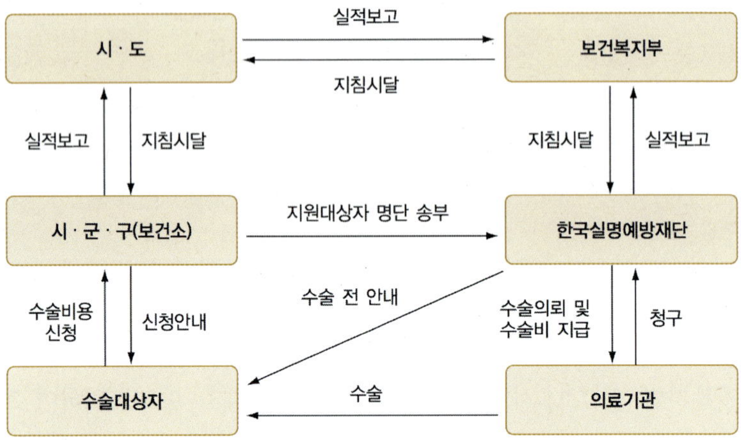

| 그림 5-2 | 노인 개안수술사업 실시체계

출처 : 보건복지부(2019).

3) 노인실명예방관리사업

노화성 안질환은 자각증상이 없어 정기적으로 검진을 통한 개안 수술만이 유일한 치료방법으로 방치 시 실명에 이르게 되므로 안질환의 조기발견 및 검진결과 수술 지원 등의 필요성으로 노인실명예방관리 사업이 도입되기 시작하였다. 그리고 이 사업은 60세 이상 국민기초생활보장 수급권자 및 저소득층 노인을 대상으로 한국 실명재단이 주체가 되어 실시하고 있다.

4) 치매검진사업

치매검진사업은 치매의 위험이 높은 만 60세 이상 어르신을 대상으로 치매 조기검진을 실시하여 치매환자를 조기에 발견 및 관리하고 치매환자와 그 가족들의 삶의 질을 제고시키기 위한 것이다. 사업주체는 시 · 군 · 구(보건소)이며, 주요 사업의 내용은 보건소에서 1단계 치매선별검사를 실시하고 그중에서 인지기능저하자를 대상으로 보건소와 지정 · 연계한 거점병원에서 진담검사, 감별검사를 실시한다.

대상자는 만 60세 이상 모든 노인(치매선별검사), 기준 중위소득 120% 이하자 및 보건소장 인정자(치매진단 · 감별검사)이다.

① 치매노인 등록 및 관리

지역에 치매노인이 있을 때에는 치매환자 상담대장 및 치매관리법 시행규칙 별지 제3호 '치매환자등록카드'에 의거 노인상태에 따른 관리체계를 수립한다. 치매환자 등록 시에는 해당지역 주민(주민등록 기준)으로서 의료기관에서 치매(상병코드 F00~F03, G30)로 진단받은 사실(치매검진결과, 진단서, 소견서 등)을 확인한다. 또한 등록카드 작성 시 지역보건법 제11조(보건소의 기능 및 업무) 및 동법 시행령 제24조(민감정보 및 고유식별정보의 처리)에 따라 개인정보 수집이용 및 제공동의서를 대상자로부터 수령한다.

② 치매치료관리비지원 사업

치매를 조기에 치료함으로써 효과적으로 치매증상을 호전시키거나 중증화를 방지하여 궁극적으로 노후 삶의 질을 제고하기 위한 사업이다. 따라서 지원대상은 만 60세 이상 치매진단(F00~F03, G30)을 받고 치매치료약을 복용하는 경우 치매치료관리비 보험급여분에 대한 본인부담금(치매약제비+약처방 당일의 진료비)에 대해 실비를 지원한다. 지원 금액은 월 3만 원(연간 36만 원)한도 내에서 지원한다.

③ 치매노인 및 그 보호자에 대한 상담 및 사례관리 실시

치매노인 간호 및 돌봄 방법, 구성원 간의 역할분담 등에 대한 치매가족 상담 및 사례관리지원을 통해 지역사회 치매가족의 부담을 완화시킨다.

④ 치매가족 교육 및 자조모임 활성화

치매가족 간 정보와 경험을 교류함으로써 치매노인 간호와 돌봄의 어려

움을 공유하고 상호 친목을 도모하여 심리적 부담을 경감할 수 있도록 치매가족 교육 및 자조모임 활성화를 지원한다.

5) 노인무릎인공관절 수술지원 사업

무릎관절증으로 지속적인 통증에 시달리거나, 경제적인 이유로 수술을 받지 못하는 노인들의 고통을 경감하여 삶의 질을 개선하고 무릎관절수술 지원을 통해 노인건강보장뿐만 아니라 의료비 부담을 경감시키고자 하는 것이 이 사업의 목적이다.

지원 대상은 65세 이상이었으나 2019년부터 60세 이상으로 변경되었으며 보호1종, 보호2종, 국민기초생활수급자(의료급여 이외), 차상위계층, 한부모 가족이다. 그리고 한쪽 무릎당 120만 원까지 실비지원이 되며 법정본인부담금(보험되는 부분에서 본인부담금)만 지원되었던 것과 달리 2019년부터는 입원~퇴원할 때 직접 내는 비용이 지원된다고 하니 지원이 대폭 확대된 것이라 볼 수 있다. 즉, 병원에서 직접 노인의료나눔재단에 청구하므로 퇴원할 때는 지원금에서 추가된 부분만 병원에 납부하면 된다.

제3절 노인의료보장정책의 개선방안

노인의 건강의 악화는 노인들에게 경제적인 문제를 야기시키며 노인생활 전반에 부정적인 영향을 미치는 것뿐만 아니라 생활에 대한 만족 여부를 좌우하게 된다. 따라서 노인을 위한 국가적인 차원의 의료보장은 매우 중요한 의미를 갖는다고 할 수 있다. 노인의료보장정책의 개선을 위한 방안을 제시하면 다음과 같다.

첫째, 노인의 활동제한의 주 원인으로 작용할 수 있는 다양한 만성질환의 조기 발견과 예방 및 의료서비스 이용자의 자기 관리를 촉진하는 것과 지속적인 관리시스템이 구축되어야 할 것이다. 이를 위해서는 노인의 참여와 건강을 증진할 수 있는 지역사회와 가족 차원의 노력과 제도적인 배려가 더욱 필요함과 동시에 노인의 건강을 위한 예방교육과 운동 프로그램을 보급해야 한다.

둘째, 노인의료비는 해마다 증가하고 있는 추세에 있다. 노인을 위한 별도의 진료시설이 없기 때문에 대부분 노인들은 비싼 의료비 부담을 가지면서 의료기관을 이용하게 되고 경제적 부담도 높아지게 된다. 특히 노인단독가구의 경우 기타 가구에 비해 45%나 높은 의료비 부담을 안고 있는 것으로 나타났다(김미혜 · 김소희, 2002). 그러므로 노인질환의 특성과 보다 더 효율적인 진료를 위하여 특수 의료장비를 갖춘 노인전문병원 또는 노인전문진료병동을 종합병원 등에 설치하여 저렴하면서도 양질의 의료서비스를 공급할 수 있는 대책을 마련하여야 할 것이다. 특히 의료기관이 대부분 도시에 집중되어 있어서 농어촌 노인인구의 진료의 취약한 현실을 고려하여 농어촌지역에 노인의료를 위한 공공의료시설의 확충 및 민간의료시설의 지원 등이 이루어져야 할 것이다.

셋째, 노인을 담당하는 전문진료과의 신설 등을 통하여 노인의 건강보호 및 의료요구에 전문적으로 대응하며 양질의 의료서비스를 공급할 수 있는 전문인력의 양성 및 노화현상에 대한 연구를 병행함으로써 노인의료체계의 확립을 위한 방안이 강구되어야 할 것이다.

넷째, 노인의 건강과 질병의 지역적인 패턴에 대한 역학적 연구와 다양한 보호전달체계 및 최적의 프로그램 효과를 달성하기 위한 방법의 타당성 조사를 위해서는 국제적인 교류 및 연구협력이 확대되어야 한다. 또한 고령화가 한국보다 앞서 진행되어 온 선진국의 운영 및 관리 등의 사례를 바탕으로 연구가 이루어질 수 있는 국제적 교류와 조사협력사업이 증진되어야 한다.

다섯째, 현재 의료보험제도에서는 비급여의 형태가 너무 많고 본인부담금이 과도하다. 현행 의료보험 비급여항목인 초음파, MRI, 물리치료, 의치, 노인용 보청기, 지팡이, 한방치료, 가정간호를 급여항목에 포함시켜야 한다. 또한 고액의 진료비가 소용되는 일반노인의 경우 본인부담금 상한제를 도입해야 한다(박차상 외, 2009). 따라서 의료비 때문에 진료를 하지 못하는 일이 없도록 합리적 방안을 조성해야 할 것이다.

노인의 건강한 삶을 위해 보다 장기적이고 적극적인 안목을 가지고 접근하기 위해서는 노인의 건강상태와 경제상태를 고려하고, 노인의 건강보호에 대한 다양한 욕구를 충족시키기 위한 노인인구에 대한 별도의 의료보장제도를 준비해야 할 것이다.

SOCIAL WORK WITH THE ELDERLY

PART 02

노인복지실천

CHAPTER 06 노인복지시설서비스에 대한 이해
CHAPTER 07 재가노인복지서비스에 대한 이해
CHAPTER 08 노인복지실천론
CHAPTER 09 노인의 사례관리란 무엇인가?

CHAPTER 06

노인복지시설서비스에 대한 이해

제1절 노인복지시설의 개념 및 필요성

1. 노인복지시설의 개념

노인의 욕구는 주로 질병과 건강관리, 일상생활 욕구, 사회 · 문화 · 경제활동 욕구 등으로 나뉜다. 그러나 연령의 증가와 더불어 노인들의 생활은 독립성이 감소되고, 따라서 관련 시설이나 전문가에게 의존해 욕구를 해결해야 되는 경우가 생긴다. 이와 같이 노인복지시설은 노인들의 삶에 필요한 개개인의 포괄적인 욕구가 개인적인 차원에서는 해결이 곤란하거나, 또는 이를 보다 효과적이고 효율적으로 해결해야 할 필요가 있을 때 이용하게 된다(이인수, 2001).

노인복지시설이란 노인복지사업법에 의하여 노인복지사업을 행할 목적으로 설치된 시설로서, 노인의 질병이나 장애 또는 주택, 경제, 가족관계 등의 생활조건상의 곤란과 가족의 부양능력의 제한으로 인하여 가정에서 계속 생활할 수 없는 경우에 이러한 문제의 해결을 도모하는 대안적 노인주거 형태로서, 노인이 주거하면서 건전한 노후생활을 계속해서 보장받을 수 있도록 한 시설을 말한다(현외성 외, 2000).

노인복지시설은 자립이 곤란한 노인에게 가정을 대신하여 생활을 유지할 수 있도록 보호하는 생활거점이며, 그들의 심리사회적 · 신체적 조건에 적합한 전문적 프로그램을 통하여 여가 및 치료서비스를 제공해 주는 서비스 기관이라고 할 수 있다.

노인복지시설은 여러 가지 사정과 이유로 가족 내에서 부양받거나 생활할 수 없는 노인이 직면한 포괄적 욕구해결에 필요한 서비스 및 프로그램을 통하여 노후의 삶을 영위하고자 대안적으로 선택하게 되는 대체적 가족복지서비스 기관이라 할 수 있다. 요보호노인에 대한 생존권 확보로서의 가정 대체적 기능과 장기요양보호노인에 대한 전문적 기능은 재가노인복지와 지역사회복지로는 도저히 해결할 수 없으므로 노인복지시설의 필요성과 중요성이 커지고 있으며, 이에 따라 노인복지시설에 대한 시각도 적극적이고 긍정적으로 변화하고 있다.

2. 노인복지시설의 필요성

노인복지시설이 필요한 이유는 인구 · 사회 · 문화적 측면의 변화에서 찾아볼 수 있다(보건복지가족부, 2008).

첫째, 고령노인의 증가는 경제적 사회의존도가 높고 장기요양서비스가 필요한 요보호노인의 수를 급증시키는 요인이 된다. 노인인구의 경제적 · 신체적 의존도와 더불어 정서적 의존도의 증가는 이를 충족시킬 수 있는 다양한 기능의 노인시설의 필요를 요구한다.

둘째, 가족의 부양부담 증가로 인한 문제발생이다. 고령 노인인구의 증가는 거동불능노인과 치매노인 등의 증가로 이어져 이들을 보호하는 가정에서는 경제적 · 심리적 부담이 증가하고, 심각한 갈등으로 이혼이나 가정해체 등의 문제를 겪게 된다. 이런 사회문제가 우리 사회에서 증가하고 있으며 이를 해결하기 위해서는 가족과 가정의 대체기능으로서의 시설이용이 필수적이기 때문에 노인복지시설의 필요성이 증가하고 있다.

셋째, 노인단독가구가 증가하면서 독거노인 수가 늘어나고 있다. 2018년 통계청 자료에 따르면 2008년 19.7%에서 2014년 23.0%, 2017년 23.6%로 지속적으로 독거노인이 증가하고 있는 상황이다. 노년기에 자녀와 동거하는 것이 바람직하다는 응답이 2008년 32.5%에서 2014년 19.1%, 2017년 15.2%로 나타나 10년 만에 절반으로 하락하는 추세를 감안하면 독거노인 증가 추세는 지속될 것으로 예상된다.

따라서 독거노인에 대한 사회적 복지지원서비스에 대한 요구가 높아질 것으로 보인다.

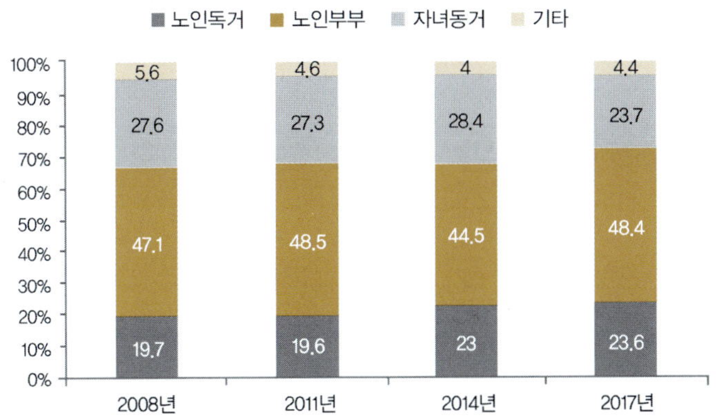

|그림 6-1| **거주 형태의 변화**

출처 : 통계청(2018).

고령화와 더불어 노인의 절대적 인구의 증가, 길어진 노년기와 더불어 장기간의 간병과 보호를 필요로 하는 초고령노인의 증가, 노인단독가구의 증가와 핵가족화, 부양의식의 변화 등으로 인한 가정의 부양기능 약화와 같은 요인은 가정을 통한 적절한 보호를 감소시킬 뿐 아니라 시설보호의 필요성과 중요성을 증가시키고 있다.

〈표 6-1〉 노인복지시설의 필요성

필요성	내 용
고령화로 인한 요보호노인의 증가	고령노인의 증가는 경제적 사회의존도가 높고 장기요양서비스가 필요한 요보호노인의 수를 급증시키는 요인이 된다. 노인인구의 경제적·신체적 의존도와 더불어 정서적 의존도의 증가는 이를 충족시킬 수 있는 다양한 기능의 노인시설의 필요를 요구한다.
전통적인 가족부양기능의 약화	고령 노인인구의 증가는 거동불능노인과 치매노인 등의 증가로 이어져 이들을 보호하는 가정에서는 경제적·심리적 부담이 증가하고, 가족과 가정의 대체기능으로서의 시설이용이 필수적이기 때문에 노인복지시설의 필요성이 증가하고 있다.
독거노인 수 증가	노인단독가구가 증가하면서 독거노인 수가 늘어나고 있다. 따라서 이들에 대한 사회적 복지지원서비스에 대한 요구가 높아질 것으로 예상된다.

제2절 노인복지시설의 유형 및 현황

1. 노인복지시설의 체계에 의한 유형 및 현황

노인복지시설의 종류는 노인복지법 제31조에서 ① 노인주거복지시설, ② 노인의료복지시설, ③ 노인여가복지시설, ④ 재가노인복지시설, ⑤ 노인보호전문기관, ⑥ 노인일자리지원기관의 여섯 가지의 유형과 노인일자리 및 사회활동 지원사업에 대해 살펴보면 다음과 같다.

1) 노인주거복지시설

노인장기요양보험제도에 대비한 노인복지법의 개정(2007. 8. 3., 2015. 1. 28)으로 노인주거복지시설은 아래와 같이 양로시설, 노인공동생활가정, 노인복지주택으로 통합·개편되었다.

① **양로시설** : 노인을 입소시켜 급식 및 기타 일상생활에 필요한 편의를 제공함을 목적으로 하는 시설이다.

② **노인공동생활가정** : 노인에게 가정과 같은 주거여건과 급식, 그 밖에 일상생활에 필요한 편의를 제공함을 목적으로 하는 시설이다.

양로시설과 노인공동생활가정의 입소대상을 살펴보면 다음과 같다.

- 무료 입소 대상자

첫째, 기초생활보장수급자(생계급여 또는 의료급여)로서 일상생활에 지장이 없는 65세 이상의 자

둘째, 부양의무자로부터 적절한 부양을 받지 못하는 자로서 일상생활에 지장이 없는 65세 이상의 자

셋째, 노인보호전문기관에서 학대피해노인으로 입소의뢰를 받은 노인 및 긴급조치대상자 등이다.

- 실비 입소 대상자

첫째, 대상자의 당해 연도 월평균 소득액이 도시근로자 월평균 소득액 이하인 자로서 일상생활에 지장이 없는 65세 이상의 자

둘째, 도시근로자 1인당 월평균 소득액 : 본인과 그 배우자 및 생계를 같이 하는 부양의무자의 월소득 합산액을 가구원수로 나눈 월평균 소득액이 통계청장이 통계법 시행령 제3조의 규정에 의하여 고시하는 전년도(본인 등에 대한 소득조사 일이 속하는 해의 전년도를 말한다)의 도시근로자 가구 월평균 소득을 전년도의 평균 가구원수로 나누어 얻는 1인당 월평균 소득액 이하인 자

- 유료 입소 대상자

입소자로부터 입소비용의 전부를 수납하여 운영하는 양로시설 또는 노인공동생활가정의 경우는 60세 이상의 자, 입소대상자의 배우자는 60세 미

만인 경우에도 입소가능하다.

또한 양로시설과 노인공동생활가정의 입소절차는 다음과 같다.

- 무료 입소 대상자

첫째, 해당 시 · 군 · 구에 입소신청서 제출(입소신청사유서 및 관련 증빙자료 첨부, 신청서 접수는 읍 · 면 · 동사무소에 접수 가능) → 입소여부와 입소시설 결정 → 시 · 군 · 구는 신청인 및 당해 시설장에게 통보한다.

둘째, 노인보호전문기관에서 학대피해노인으로서 입소를 의뢰한 노인은 우선 입소조치 후, 10일 이내 증비서류(건강진단서, 학대사례판정서 등)를 제출하도록 한다.

- 실비 입소 대상자

시설장과 입소신청자 협의 → 관할 시 · 군 · 구에 입소심사 의뢰(관할 시 · 군 · 구는 당해 시설 설치 시 신고를 수리한 시 · 군 · 구) → 관할 시 · 군 · 구는 시설장에 심사결과 통보 → 당사자 간의 계약에 의하여 시설에 입소하게 된다.

- 유료 입소 대상자

첫째, 시설장과 당사자 간의 계약에 의하여 시설에 입소한다. 다만, 노인주거복지시설(양로시설, 노인공동생활가정)의 장은 시설입소자의 적정한 보호를 위해 장기요양 시설등급판정자(주로 거동이 불편한 1등급, 2등급)는 노인의료복지시설을 이용하도록 안내해 주어야 한다.

둘째, 입소대상자가 계약을 체결할 수 없는 부득이한 사유가 있다고 시장 · 군수 · 구청장이 인정하는 때에는 입소대상자의 배우자 또는 부양의무자가 계약당사자가 될 수 있다.

〈표 6-2〉 노인주거복지시설 현황

종 류	시 설	2014	2015	2016	2017	2018
		시설 수	시설 수	시설 수	시설 수	시설 수
합 계		73,774	75,029	75,708	76,371	77,382
노인주거복지시설	소 계	443	427	425	404	390
	양로시설	272	265	265	252	238
	노인공동생활가정	142	131	128	119	117
	노인복지주택	29	31	32	33	35

출처 : 통계청(2019). 고령자 통계 조사 자료.

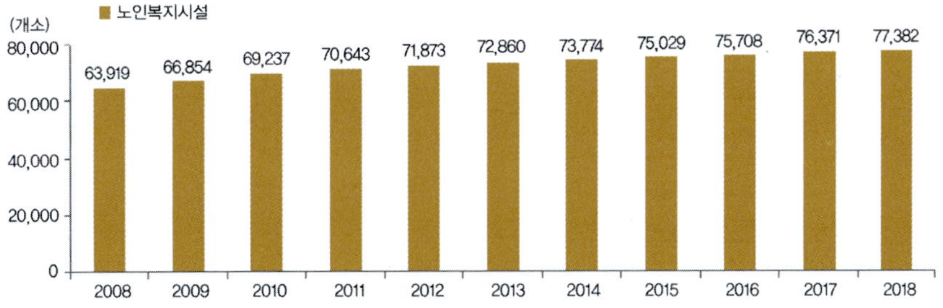

|그림 6-2| **노인복지시설 현황**

출처 : 보건복지부(2019). 노인복지시설 현황.

③ **노인복지주택** : 노인에게 주거시설을 임대하여 주거의 편의 · 생활지도 · 상담 및 안전관리 등 일상생활에 필요한 편의를 제공함을 목적으로 하는 시설이다.

〈표 6-3〉 노인주거복지시설의 유형 및 목적, 이용대상자, 설치규정

종 류	시 설	설치목적	입소(이용)대상자	설 치
노인주거복지시설	양로시설	노인을 입소시켜 급식과 그 밖에 일상생활에 필요한 편의를 제공	ㅇ다음 각 호의 어느 하나에 해당하는 자로서 일상생활에 지장이 없는 자 가. 국민기초생활 보장법 제2조에 따른 수급권자(이하 "기초수급권자"라 한다)로서 65세 이상의 자 나. 부양의무자로부터 적절한 부양을 받지 못하는 65세 이상의 자 다. 본인 및 본인과 생계를 같이 하고 있는 부양의무자의 월소득을 합산한 금액을 가구원 수로 나누어 얻은 1인당 월평균 소득액이 통계청장이 통계법 제17조 제3항에 따라 고시하는 전년도의 도시근로자가구 월평균 소득을 전년도의 평균 가구원수로 나누어 얻은 1인당 월평균 소득액 이하인 자(이하 "실비보호대상자"라 한다)로서 65세 이상의 자 라. 입소자로부터 입소비용의 전부를 수납하여 운영하는 양로시설 또는 노인공동생활가정의 경우는 60세 이상의 자	시장·군수·구청장에 신고
	노인공동생활가정	노인들에게 가정과 같은 주거여건과 급식, 그 밖에 일상생활에 필요한 편의를 제공		
	노인복지주택	노인에게 주거시설을 분양 또는 임대하여 주거의 편의·생활지도·상담 및 안전관리 등 일상생활에 필요한 편의를 제공	단독취사 등 독립된 주거생활을 하는 데 지장이 없는 60세 이상의 자	〃

출처 : 보건복지부(2015). 노인복지시설 현황.

2) 노인의료복지시설

고령화로 사회적 부양체계에 대한 요구가 증가하면서 도입된 노인장기요양보험제도가 본격 시행되어 노인의료복지시설에 대한 요구는 더욱 높아져서 노인의료복지시설도 통합·개편되었는데 노인요양시설, 노인요양공동생활가정으로 구분하고 있다.

① 노인요양시설 : 치매·중풍 등 노인성 질환 등으로 심신에 상당한 장애가 발생하여 도움을 필요로 하는 노인을 입소시켜 급식 및 요양, 기타 일상생활에 필요한 편의를 제공함을 목적으로 하는 시설이다.

② 노인요양공동생활가정 : 치매・중풍 등 노인성 질환 등으로 심신에 상당한 장애가 발생하여 도움을 필요로 하는 노인에게 가정과 같은 주거여건과 급식・요양 그 밖에 일상생활에 필요한 편의를 제공함을 목적으로 하는 시설이다.

저출산・고령화로 인한 노인대상 의료서비스 수요 급증 및 만성질환의 증가로 인한 의료비 부담이 지속적으로 증가하고 있으며, 이에 따른 의료비용은 향후 사회적 부담으로 크게 작용할 것으로 예상되어 그 대책 마련이 필요하다. 또한 건강보험의 적용인구 확대, 소득증가, 건강에 대한 관심 증대, 사회・경제적 여건 변화로 과거 수동적 환자에서 적극적 소비주체로 의료서비스 패러다임도 변화하고 있다.

〈표 6-4〉 노인의료복지시설 현황

종류	시 설	2014	2015	2016	2017	2018
		시설 수	시설 수	시설 수	시설 수	시설 수
노인의료복지시설	소 계	4,841	5,063	5,163	5,242	5,287
	노인요양시설	2,707	2,933	3,136	3,261	3,390
	노인요양공동생활가정	2,134	2,130	2,027	1,981	1,897

출처 : 통계청(2019). 노인복지시설 현황 자료.

〈표 6-5〉 노인의료복지시설의 유형 및 목적, 이용대상자, 설치규정

종류	시 설	설치목적	입소(이용)대상자	설 치
노인의료복지시설	노인요양시설	치매・중풍 등 노인성 질환 등으로 심신에 상당한 장애가 발생하여 도움을 필요로 하는 노인을 입소시켜 급식・요양과 그 밖에 일상생활에 필요한 편의를 제공	ㅇ 노인성 질환 등으로 다음 각 호의 어느 하나에 해당하는 자 가. 노인장기요양보험법 제15조에 따른 장기요양급여수급자 나. 기초수급권자로서 65세 이상의 자 다. 부양의무자로부터 적절한 부양을 받지 못하는 65세 이상의 자 라. 입소자로부터 입소비용의 전부를 수납하여 운영하는 노인요양시설 또는 노인요양공동생활가정의 경우는 60세 이상의 자	〃
	노인요양공동생활가정	치매・중풍 등 노인성 질환 등으로 심신에 상당한 장애가 발생하여 도움을 필요로 하는 노인에게 가정과 같은 주거여건과 급식・요양, 그 밖에 일상생활에 필요한 편의를 제공		

출처 : 보건복지부(2015). 노인복지시설 현황.

3) 노인여가복지시설

노인여가복지시설은 2007년 8월 노인복지법 개정을 통하여 노인여가복지시설 중 기존 노인복지회관의 명칭을 노인복지관으로 변경하였으며, 복지관의 기능과 목적에 대해 새롭게 정의하고 있다.

① **노인복지관** : 무료 또는 저렴한 요금으로 노인에 대하여 각종 상담에 응하고, 건강의 증진, 교양, 오락, 기타 여가활동을 할 수 있는 장소를 제공함을 목적으로 하는 시설이다. 노인복지관은 지역사회 내 일정한 시설과 전문인력, 그리고 자원봉사자를 갖추고 지역노인들의 복지욕구에 대응하여 종합적인 복지서비스를 제공함으로써 지역사회노인의 복지증진을 위한 노인종합복지센터로의 역할수행을 목적으로 하고 있다(변재관, 2000).

② **경로당** : 지역노인이 자율적으로 친목도모, 취미활동, 공동작업장 운영 및 각종 정보교환, 기타 여가활동을 할 수 있는 장소를 제공함을 목적으로 하는 시설이다. 지방자치제도에 따라 각 마을 단위로, 없는 마을이 없을 정도로 많은 시설이 경쟁적으로 만들어지고 있으나 프로그램의 개발이 요청된다.

③ **노인교실** : 노인에게 사회활동 참여욕구를 충족시키기 위하여 건전한 취미생활, 노인건강 유지, 소득보장, 기타 일상생활과 관련한 학습 프로그램을 제공함을 목적으로 하는 시설이다. 지방자치단체는 물론 종교기관에서도 노인대학이라는 명칭으로 많이 운용되고 있으나 아직도 프로그램을 보면 도시와 농촌에 따라 현저한 격차를 보이고 있다.

〈표 6-6〉 노인여가복지시설 현황

종류	시 설	2014	2015	2016	2017	2018
		시설 수	시설 수	시설 수	시설 수	시설 수
노인여가복지시설	소 계	65,665	66,292	66,787	67,324	68,013
	노인복지관	344	347	350	364	385
	경로당	63,960	64,568	65,044	65,604	66,286
	노인교실	1,361	1,377	1,393	1,356	1,342

출처 : 통계청(2019). 노인복지시설 현황 자료.

〈표 6-7〉 노인여가복지시설의 유형 및 목적, 이용대상자, 설치규정

종류	시 설	설치목적	입소(이용)대상자	설 치
노인여가복지시설	노인복지관	노인의 교양·취미생활 및 사회참여활동 등에 대한 각종 정보와 서비스를 제공하고, 건강증진 및 질병예방과 소득보장·재가복지, 그 밖에 노인의 복지증진에 필요한 서비스를 제공	60세 이상의 자	시장·군수·구청장에 신고
	경로당	지역노인들이 자율적으로 친목도모·취미활동·공동작업장 운영 및 각종 정보교환과 기타 여가활동을 할 수 있도록 하는 장소를 제공	65세 이상의 자	〃
	노인교실	노인들에 대하여 사회활동 참여욕구를 충족시키기 위하여 건전한 취미생활·노인건강 유지·소득보장, 기타 일상생활과 관련한 학습 프로그램을 제공	60세 이상의 자	〃

출처 : 보건복지부(2019). 노인복지시설 현황.

4) 재가노인복지시설

재가노인복지사업은 1987년 한국노인복지회에서 저소득층 노인을 대상으로 시범사업을 하면서 시작되었다. 노인복지법의 재가노인복지사업은 신체적·정신적 장애가 있는 노인이 가정에서 계속 생활하면서 필요한 각종 보호와 지원을 받을 수 있도록 재가노인복지 증진을 목적으로 하는 사업으로 정의되고 있다.

재가노인복지사업은 가정봉사원 파견센터, 주간보호시설, 단기보호시설에서 각기 서비스를 제공해 왔다. 그러나 재가노인복지시설 역시 노인장기

요양보험제도에 대비한 노인복지법의 개정(2007. 8. 3)으로 구분이 되어 있어 시설중심에서 이용자의 서비스 중심으로 개편되었다.

① **방문요양서비스** : 가정에서 일상생활을 영위하고 있는 노인(이하 "재가노인"이라 한다)으로서 신체적 · 정신적 장애로 어려움을 겪고 있는 노인에게 필요한 각종 편의를 제공하여 지역사회 안에서 건전하고 안정된 노후를 영위하도록 하는 서비스이다.

② **주 · 야간보호서비스** : 부득이한 사유로 가족의 보호를 받을 수 없는 심신이 허약한 노인과 장애노인을 주간 또는 야간 동안 보호시설에 입소시켜 필요한 각종 편의를 제공하여 이들의 생활안정과 심신기능의 유지 · 향상을 도모하고, 그 가족의 신체적 · 정신적 부담을 덜어주기 위한 서비스이다.

③ **단기보호서비스** : 부득이한 사유로 가족의 보호를 받을 수 없어 일시적으로 보호가 필요한 심신이 허약한 노인과 장애노인을 보호시설에 단기간 입소시켜 보호함으로써 노인 및 노인가정의 복지증진을 도모하기 위한 서비스이다.

④ **방문목욕서비스** : 목욕장비를 갖추고 재가노인을 방문하여 목욕을 제공하는 서비스이다.

⑤ **재가노인지원서비스** : 그 밖의 재가노인에게 노인생활 및 신상에 관한 상담을 제공하고, 재가노인 및 가족 등 보호자를 교육하며 각종 편의를 제공하여 지역사회 안에서 건전하고 안정된 노후생활을 영위하도록 하는 서비스이다.

〈표 6-8〉 재가노인복지시설 현황

종류	시 설	2014	2015	2016	2017	2018
		시설 수	시설 수	시설 수	시설 수	시설 수
재가노인복지시설	소 계	2,797	3,089	3,168	3,216	3,494
	방문요양서비스	992	1,021	1,009	1,001	1,051
	주·야간보호서비스	913	1,007	1,086	1,174	1,312
	단기보호서비스	96	112	95	80	73
	방문목욕서비스	588	617	588	609	650
	방문간호서비스	–	–	–	10	21
	재가노인지원서비스	208	332	390	342	387

출처 : 통계청(2019). 노인복지시설 현황 자료.

〈표 6-9〉 재가노인복지시설의 유형 및 목적, 이용대상자, 설치규정

<table>
<tr><th>종류</th><th>시 설</th><th>설치목적</th><th>입소(이용)대상자</th><th>설 치</th></tr>
<tr><td rowspan="5">재가노인복지시설</td><td>방문요양서비스</td><td>가정에서 일상생활을 영위하고 있는 노인으로서 신체적·정신적 장애로 어려움을 겪고 있는 노인에게 필요한 각종 편의를 제공하여 지역사회 안에서 건전하고 안정된 노후를 영위하도록 하는 서비스</td><td rowspan="5">ㅇ 장기요양수급자나 심신이 허약하거나 장애가 있는 65세 이상의 자(이용자로부터 이용 비용의 전부를 수납받아 운영하는 시설의 경우에는 60세 이상의 자로 한다)로서 다음 각 호에 해당하는 자
가. 방문요양서비스 : 가정에서 보호가 필요한 자
나. 주·야간보호서비스 : 주간 또는 야간 동안의 보호가 필요한 자
다. 단기보호서비스 : 단기간의 보호가 필요한 자
라. 방문 목욕서비스 : 가정에서의 목욕이 필요한 자
마. 재가노인지원서비스 : 가목부터 라목까지의 서비스 이외의 서비스로서 상담·교육 및 각종 서비스가 필요한 자</td><td rowspan="5">〃</td></tr>
<tr><td>주·야간보호서비스</td><td>부득이한 사유로 가족의 보호를 받을 수 없는 심신이 허약한 노인과 장애노인을 주간 또는 야간 동안 보호시설에 입소시켜 필요한 각종 편의를 제공하여 이들의 생활안정과 심신기능의 유지·향상을 도모하고, 그 가족의 신체적·정신적 부담을 덜어주기 위한 서비스</td></tr>
<tr><td>단기보호서비스</td><td>부득이한 사유로 가족의 보호를 받을 수 없어 일시적으로 보호가 필요한 심신이 허약한 노인과 장애노인을 보호시설에 단기간 입소시켜 보호함으로써 노인 및 노인가정의 복지증진을 도모하기 위한 서비스</td></tr>
<tr><td>방문목욕서비스</td><td>목욕장비를 갖추고 재가노인을 방문하여 목욕을 제공하는 서비스</td></tr>
<tr><td>재가노인지원서비스</td><td>그 밖에 재가노인에게 제공하는 서비스로서 상담·교육 및 각종 서비스</td></tr>
</table>

출처 : 보건복지부(2019). 노인복지시설 현황.

5) 노인보호전문기관

노인보호전문기관은 학대받는 노인을 위한 전문적 상담과 서비스 제공을 통한 노인의 권익증진, 학대행위자 등에 대한 교육·홍보를 통하여 노인학대에 대한 인식을 개선하며, 노인학대 예방사업을 통해 노인학대가 없는 가정과 사회를 조성하기 위한 목적으로 사업을 실시하고 있다.

〈표 6-10〉 노인보호전문기관 현황

종 류	시 설	2014	2015	2016	2017	2018
		시설 수	시설 수	시설 수	시설 수	시설 수
노인보호전문기관	노인보호전문기관	28	29	29	32	33

출처 : 통계청(2019). 노인복지시설 현황 자료.

따라서 중앙노인보호전문기관과 지역노인보호전문기관의 주요 업무에 대해 구체적으로 살펴보면 다음과 같다(중앙노인보호전문기관, 2019).

① 중앙노인보호전문기관

- 노인인권보호 관련 정책을 제안
- 노인인권보호를 위한 연구 및 프로그램의 개발
- 노인학대 예방의 홍보, 교육 자료의 제작 및 보급
- 노인보호전문사업 관련 실적 취합, 관리 및 대외자료 제공
- 지역노인보호전문기관 상담원의 심화 교육
- 관련 기관 협력체계의 구축 및 교류
- 학대받은 노인의 단기보호
- 노인인권보호를 위하여 보건복지부장관이 위탁하는 사항

② 지역노인보호전문기관

- 노인학대 신고전화의 운영 및 사례접수
- 노인학대 의심사례에 대한 현장조사
- 피해노인 및 노인학대자에 대한 상담
- 상담 및 서비스 제공에 따른 기록과 보관
- 일반인을 대상으로 한 노인학대 예방교육
- 노인학대행위자를 대상으로 한 재발방지 교육
- 피해노인을 일시적으로 보호하기 위한 시설의 운영
- 피해노인의 의료기관 치료의뢰 및 노인복지시설 입소의뢰
- 지역사회의 보건복지서비스가 피해노인 등에게 제공될 수 있도록 관련 기관과의 협력체계 구축
- 노인학대신고의무자 등에 대한 노인학대 예방교육 실시
- 노인학대 예방을 위한 홍보
- 노인학대 예방 및 방지 등을 위해 보건복지부장관 또는 시·도지사가 위탁한 사업의 수행

〈표 6-11〉 노인보호전문기관의 유형 및 목적, 이용대상자, 설치규정

종 류	시 설	설치목적	입소(이용)대상자	설 치
노인보호 전문기관	노인보호 전문기관	시·도지사가 노인보호전문기관을 지정·운영, 노인학대 신고, 상담, 보호, 예방 및 홍보, 24시간 신고·상담용 긴급전화(1577-1389) 운영	노인학대행위자에 대한 상담 및 교육, 학대받은 노인의 발견·상담·보호 등 노인학대 예방 및 방지를 위한 홍보	시·도지사 지정

출처 : 보건복지부(2019). 노인복지시설 현황.

노인보호전문기관에서는 노인학대 예방을 위한 교육과 홍보활동, 신고된 피학대노인에게 즉각적 상담과 조치를 하고 있으며 가해자를 처벌할 수 있는 근거를 가지고 있다.

6) 노인일자리지원기관

지역사회 등에서 노인일자리의 개발 · 지원, 창업 · 육성 및 노인에 의한 재화의 생산 · 판매 등을 직접 담당하는 기관이다.

노인일자리지원기관을 노인복지시설의 한 종류로 하여 그 시설 및 인력에 관한 기준을 정하도록 하고, 이를 위반한 경우 사업의 정지 또는 폐지를 명할 수 있도록 하는 내용으로 노인복지법이 개정(법률 제11854호, 2013. 6. 4. 공포, 2013. 12. 5. 시행)됨에 따라, 노인일자리지원기관에 사무실 · 상담실 또는 교육실과 사업장을 두되 그 연면적은 100m² 이상이 되도록 하고, 노인일자리지원기관의 장 1명과 상근 직원 4명 이상을 두도록 하는 등 시설 및 인력 기준을 정하며, 그 기준에 미달하는 때에는 위반 횟수에 따라 사업정지 또는 사업폐쇄를 명할 수 있도록 하는 등 법률에서 위임된 사항과 그 시행을 위하여 필요한 사항을 정하였다.

〈표 6-12〉 노인일자리지원기관의 유형 및 목적, 이용대상자, 설치규정

종 류	시 설	설치목적	입소(이용)대상자	설 치
노인일자리 지원기관	노인일자리 지원기관	지역사회 등에서 노인일자리의 개발 · 지원, 창업 · 육성 및 노인에 의한 재화의 생산 · 판매 등을 직접 담당하는 노인일자리전담 기관 운영	60세 이상	시 · 도 및 시 · 군 · 구 신고

7) 노인일자리 및 사회활동 지원 사업

이 사업의 목적은 노인이 활기차고 건강한 노후생활을 영위할 수 있도록 공익활동, 일자리, 재능 나눔 등 다양한 사회활동을 지원하여 노인복지 향상에 기여하고자 하는 데 있다.

참여대상은 만 65세 이상은 사업(공익활동, 재능 나눔 활동)에 참여가 가능하다. 다만 공익활동은 기초연금수급만 가능하며, 시장형은 만 60세 이상 사업 참여가 가능하다.

수행기관은 참여자 활동 지원 등 노인일자리 사회활동 지원 사업을 직접적으로 수행하는 기관으로 시 · 군 · 구(노인복지 담당과), 노인복지관, 시니어 클럽, 대한노인회 취업지원센터, 노인복지센터, 지역문화원, 지자체 전담기관(실버인력뱅크 등) 등이 있다.

참여방법은 시 · 군 · 구 또는 수행기관(모집기관)에 관련 서류(참여 신청서, 개인정보 수집 및 이용에 관한 동의서, 해당 관련 활동 자격증 사본) 제출 및 상담을 통하여 지원할 수 있다.

〈표 6-13〉 노인일자리 사업유형

유 형		정 의	예 시
공익활동		노인이 자기만족과 성취감 향상 및 지역사회 공익증진을 위해 자발적으로 참여하는 봉사활동	노노케어(취약노인 안부확인, 생활상태 점검 등), 보육시설 봉사 등 지역사회 공익 증진을 위한 16개 프로그램
재능나눔활동		재능을 보유한 노인에게 재능나눔 활동 기회를 부여하여 사회참여를 통한 노후 성취감 제고, 건강 및 대인관계 개선 유도	취약노인 발굴 · 지원, 학대노인 예방 · 지원, 노인이용시설 안전관리, 노인문화 복지활동, 복지정책홍보 등 기타 노인권익증진 활동
시장형	시장형 사업단	참여자 인건비를 일부 보충지원하고 추가 사업소득으로 연중 운영하는 노인일자리	장류 · 김부각 · 두부과자 · 양파즙 · 한과 · 천연조미료 등 제조판매, 아파트 · 지하철 택배, 쇼핑백 제작, 콩 등 농산물 재배
	인력파견형 사업단	수요처의 요구에 의해서 일정 교육을 수료하거나 관련된 업무능력이 있는 자를 해당 수요처로 연계하여 근무기간에 대한 일정 임금을 지급받을 수 있는 일자리	시험감독관, 주유원, 주례사, 가사도우미, 건물관리, 경비 등
	시니어 인턴십	노인이 기업에서 인턴으로 참여할 수 있는 기회 제공	상점판매원, 물류관리, 주유원, 차량관리원, 고객상담, 홀서빙 등
	고령자 친화기업	고령자가 경쟁력을 가질 수 있는 적합한 직종에서 다수의 고령자를 고용하는 기업 설립 지원	㈜고을, (주)Delicious Plan, (주)6088식품, (주)천년누리, (주)탑리서치코리아 등

출처 : 보건복지부(2019). 노인지원사업 자료.

〈표 6-14〉 참여자 선발기준

유 형		선발 공통 기준
공익활동		• 당해연도 만 65세 이상(시장형은 만 60세 이상) • 건강상태 : 일할 수 있는 건강정도면 모두 가능 • 세대주형태 : 노인독신가구 및 경제무능력자와 동거하는 노인가구 우선 • 직업이 없는 노인
재능나눔활동		
시장형 (취창업)	시장형사업단	
	인력파견형사업단	
	시니어인턴십	
	고령자친화기업	

출처 : 보건복지부(2019). 노인지원사업 자료.

노인일자리 및 사회활동 지원 사업에 대한 선발 제외 대상자는 다음과 같다.

- 국민기초생활보장법에 의한 생계급여, 의료급여 수급자
- 국민건강보험 직장가입자(인력파견형사업단 제외)
- 장기요양보험 등급판정자(1~5등급, 인지지원등급)
- 정부부처 및 지자체에서 추진 중인 일자리사업 참여자(예 안전행정부 희망근로사업, 노동부의 사회적일자리 사업 등)

그러나 국가유공자, 북한이탈주민 등의 사유로 인한 의료급여 1종은 참여가 가능하다.

2. 노인복지시설 명칭 변경

노인복지시설의 명칭이 노인복지법 시행규칙의 개정·시행으로 다음과 같이 변경되었다.

※ 재가노인지원서비스(재가노인복지시설) 신설(2010. 2. 24), 노인전문병원(노인의료복지시설) 및 노인휴양소(노인여가복지시설)가 삭제(2011. 12. 8)되고, 노인일자리지원기관이 신설(2013. 12. 5)되었다.

〈표 6-15〉 노인복지시설 명칭 변경

시설종류	변경 전	변경 후
노인주거 복지시설	양로시설	양로시설
	노인공동생활가정	노인공동생활가정
	노인복지주택	노인복지주택
노인의료 복지시설	노인요양시설	노인요양시설
	노인요양공동생활가정	노인요양공동생활가정
	노인전문병원	삭제
노인여가 복지시설	노인복지회관	노인복지관
	경로당	경로당
	노인교실	노인교실
	노인휴양소	삭제
재가노인 복지시설	방문요양서비스	방문요양서비스
	주·야간보호서비스	주·야간보호서비스
	단기보호서비스	단기보호서비스
	방문목욕서비스	방문목욕서비스
	재가노인지원서비스	재가노인지원서비스
노인보호 전문기관	노인보호전문기관	노인보호전문기관
노인일자리 지원기관	노인일자리지원기관	노인일자리지원기관

출처 : 보건복지부(2019). 노인복지시설 현황.

제3절 우리나라 노인복지시설서비스의 과제

우리나라의 노인복지시설정책은 고령사회의 영향에 대한 몇 가지 그릇된 가정에 기초해 추진되어 왔다. 그 대표적인 것이 노인복지시설은 저소득자만을 위한 제도라는 인식, 부양의무자가 없는 경우에만 입소가 가능하다는 것이다. 결과적으로 이러한 인식은 노인복지시설의 양적 확충을 저해한 요인이 되었다. 더욱이 향후 우리나라 노인복지서비스는 재가복지를 중심으로 한 서비스의 확충을 도모하고 있어서 시설서비스는 노인복지서비스에 있어서 주변적인 서비스로 인식될 수도 있다. 그러나 노인복지시설서비스는 노후의 삶을 보장받을 수 없는 무기력하고 의존적인 노인들에게는 필수적인 서비스를 제공받을 수 있는 장소이다. 앞으로 우리나라 노인복지시설서비스의 발전과제를 몇 가지로 정리하면 다음과 같다.

1. 노인복지시설의 양적 확충

우리나라의 노인복지시설은 공급이 절대적으로 부족하고, 대상자의 특성에 따른 전문화된 서비스가 제공되지 못하고 있다는 한계를 갖고 있다. 따라서 부족한 노인복지시설을 획기적으로 확충하여 충분한 서비스를 제공할 수 있도록 해야 한다(이가옥 외, 2000). 아울러 노인복지시설의 종별로 기능을 재정립하고, 지역별 수요·공급 추계를 통해서 지역 간 균형배치를 도모해야 할 것이다. 보건복지부(2015)에서 제시한 자료에 따르면, 전체 생활시설의 70% 이상이 도시에 입지하고 있으며, 재가시설을 포함하면 전체 시설 수의 90% 이상이 도시에 입지하고 있다. 시설유형에 따라 입지분포에 차이가 있지만 농촌시설의 경우 실제 필요한 이용시설의 서비스가 매우 취약하거나 그나마도 시설이용자의 요구와 부합되지 않아 이용률이 낮고 운영에 어려움을 겪고 있으므로, 노인복지시설을 설립할 때 수요를 예측하여 지역별 격차를 줄이며, 시설유형별, 규모별, 지역별 적정기준을 정하여 확충해 나가야 한다.

2. 노인복지시설서비스의 질적 제고

노인복지시설 이용자의 시설선택권을 보장함으로써 서비스 제공자와 이용자 간의 대등한 관계를 정립하고, 서비스 제공자 간의 경쟁을 통해서 서비스의 질을 제고해야 한다. 노인복지시설 운영의 투명성과 서비스의 전문성을 강화함으로써 인간으로서의 존엄성을 가지고 시설거주노인들이 생활할 수 있도록 해야 한다(임춘식, 2001).

요양시설은 일상생활상의 편의서비스 외에도 여가나 건강교육, 치매나 와상 예방 프로그램 등 입소노인의 자립을 지원할 수 있는 재활 프로그램을 강화해야 할 것이다.

3. 노인복지시설의 합리적 평가

노인복지시설에 대한 전반적인 평가를 실시하여 시설환경, 종사자의 전문성, 서비스 수준, 운영 및 재정 관리, 지역사회 연계성 등 서비스 전반에 대하여 투명하고 합리적인 운영이 되도록 해야 한다. 나아가 노인복지시설이 자체적으로 점검할 수 있는 기회를 제공하고, 시설 간 선의의 경쟁을 유도하여 현재 공급자 위주에서 이용자 위주의 시설로 전환하여 시설거주노인들의 서비스 만족도를 높이도록 한다.

현재 정기적으로 실시되고 있는 복지시설 평가를 적극 활용하여 시설에 대한 객관적인 평가를 통하여 전문화 강화를 위한 기회로 활용하는 것이 필요하다. 평가를 시설개선과 운영 및 인력관리의 체계를 갖추는 계기로 활용하는 것이다.

4. 노인복지시설의 사회화

노인복지시설서비스는 인간으로서 노인의 가치를 존중하고, 변화하는 사회에서 노인이 유용한 자원으로 활용될 수 있도록 격려하여야 한다. 아울러 시설의 사회화를 통해 지역사회와의 관계를 보다 강화할 필요가 있다(문선화 외, 2002).

시설의 사회화는 다음 몇 가지 요소를 포함하는 개념이다. 첫째, 기본적으로 시설과 지역사회와의 관계를 발전시키고, 둘째, 시설운영과 공간・시설・장비 등을 지역사회에 개방하며, 셋째, 주민이 지역사회 내 시설에 민주적으로 참여하고, 마지막으로 시설생활자의 욕구충족을 넘어서서 시설이 지역사회 전체 주민의 욕구를 충족시키고자 하는 것이다(김수영 외, 2001).

5. 정부의 예산확충과 의식전환

노인복지시설의 효과적 운영을 위해서는 무엇보다도 지방자치단체와 정부의 적극적인 지원이 요구된다. 지방분권 이후 지방자치단체의 재정자립도에 따라 지역 간 서비스 내용이 불균형한 상황이므로 중앙정부의 적극적인 지원과 지원수준의 현실화가 필요하다. 중앙정부는 사회복지 시행의 주체이므로 복지정책에 대한 책임을 가지고 시설복지에 대한 적극적인 의지를 보여야 할 것이다.

CHAPTER 07

재가노인복지서비스에 대한 이해

Social Work With the Elderly

제1절 재가노인복지서비스의 이해

1. 재가노인복지서비스의 개념

노인복지는 노인이 복지적인 상태를 유지하도록 하는 사회적 활동으로 사회복지실천의 한 분야이다. 재가노인복지서비스는 재가노인을 위한 의료·복지서비스를 말한다. 재가노인이란 장기치료나 요양보호를 목적으로 수용시설에 입소된 노인을 제외한 지역사회 내 살고 있는 모든 노인을 가리킨다(이삼열, 2004).

재가복지서비스는 자녀들과 별거하고 있는 시설보호노인들의 제반 문제점을 개선하기 위하여 서구사회에서 1960년대 싹트기 시작한 탈시설화와 더불어 1970년대 지역사회보호운동이 일기 시작하면서 각광을 받기 시작하였다(고양곤, 1997). 우리나라에서는 1993년 정부에서 공식적으로 재가노인복지사업이라는 용어를 사용하였으며, 1993년 12월에 개정된 사회복지사업법에서 재가복지를 최초로 사회복지사업의 한 분야로 포함시켰고, 같은 해 개정된 노인복지법 제11조에 재가노인복지사업을 처음 규정하였다(보건복지부, 1998).

재가노인복지서비스는 대다수의 노인들의 자신이 생활하던 익숙한 환경에서 필요한 서비스를 지원·제공받거나 지역사회 노인복지시설을 이용함으로써 정상적인 가정생활을 유지하도록 원조하는 서비스이다. 이러한 재가노인복지의 중요한 기능은 가족의 부담을 경감시킴으로써 현대사회에서 약화된 가족보호의 기능을 지지하고 보충하는 것이다(보건복지부, 2002). 재가노인서비스는 서비스의 범위나 제공되는 장소에 따라 다음과 같은 여러 의미를 갖고 사용되기도 한다(고양곤, 1997).

첫째, 좁은 의미의 재가노인서비스는 지역사회에 거주하고 있는 노인의 집을 방문하여 노후생활에 필요한 서비스를 노인이나 부양자에게 직접 제공하는 가정방문서비스이다.

둘째, 중간적 의미의 재가노인서비스는 가정봉사원을 노인가정에 파견하여 필요한 서비스를 제공하거나 또는 지역사회의 이용시설을 활용하도록 하는 것이다.

셋째, 넓은 의미의 재가노인서비스는 가정방문서비스를 비롯하여 지역사회 내 이용시설이나 주거보호시설에서 제공하는 제반서비스를 포함한 광범위한 지역사회 보호를 의미한다. 여기서 말하는 주거보호시설이란 정신병원이나 요양원처럼 지역사회와 분리된 형태의 시설보호가 아니라 지역사회를 기반으로 하는 가정과 같은 분위기의 개방된 주거시설에서 제공하는 서비스를 말한다.

2. 재가노인복지서비스의 필요성

재가복지란 도움이 필요한 노인, 장애인, 아동 등을 시설이 수용하지 않고 요양보호사나 가정봉사원을 파견하거나 또는 재가복지센터로 통원하게 하여 일상생활을 위한 서비스와 자립할 수 있는 프로그램을 제공하는 것이다(김범수, 1992). 재가노인복지는 재가복지 중에서 노인을 대상으로 하는 것으로 이용시설 중심의 지역사회와 가정에서 행해지는 재가보호로 구분된다. 전자는 재가노인을 지역사회 내에서 일시보호하는 서비스로서 주・야간의 일정 시간 동안 보호를 제공하는 주・야간보호와 일정 기간 보호를 제공하는 단기보호가 해당된다. 후자는 대상노인의 가정을 방문하여 행해지는 요양보호서비스가 해당된다.

재가노인복지서비스가 필요한 원인은 다음과 같다.

첫째, 경제성장과 보건의료서비스의 향상으로 인한 수명연장과 고령노인의 증가에 있다.

둘째, 산업화, 도시화, 핵가족화로 인한 가정의 노인부양기능 약화이다.

셋째, 재가노인서비스가 시설보호보다 더 인간적이고 개별적인 대인서비스를 제공할 수 있다.

넷째, 한정된 복지예산을 사용할 때 재가노인복지서비스가 시설보호보다 더 효율적이라는 점 등을 들 수 있다.

최근 우리나라의 노인복지정책을 살펴보면 기존의 생활시설 중심의 시설보호 위주에서 재가복지서비스, 주·야간보호, 단기보호 등의 재가노인복지서비스로 확대하고 있다. 그 이유는 첫째, 현재 노인인구가 계속 증가하고 있으며, 둘째, 평균수명, 부양지수, 노령화 지수 등도 높아지고, 셋째, 전체 노인들 중 단독가구의 비율이 점차 증가하고 있으며, 넷째, 가족의 노인부양기능이 약화되고 있고, 다섯째, 노인들의 절대다수가 가정에서 살고 있으며 많은 노인이 양로·요양시설에 대한 부정적인 태도를 가지고 있다(이삼열, 2004).

제2절 재가노인복지서비스의 이론적 모형

선진국에서 발전된 가족보호와 재가보호에 관한 이론들을 살펴보면 이 둘의 관계를 대체모형으로 보는 견해와 보완모형으로 보는 견해로 나누어진다. 이 이론들은 가족보호를 포함한 비공식적 보호서비스와 재가복지서비스를 중심으로 한 공식적 보호서비스의 관계를 설명하고 있다(차흥봉, 1998).

1. 대체모형

그린(Greene, 1983)의 대체모형이란 공식적 보호가 비공식적 보호를 대체하는 기능을 수행한다고 보는 모형이다. 그린은 공식적 보호가 비공식적 보호의 불충분성을 보충하기 위해 동원되는 것이지만, 부담이 많은 비공식적 부양자에게 휴식을 제공하는 등으로 비공식적 보호를 대체하는 효과를 나타낸다고 보고 있다. 그린은 공식적 보호서비스의 증가에 따라 비공식적 보호서비스가 감소한다는 사실을 증명하고 있다. 대체모형은 공식적 보호가 없다면 비공식적 보호가 제공될 수 있다는 점을 전제하는 것으로 그 대체적 관계의 성격을 분명히 하고 있다.

로건과 스피츠(Logan & Spitz, 1994)도 장애노인에 대한 장기요양보호서비스의 이용요인에 관한 연구과정에서 공식적 보호와 비공식적 보호를 대체적 관계로 파악하고 있다. 이들은 비공식적 보호가 오히려 공식적 보호를 대체한다고 하면서 배우자와 동거하고 있는 노인과 자녀의 도움을 받는 노인이 재가복지서비스를 덜 이용하고 있는 사실을 그 근거로 제시하고 있다(이삼열, 2004 재인용).

2. 위계적 보상모형

칸토어(Cantor, 1979)의 위계적 보상모형이란 기본적으로 비공식적 보호체계가 제 구실을 하지 못할 때 공식적 보호가 비공식적 보호를 대신한다는 것을 전제로 하고 있는 서비스이다. 공식적 보호는 비공식적 보호의 존재 여부와 그 양에 따라 결정된다는 시각이다. 즉, 공식적 보호서비스의 이용은 가족이나 친구와 같은 비공식적 보호의 자원이 있으면 그만큼 감소하게 된다는 것이다.

칸토어는 요보호대상자가 서비스의 도움을 필요로 할 때 배우자를 먼저 선택하고 그 다음 자녀의 도움을 받고자 하며, 자녀들을 이용하기 어려울 때 기타 친척, 친구, 이웃, 그리고 공식적 조직을 위계적으로 선호한다고 말하고 있으며, 마지막으로 공식적 조직에 의존하게 된다는 것이다.

3. 분업모형

리트왁(Litwak, 1985)의 분업모형은 공식적 보호와 비공식적 보호를 서로 보완적 관계로 보면서 그 보완의 내용은 서비스의 과제에 따라 서로 다르다고 보는 것이다. 분업모형은 서비스 이용의 위계적 선택관계도 과제의 종류나 성격에 따라 다르다고 본다. 리트왁은 공식적 보호와 비공식적 보호는 서로 각기 적합한 과제를 담당하게 된다고 주장한다. 즉, 비공식적 보호는 비획일적 과제, 특별한 훈련과 시설이 필요한 과제, 예측성이 있는 과제를 담당하는 것으로 파악하였다. 따라서 서비스 이용의 보완관계와 위계적 선택관계는 과제의 종류에 달려있다는 것이다(양옥경 외, 2010).

4. 보충모형

스톨러(Stoller, 1989)의 보충모형은 대체모형과 대칭되는 이론이다. 보완모형에서도 공식적 보호는 비공식적 보호가 욕구를 해결할 수 없을 때 이용하는 것으로 파악하였지만, 대체모형과 달리 비공식적 보호의 1차성을 중요시하고 공식적 보호의 보충성을 강조한다는 점에서 차이가 있다. 그리고 공식적 보호를 이용하더라도 비공식적 보호는 감소하지 않는 것으로 봄으로써 비대체적 성격을 지니게 되는 것이다. 보충모형은 재가복지서비스에 있어서 공식적 보호는 가족의 노력을 보충하는 것이기 때문에 그 서비스가 많을수록 바람직하다고 보는 입장이다(양옥남 외, 2004).

샤펠(Chappell, 1991)은 보충모형과 비슷한 개념으로 보완모형을 제시했다. 보충모형은 비공식적 보호에 대한 공식적 보호의 보충성을 강조하는 것이고 보완모형은 어느 하나에 중점을 두지 않고 양자가 상호 보완적 관계에 있다는 것을 강조한다.

제3절 재가노인복지서비스의 종류

1. 방문요양서비스

방문요양서비스는 신체적·정신적 장애로 인하여 어려움을 겪고 있는 재가노인에게 지역사회 안에서 건전하고 안정된 노후를 영위하도록 요양보호사가 가정을 방문하여 신체활동지원서비스, 가사활동지원서비스, 개인활동지원서비스, 정서지원서비스 등의 필요한 각종 서비스를 제공한다.

방문요양서비스는 대상자의 자립을 목적으로 하는 것이므로 방문요양서비스를 제공받는 대상자에 대한 이해가 필요하다.

이용대상자는 재가노인복지시설 이용대상자이며, 단 노인돌봄서비스, 가사간병도우미, 독거노인생활지도 등 타 서비스를 제공받고 있는 자는 대상에서 제외한다.

〈표 7-1〉 방문요양서비스 내용

서비스 구분		서비스 내용
방문요양에 관한 사항	신체활동 지원서비스	세면도움, 구강관리, 머리 감기기, 몸단장, 옷 갈아입히기, 목욕도움, 식사도움, 체위변경, 이동도움, 신체기능의 유지 증진, 화장실 이용하기
	가사활동 지원서비스	취사, 청소 및 주변 정돈, 세탁
	개인활동 지원서비스	외출 시 동행·부축, 일상업무 대행 등
	정서지원서비스	말벗, 격려 및 위로, 생활상담, 의사소통 도움
상담 및 교육에 관한 사항		-노인상담 및 신상에 관한 상담서비스 -질환 및 장애 노인가족을 위한 상담 및 교육
노인결연에 관한 사항		-무의탁 노인의 후원을 위한 결연사업 1인당 월 10,000원 이상을 3개월 이상 계속하여 지원하는 결연사업

출처 : 보건복지가족부(2009). 2009년 노인보건복지사업안내.

2. 주 · 야간보호서비스

주 · 야간보호서비스는 부득이한 사유로 가족의 보호를 받을 수 없는 심신이 허약한 노인과 장애노인을 낮 동안에 시설에 입소시켜 필요한 각종 서비스를 제공하는 시설로서, 노인의 생활안정과 심신기능의 유지 · 향상을 도모하고, 그 가족의 신체적 · 정신적 부담을 덜어주기 위한 서비스이다. 사업기관과 이용자 간의 계약에 의해 서비스를 이용한다. 비용수납은 생활보호대상자 등 저소득층 노인은 무료로 이용함을 원칙으로 하되 식비 등 서비스 내용에 따라 실비의 징수가 가능하다. 보호는 원칙적으로 하루 중 일정 시간 동안 보호해 준다. 서비스 내용으로 심신의 기능회복을 위한 생활지도 및 일상동작 훈련서비스, 이용서비스, 급식 및 목욕 서비스, 여가생활서비스, 상담서비스 등이 있다(권중돈, 2006).

3. 단기보호서비스

단기보호서비스는 부득이한 사유로 가족의 보호를 받을 수 없어 일시적으로 보호가 필요한 심신이 허약한 노인과 장애노인을 시설에 단기간 입소시켜 보호함으로써 노인 및 노인가정의 복지증진을 도모하기 위한 서비스이다(권중돈, 2006).

서비스의 프로그램 내용은 식사, 간식, 요실금, 샤워, 세탁, 차량서비스, 집단여가활동, 미술요법, 건강관리, 가족상담, 가족모임 · 교육 등으로 기관과 대상자에 따라 다양하다.

4. 방문목욕서비스

방문목욕서비스는 심신이 허약하거나 장애가 있는 자로서 가정에서의 목욕이 필요한 노인을 대상으로 목욕장비를 이용하여 대상자의 가정 등을 방문하여 목욕을 제공하는 서비스로, 대상자의 집에서 목욕하기를 돕는 방문요양서비스이다. 방문목욕서비스의 서비스 내용으로는 목욕준비, 입욕 시 이동보조, 몸 씻기, 머리 말리기, 옷 갈아입히기 등이며, 목욕 후 주변 정리까지 포함한다.

5. 재가복지서비스

노인의 특성상 장기입원으로 이어질 수 있는 많은 상황들 속에서 입원 재원 일수 제한이나, 경제적 · 사회적 제한에 의해 집에서 요양생활을 해야 하는 노인대상자가 많아지면서 대상자는 물론이고 가족들의 부담도 증가하고 있다. 방문간호는 가족이나 요양보호사의 지원을 받아 생활하는 대상자와 가족들에게 부담을 경감시키기 위하여 대상자에게 가까운 곳에서 전문적인 의료나 간호를 받을 수 있도록 하는 서비스이다. 집에서 치료받기를 원하는 대상자는 요양보호사와 함께 방문간호서비스를 의뢰할 수 있다. 이러한 상황은 때때로 의학적인 처치나 판단이 요구되고 또한 항상 올바른 판단이 요구되는 상황에서는 대상자의 일상생활의 변화를 파악하기 쉬운 요양보호사와의 연계가 필요하다. 대상자가 안심하고 서비스를 제공받기 위해서 특히 일반가정은 병원이나 시설과는 달리 환경적인 조건이 충족되어있지 않다는 것도 염두에 두어야 할 것이다(보건복지가족부, 2009).

6. 복지용구서비스

복지용구는 침대나 휠체어 등 대형인 필요 복지용구와 변기, 지팡이 등 소형인 것이 있다. 복지용구는 구입하기에는 너무 고가이고 구입 후 장기간 사용한다고 보장할 수 없다. 대상자의 사망으로 고가인 물건이 불필요해지고 처리하기 곤란한 점 등을 이유로 대여하는 방식을 도입하게 되었다.

〈표 7-2〉 재가노인복지시설에서 제공하는 서비스 주요 내용

구분	내용
방문요양서비스	가정에서 일상생활을 영위하고 있는 노인으로서 신체적·정신적 장애로 어려움을 겪고 있는 노인에게 필요한 각종 서비스 제공
주·야간보호서비스	부득이한 사유로 가족의 보호를 받을 수 없는 심신이 허약한 노인과 장애노인을 주간 또는 야간 동안 시설에서 보호
단기보호서비스	부득이한 사유로 가족의 보호를 받을 수 없어 일시적으로 보호가 필요한 심신이 허약한 노인과 장애노인을 시설에 단기간 입소시켜 보호
방문목욕서비스	목욕장비를 갖추고 재가노인을 방문하여 목욕을 제공하는 서비스
재가노인지원서비스	재가노인에게 노인생활 및 신상에 관한 상담 제공, 재가노인 및 가족 등 보호자 교육, 각종 편의 등을 제공하는 서비스 ※방문요양서비스, 주·야간보호서비스, 단기보호서비스, 방문목욕서비스, 방문간호서비스 이외의 서비스 제공
방문간호서비스	수급자의 가정 등을 방문하여 간호, 진료의 보조, 요양에 관한 상담 또는 구강위생 등을 제공하는 서비스

출처 : 보건복지부(2019).

제4절 선진국의 재가노인복지서비스

1. 일본의 재가노인복지

우리나라보다 고령화를 먼저 맞이한 일본의 재가노인복지서비스사업은 가정봉사원서비스사업, 노인단기입소운영사업, 노인주간보호운영사업, 재가개호지원센터운영사업, 노인서비스 종합조정추진사업, 노인일상생활용구 급여 등의 여섯 가지로 구분되며 구체적인 내용을 살펴보면 다음과 같다(한국임상사회사업학회, 2017).

1) 가정봉사원서비스사업

재가노인복지사업은 노쇠, 심신의 장애 및 부상 등으로 일상생활에 지장이 있는 65세 이상의 노인이 있는 가정에 대해 가정봉사원을 파견해서 보호서비스를 실시하여 노인이 건전하고 편안한 가정생활을 누릴 수 있도록 원조함과 동시에 가족의 부양부담 경감을 도모하는 사업이다.

가정봉사원서비스사업의 실시 주체는 시 · 정 · 촌이다. 시 · 정 · 촌은 파견세대, 서비스 내용 및 비용부담 구분의 결정을 제외하고 이 사업의 일부를 시 · 정 · 촌 사회복지협의회나 보호전문기관인 특별 양호노인 홈, 재가보호서비스의 기본방침에 합당한 민간사업자 등에게 위탁할 수 있다. 또한 1992년부터는 시 · 정 · 촌장이 위탁처로서 적당하다고 인정한 개호복지사나 농업협동조합 등에도 위탁할 수 있게 되었다.

2) 노인단기입소운영사업

① 단기보호사업

단기보호사업은 요보호노인을 일시적으로 입소시킬 필요가 있을 경우에 단기적으로 노인 홈에 입소시킴에 따라 보호가족 등의 부담을 경감시키고, 요원호노인 및 가족의 복지향상을 도모하는 것을 목적으로 하는 사업이다.

② 재가보호촉진사업

이 사업은 요원호노인과 보호를 담당하고 있는 가족을 단기간 노인단기입소시설 또는 특별양호노인 홈에 입소, 숙박시켜서 요원호노인에 대한 일상동작훈련 및 보호를 받는 방법을 지도함과 동시에 가족·보호자에 대해 보호하는 방법을 실습하여 요원호노인과 그 가족의 가정생활을 지원하는 것을 목적으로 하는 사업이다.

③ 야간보호사업

야간에 보호를 할 수 없는 치매노인 등을 일시적으로 야간만 노인단기입소시설 또는 특별양호노인 홈에 입소시켜 보호하는 것으로 가족의 부담을 경감함과 동시에 치매노인 등의 가정생활을 유지 및 향상시키기 위해 지원하는 사업이다.

3) 노인주간보호운영사업

이 프로그램은 가정에서 허약노인이나 거동이 불편한 노인을 이송용 리프트, 버스 등을 이용해서 주간보호사업소로 통원시키거나 가정을 방문해서 각종 서비스를 제공함으로써 심신기능의 유지를 도모하거나 보호하는 사업이다.

4) 재가개호지원센터운영사업

재가개호지원센터는 1990년에 창설되었다. 이 사업은 재가노인보호노인의 보호자 등에 대해 재가보호에 관한 종합적인 상담과 재가의 요원호노인 및 그 보호자의 보호 등에 관한 욕구에 대응한 각종 보건복지서비스가 종합적으로 받아들여지도록 시 · 정 · 촌 등 관계행정기관, 서비스실시기관 등과의 연락조정 등의 편의를 제공하고, 지역의 요보호노인 및 가정의 복지 향상을 도모하는 것을 목적으로 하고 있는 사업이다.

5) 노인서비스 종합조정추진사업

노인서비스 종합조정추진사업은 도 · 도 · 부 · 현, 지정 도시에 노인서비스 종합조정추진회의를 각 시 · 정 · 촌에 노인서비스 조정 팀을 설치해서 보건 · 의료 · 복지서비스 등의 조정을 실시하기 위해 노인서비스 종합조정추진사업을 하도록 하고 있다.

노인서비스 종합조정추진사업에 있어서는 보건 · 복지 · 의료관계 조직 간의 정보교환, 노인서비스 종합조정을 위한 기획 · 입안을 실시하고 시 · 정 · 촌, 보건소의 복지사무소 등에 대한 지도, 조언 등을 실시한다. 따라서 노인서비스 조정 팀에서는 재가거동불능노인이나 치매노인을 포함한 구체적인 케이스에 대한 서비스 네트워크의 형성 및 케이스 매니지먼트가 실시된다.

6) 노인일상생활용구급여 등 사업

일상생활용구급여 등의 사업은 요원호노인 및 독신생활노인에 대해 특수침대 등 일상생활용구를 급여 또는 대여하여 노인의 일상생활에서 편의를 도모할 뿐만 아니라 그 외 복지증진에 이바지하는 것을 목적으로 하고 있다.

2. 영국의 재가노인복지

1) 가정봉사서비스

가정봉사서비스는 'home help service'라고 하는데 이 서비스를 제공하는 공식적인 기관은 지방정부와 사회서비스국과 다수의 민간 서비스기관이다. 1993년 국민건강서비스(National Health Service) 및 지역사회보호법이 시행되기 이전에는 지방정부 사회사업국이 가정봉사서비스의 1차적인 공급자였다. 그러나 이 법이 시행되면서 복지혼합경제에 의한 서비스 전달체계의 변화가 이루어졌다

가정봉사서비스는 가사원조서비스, 대인적 서비스, 사회적 서비스, 역할훈련서비스 등의 네 가지로 구분되며 구체적인 내용을 살펴보면 다음과 같다.

① 가사원조서비스

집안청소, 식사준비, 세탁, 난방, 침대정리, 의복 다림질, 쇼핑 등에 대한 가사원조서비스가 이루어진다.

② 대인적 서비스

목욕, 면도 및 이발, 개인위생, 대소변 보기, 치료 또는 약물의 지속적인 처방지원과 약물지도 및 감독 등의 서비스가 이루어진다.

③ 사회적 서비스

연금수급, 법규 및 규정 알려주기, 편지 써주기, 집세 계산 및 지불, 친척과의 관계 유지, 지속적인 취미 또는 사회활동 조장, 1차 진료기관의 연결, 전화 걸어주기, 가계부 작성 등의 서비스가 이루어진다.

④ 역할훈련서비스

자아보호능력의 유지 및 회복시키기 등의 서비스가 이루어진다.

2) 주간보호서비스

재가노인들을 대상으로 음악, 그림 그리기, 노래 부르기, 사교댄스 등 각종 레크리에이션 프로그램을 실시하고 있다. 또한 노화현상이 심해서 사회활동이 자유롭지 못한 노인들을 대상으로 기능회복훈련, 물리치료 또는 목욕서비스 등의 프로그램을 진행한다. 특히 교회 등에서 운영하는 주간보호센터 중에는 노인들에게 말벗이 되어주는 좋은 이웃서비스(Good Neighbor Service)를 실시하고 있으며, 노인들에게 소풍의 기회를 제공하는 프로그램도 운영 중이나. 주산보호센터는 지방자치단체가 운영하는 것도 있지만 대부분 비영리 민간단체와 병원, 요양시설 등에 의해서 시설이 운영되고 있다.

3) 단기보호서비스

노인 홈이나 요양시설 중에는 간병 또는 재활을 필요로 하는 후기 고령재가노인을 대상으로 수발 또는 기능회복훈련 등의 서비스 제공을 목적으로 단기보호용 병상을 확보하고 재가노인들로 하여금 단기간 시설에서 재활을 받을 수 있도록 하는 단기 프로그램이 있다. 요양시설 등은 병상이 빈 경우에 재가노인을 위해 활용하는 것이 재정적인 면에도 도움이 되기 때문에 시설운영자들은 재가노인을 위한 간병서비스 프로그램을 활성화하는 경향이 있다.

4) 이동배식

영국에서는 노인을 대상으로 하는 배식서비스가 매우 활성화되고 있다. 이 서비스는 취사 등 가사에 어려움을 갖는 노인들을 위하여 정기적으로 따듯한 음식을 배달해 주는 역할을 하고 있다. 이에 대하여 지방정부는 재가의 요보호대상자들에게 이동배식을 직접 제공하거나 민간기관에게 재정지원을 통해 이동배식을 제공하는 권한을 가지고 있다. 이동배식을 준비하고 전달하는 과정에서 다수의 기관이 참여해야 하기 때문에 조직이 다소 복잡하다. 그러나 사회서비스국의 가정봉사매니저는 서비스를 계획하고 점검하며, 기술부서에서 차량을 지원하거나 민간 자원봉사기관이 차량이나 인력을 지원할 수 있다.

5) 이동서비스

보행에 장애가 있는 재가노인에 대해 병원출입과 같은 외출을 할 때에 교통편의를 제공하는 서비스이다. 이 프로그램을 이용하고 싶은 노인은 사전에 예약을 하고 서비스를 제공받으면 된다. 주간보호센터나 병원 등의 시설에서도 해당 시설을 이용하는 노인들을 대상으로 이동서비스를 실시하고 있으며, 지방자치단체 중에는 노인들에게 택시나 시내버스 무료이용권을 발부해 주는 곳도 있다.

6) 상담조언서비스

재가노인을 대상으로 하는 각종 상담과 조언, 정보제공 등에 관한 서비스는 지방자치단체에 있는 사회복지사에 의해 제공되고 있다. 사회활동에서 은퇴한 지 오래된 후기 고령 노인들의 경우 국가에서 제공하는 각종 복지서비스 프로그램에 대한 정보에 밝지 못해 자신이 필요로 하는 도움을 제대로 받지 못하는 경우도 많다. 따라서 후기 고령 노인을 위한 상담조언서비스는 일상생활을 영위하는 데 반드시 필요하다. 또한 병원에 배치된 사회복지사는 입원 동안 환자에 대해 상담을 하지만 환자가 퇴원한 이후에도 일정 기간 동안 상담 또는 조언서비스가 제공된다.

7) 노인복지용구 대여서비스

국민건강서비스(National Health Service)에서는 보행보조기, 보청기, 휠체어 등을 필요로 하는 노인에게 대여해 주는 사업도 하고 있다. 이러한 의료용구는 의사에 의해 필요한지의 여부를 평가한 후에 대여 여부가 결정된다. 휠체어를 단기간만 이용하고자 할 때는 적십자나 비영리단체가 무료로 대여해 주기도 한다. 노쇠현상이 심한 후기 고령 노인들의 경우는 신체활동이 자유롭지 못하기 때문에 일반 주택에 생활하는 데 많은 어려움이 있다. 따라서 영국에서는 이러한 노인을 위해 지방자치단체가 핸드레일의 설치, 미끄럼방지를 위한 바닥제의 변경, 약식변기 등의 교체를 해주고 있다.

8) 가정간호

가정간호 서비스는 병원에 입원해야 할 정도는 아니지만 간호를 받아야 하는 만성질환자들을 대상으로 서비스가 이루어지고 있다. 이를 제공하는 공식적인 기관은 지역보건당국의 Community Unit이나 국민건강서비스(National Health Service) 산하의 독립적인 운영체계인 지역사회 트러스트(Community Trust)이다.

제5절 재가노인복지서비스의 현황

1. 재가노인복지시설의 현황

2019년 통계청 자료에 따른 우리나라 재가노인복지시설에 관한 현황은 〈표 7-3〉과 같다. 재가노인복지시설을 비교해 볼 때 방문요양서비스 기관은 2015년(1,021개)에 비해 2018년(1,051개)에 30개의 시설기관이 증가하였다. 또한 주·야간보호서비스는 2015년(1,007개)에 비해 2018년(1,312개)에 305개의 시설기관이 증가하였다. 방문목욕서비스는 2015년(617개)에 비해 2018년(650개)에 33개의 시설기관이 증가하였으며, 방문간호서비스는 2017년(10개)에 비해 2018년(21개)에 11개의 시설기관이 증가하였다. 끝으로 재가노인지원서비스 기관은 2015년(332개)보다 2018년(387개)에는 55개의 시설기관이 증가하였다. 그러나 단기보호서비스 시설은 2015년(112개)에 비해 2018년(73개)에는 39개의 시설기관이 감소한 것으로 나타났다.

〈표 7-3〉 연도별 재가노인복지시설 현황

종 류	시 설	2015	2016	2017	2018
		시설 수	시설 수	시설 수	시설 수
재가노인복지시설	소계	3,089	3,168	3,216	3,494
	방문요양서비스	1,021	1,009	1,001	1,051
	주·야간보호서비스	1,007	1,086	1,174	1,312
	단기보호서비스	112	95	80	73
	방문목욕서비스	617	588	609	650
	방문간호서비스	-	-	10	21
	재가노인지원서비스	332	390	342	387

출처 : 통계청(2019). 노인복지시설 현황 자료.

2. 대상노인의 수

노인장기요양등급 인정노인의 일반적 특성은 국민건강보험공단(2019)의 조사 결과를 토대로 살펴보면 다음과 같다.

2018년 12월 기준, 장기요양보험 누적 신청자 수는 1,009,209명으로 총 인정자는 2017년 대비 14.6%p, 2016년 대비 29.0%p 증가하였다.

또한 2018년 12월 말 기준, 장기요양보험 인정자 수는 670,810명으로 일반 327,455명, 경감 230,664명, 의료급여 8,038명, 기초수급 104,653명이며, 남자 182,775명으로 전체의 27.2%, 여자 488,035명으로 72.8%로 나타났다. 1등급 45,111명, 2등급 84,751명, 3등급 211,098명, 4등급 264,681명, 5등급 53,898명, 인지지원등급 11,271명으로 나타났다.

〈표 7-4〉 노인장기요양신청자 현황

구 분	2014	2015	2016	2017	2018
노인인구 (65세 이상)	6,462,740	6,719,244	6,940,396	7,310,835	7,611,770
신청자	736,879	789,024	848,829	923,543	1,009,209
판정자 (등급내+등급외)	585,386	630,757	681,006	749,809	831,512
인정자 (판정 대비 인정률)	424,572 (72.5%)	467,752 (74.2%)	519,850 (76.3%)	585,287 (78.1%)	670,810 (80.7%)
노인인구 대비 인정률	6.6%	7.0%	7.5%	8.0%	8.8%

출처 : 국민건강보험공단(2019). 노인장기요양신청자 통계 자료.

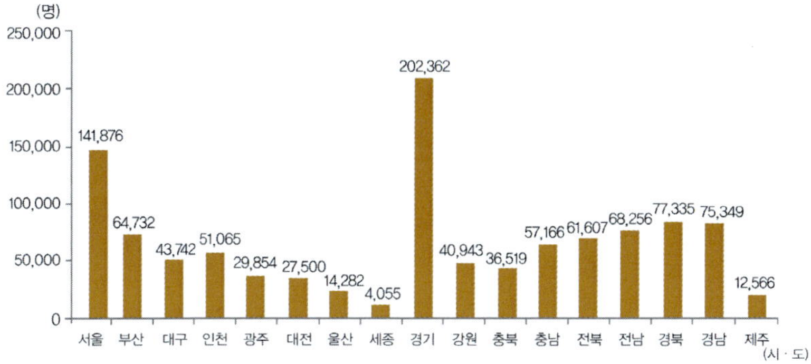

|그림 7-1| 2018년 시도별 장기요양보험 신청자 현황

출처 : 국민건강보험공단(2019). 노인장기요양보험통계 연보.

〈표 7-5〉 노인장기요양인정자 현황

구 분	2018							2016	2017
	계	1등급	2등급	3등급	4등급	5등급	인지지원 등급		
인정자계	670,810	45,111	84,751	211,098	264,681	53,898	11,271	519,850	585,287
일 반	327,455	22,454	40,429	102,652	127,784	28,046	6,090	336,070	377,499
경 감	230,664	15,199	30,756	75,092	88,424	17,701	3,492	94,630	109,385
의료급여	8,038	480	1,019	2,537	3,244	647	111	6,266	7,107
기초수급	104,653	6,978	12,547	30,817	7,504	7,504	1,578	82,884	91,296

출처 : 국민건강보험공당(2019). 노인장기요양인정자 통계 자료.

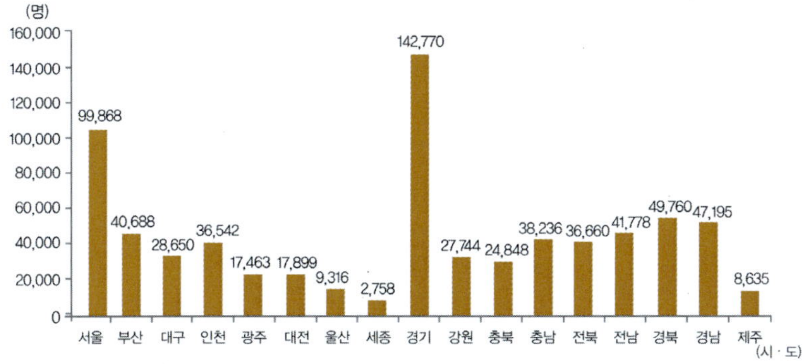

|그림 7-2| 2018년 시도별 장기요양보험 인정자 현황

출처 : 국민건강보험공단(2019).

CHAPTER 08

노인복지실천론

Social Work With the Elderly

제1절 노인복지실천의 개념

인간의 생애주기에서 마지막 단계에 해당되는 노년기에는 생리적·육체적으로 약화되고, 사회적·경제적인 지위가 하락되며, 정서적으로 불안정해진다. 아울러 조기퇴직, 노후 생계대책의 미흡, 질병 및 장애발생률의 증가와 이에 따른 보호의 어려움, 주거문제, 역할상실과 여가문제, 고독, 소외 등의 여러 가지 노인문제도 등장하게 된다. 특히 우리나라에서는 산업화 과정에 따른 이동 및 도시화 현상 등으로 가족의 형태가 핵가족화 양상을 띠면서 전통적인 대가족제도와 경로효친사상을 기초로 해온 노인에 대한 가족부양기능의 약화현상은 노인문제를 더 이상 가족이나 개인문제로 돌릴 수 없는 사회문제로 대두시켰고, 이는 국가나 민간부문이 담당해야 하는 노인복지의 필요성을 야기시켰다고 볼 수 있다(김기태·박병현·최송식, 1999).

노인복지실천은 노인을 대상으로 하는 사회복지실천이다. 따라서 노인복지실천은 개인, 집단, 조직 및 지역사회 수준에서 원조와 서비스를 제공하여 노인의 사회적 기능을 향상시키려는 통합적 노인복지 접근방법으로 정의할 수 있다. 이러한 노인복지실천은 노인과 그들을 둘러싼 환경, 특히 가족을 주된 대상으로 하며, 노인이 환경과의 상호작용 과정에서 갖게 되는 요구나 문제를 예방, 경감, 해결하여 노인의 사회적 기능을 향상시키는 것을 목적으로 한다.

노인복지실천의 목표는 첫째, 노인의 문제해결능력, 대처능력 및 발달상의 능력 향상, 둘째, 자원, 서비스 및 기회를 제공하는 체계와 노인의 연결, 셋째, 자원과 서비스를 제공해 주는 체계의 효과적이고 인간적인 작동, 넷째, 사회정책의 개발과 증진, 다섯째, 위험에 처한 집단의 역량강화를 통한 사회경제적 정의의 증진, 여섯째, 전문적 지식과 기술의 개발과 검증이라고 할 수 있다.

노인복지실천은 목적과 목표를 추구하는 과정에서 예방, 치료, 회복 기능을 수행한다(CSWE, 1995). 첫째, 예방으로는 노인의 건강과 복리 증진을 위하여 현대의 신체적·심리적·사회적 기능상태를 유지하고 환경의 요구에 대처할 수 있는 능력을 강화하며 필요한 자원을 제공, 연결하여 사전에 문제를 해결하는 것 등이 있다. 둘째, 치료적 기능은 노인이 현재 겪고 있는 문제나 장애를 해결 또는 개선하는 것을 목적으로 한다. 셋째, 회복은 신체 및 정신적 문제나 장애로 약화된 기능을 되찾을 수 있도록 원조하는 데 초점을 둔다.

이러한 노인복지실천의 목적과 기능을 성취하기 위하여 사회복지사는 노인과 가족을 대상으로 하여 상담, 교육, 지역사회 자원의 연결, 취업알선, 여가활동 지원, 신체적 서비스, 일상생활지원서비스, 방문서비스 등의 다양한 업무를 수행한다(현외성 외, 2000). 그리고 노인복지실천에서 사회복지사는 노인과 노인가족을 대상으로 그들이 직면한 사회문제를 해결 또는 극소화하고, 사회적 기능을 정상화시키는 전문적 원조활동 과정에서 개별노인의 특성에 맞는 다양한 역할을 수행한다.

제2절 노인복지실천의 구성체계

노인복지실천은 노인들이 충족하지 못한 욕구에 관심을 기울이는 것에서부터 시작하여 노인이 처한 상황에 대한 사정과 개입계획을 수립하고, 이를 바탕으로 서비스나 원조를 제공하는 일련의 과정으로 구성된다. 이때 노인의 욕구에 대한 관심은 노인복지실천의 가치체계(feeling or value)이고 노인의 상황에 대한 사정과 개입계획은 지식체계(thinking or knowledge)이며, 서비스나 원조는 기술체계(action or skills)라 할 수 있다. 따라서 효과적인 노인복지실천을 위해서 사회복지사는 독자적인 지식체계를 구축함과 함께 실제 복지현장에 적용할 수 있는 기술체계, 그리고 이러한 지식과 기술의 활용을 안내(guide)하는 가치체계를 동시에 갖추어야 한다(Johnson & Yanca, 2001).

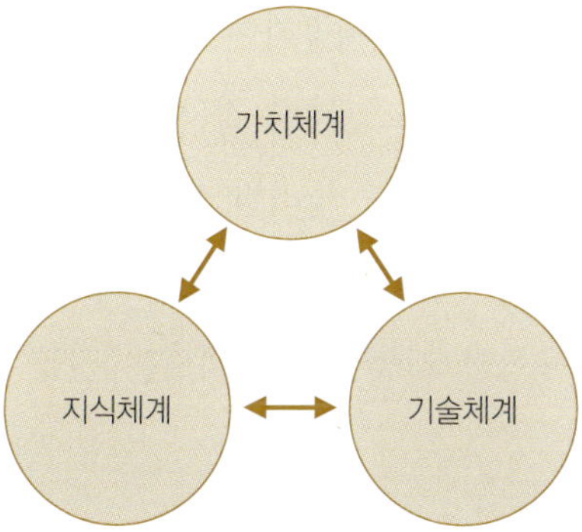

|그림 8-1| **노인복지실천의 구성체계**

출처 : Johnson & Yanca(2001).

인간과 사회환경이 지속적으로 변화하면서 노인복지실천의 지식체계 범위도 넓어지고 있다. 즉, 노인복지실천의 발달 초기단계에서는 의식주와 같은 기본 욕구에 국한되어 있던 노인의 욕구가 최근에는 불평등, 인권, 정의, 분배, 정보 등으로 확대되고 있으며, 정보지식사회로의 변화과정에서 사회환경 또한 끊임없이 변하고 있다.

노인복지실천이 나름대로의 지식체계, 기술체계를 갖추었다고 하더라도 사람과 그 사람들 사이의 관계로 형성된 사회를 돕고 변화시키기 위해서 가치체계에 기반을 두지 않는다면 아무런 의미가 없다. 즉, 노인복지실천은 사람과 세상에 대한 합리적 가치체계에 기반을 두지 않는다면 인간서비스 학문으로서의 가치를 상실하게 된다.

노인복지실천은 노인을 돕고 세상을 변화시키기 위하여 머리, 가슴, 손과 발을 동시에 활용하여 지식, 가치, 기술을 습득하는 학문분야라 할 수 있다. 따라서 노인복지 분야에 종사하고자 하는 예비 사회복지사들은 '차가운 머리, 뜨거운 가슴, 그리고 움직이는 손과 발'이라는 노인복지실천의 지식, 가치, 기술을 고루 갖춘 인간봉사 전문가로서의 자질을 함양해야 한다(권중돈, 2011).

'사회복지실천'을 정의로 할 때, '노인복지실천'은 개인, 집단, 조직 및 지역사회 수준에서 원조와 서비스를 제공하여 '노인'의 사회적 기능을 향상시키려는 인간과 환경과의 통합적 노인복지 접근방법이라고 정의할 수 있다. 이러한 노인복지실천은 노인과 그를 둘러싼 환경, 특히 가족을 주된 대상으로 하고, 노인과 환경의 상호작용에서 욕구나 문제해결을 경감하게 하며, 노인의 신체적·심리적·사회적 기능을 향상시키는 것을 기본 목적으로 한다.

제3절 노인복지실천의 과정

1) 접수 및 면접

사회복지사와 노인 클라이언트의 첫 대면에서 무엇보다 중요한 것은 신뢰관계의 형성이므로 사정단계에서부터 클라이언트와 관계형성을 원활하게 해나갈 필요가 있으며, 긍정적 라포가 형성될 수 있도록 사회복지사는 클라이언트가 마음을 편하게 갖고 이야기할 수 있는 환경을 마련해 주어야 한다. 처음 노인과 만날 때 사회복지사는 왜 노인과의 면접이 시작되었는지, 사회복지사와의 만남이 어떻게 느껴졌는지에 대해 파악해야 하며, 현재 노인의 느낌, 중요한 관심사가 무엇인지 등의 대화로 시작한다.

접수・면접(intake)은 사회사업의 최초 단계로 상담을 하러 온 노인의 문제가 어떠한 것인지, 그리고 어떠한 자원이 필요한지 등을 크게 관찰하는 것이 중요하다. 그러므로 노인이 어떠한 어려움에 있는지를 충분히 들어주어야 한다. 또한 그러한 문제를 노인이 어떻게 받아들이고 있는지 등의 요점을 파악하는 것이 중요하다. 또한 상담의 내용은 자신이 소속한 기관이나 시설에서 지원할 수 있는 것인지를 검토해야 한다. 노인의 문제와 욕구를 확인해 본 결과 그 기관에서 해결할 수 없을 때 다른 적합한 기관으로 클라이언트를 보내는 것을 의뢰라고 한다. 적절한 의뢰를 하기 위해 사회복지사는 자신의 기관뿐만 아니라 다른 기관의 정책과 자원 그리고 지역사회의 여타 자원에 대해 소상히 파악하고 있어야 한다.

2) 자료수집과 사정

노인 클라이언트에 대한 사정(assessment)은 객관적 정보를 수집하고, 노인 클라이언트의 욕구를 파악하는 단계이며, 노인 클라이언트의 건강, 사회심리적 기능, 인지능력, 재정, 환경, 사회적 지지, 욕구 등을 사정도구를 통해 구체화하는 과정이다. 사정을 위한 자료수집은 과학적 방법에 의해 이루어져야 하며 객관적 자료가 수집되어야 한다. 이를 위해 문제 체크리스트나 다양한 척도, 검사도구 등을 활용하거나, 직접 혹은 간접 관찰방법을 활용하는데, 노인의 경우 관련된 그림이나 가계도 등의 간편한 도구, 비디오 등을 활용하거나 화상적 대화를 통해 많은 정보를 수집할 수 있다.

일반적으로 노인 클라이언트에 대한 사정의 영역은 다음과 같다. 첫째, 클라이언트의 능력과 대인서비스 욕구에 대한 사정으로 교육 정도와 취업 경험, 사회활동 정도, 문제해결능력과 의사결정능력, 개인적 자질과 성격, 물리적·재정적 자원 소유, 문제해결에 대한 동기와 의지 등에 대한 영역이다. 이에 더해 클라이언트의 영양상태, 신체적 활동능력 등의 건강상태에 대해서도 파악하여야 한다. 이때 노인이 과거의 경험을 통해 형성해 온 지혜 등 강점을 파악하기 위한 노력도 필요하다. 둘째, 클라이언트의 사회적 망과 이러한 망 구성원들이 클라이언트의 욕구에 부응하는 능력에 대한 사정이다. 여기에서는 비공식적 원조자들을 발굴하는 노력과 더불어 클라이언트들이 관계하고 있는 사회적 지지체계에 대한 사정이 이루어져야 한다. 셋째, 대인서비스 제공자에 대한 사정과 이러한 제공자들이 노인 클라이언트의 욕구에 부응하는 능력에 대한 사정이다. 노인 클라이언트의 욕구와 자원 제공자의 욕구가 일치하는지를 파악하여야 하며, 만일 일치하지 않는다면 이러한 욕구들을 일치시킬 수 있는 방법들을 사정하는 것이 중요하다. 넷째, 1차적 보호의 제공자에 대한 사정이 동시에 이루어져야 한다. 직장을 갖고 있거나 아동을 양육해야 할 환경에 있다면 이들의 부양부담에 대해 파악하여야 한다.

3) 서비스 계획 및 개입

서비스 계획은 클라이언트의 욕구충족을 위한 목적을 발전시키는 과정이며, 이러한 목적을 성취하기 위한 서비스를 구체화하는 과정으로 드러난

문제들 가운데 해결할 수 있는 표적문제를 정하고 클라이언트와 함께 모색하는 단계이다(Holt, 2000).

서비스 계획은 사회복지사의 전문적 판단과 실천적 경험에서 수립되며, 욕구사정이 이루어진 후 특정한 서비스의 목표를 정립하게 되면서 이루어진다. 서비스 계획 과정에서 목표를 설정하기 위해 주의해야 할 점을 살펴보면 다음과 같다(한국임상사회사업학회, 2004).

첫째, 목표는 명료하게 세워져야 한다.
둘째, 실현 가능한 목표를 세워야 한다.
셋째, 클라이언트와 목표에 대한 동의가 이루어져야 한다.

서비스 계획에 따른 개입은 다음과 같은 점을 고려하여 이루어진다.
첫째, 노인의 신체적 조건을 고려한다.
둘째, 현재에서 과거에 이르기까지의 노인생활사를 점검해 본다.
셋째, 노인의 현재 심리상태 등을 파악한다.
넷째, 노인이 당면하고 있는 경제적·사회적 조건을 살펴본다.

개입단계는 사회복지사와 클라이언트가 상호 합의하여 결정한 문제해결을 위한 계획을 구체적인 행동으로 실천하는 단계로서 이를 통해 의도하는 변화를 유발하는 단계이다. 즉, 사회복지사의 원조활동이란 바로 개입활동을 의미하는 것으로, 이 단계가 바로 사회복지실천 과정의 핵심적 단계이다(김융일 외, 2000). 개입의 궁극적 목표는 클라이언트의 문제해결이다. 이를 위해 모든 참여자들은 문제와 관련되어 설정된 목표를 달성하기 위해 노력을 해야 한다.

4) 종 결

종결은 사회복지사와 클라이언트의 관계가 끝나게 됨을 의미하며 클라이언트에게 더 이상 서비스가 필요 없게 되었을 때 이루어지게 되는 것으로 클라이언트의 상태가 개선되었음을 의미하지만, 자원의 한계로 클라이언트의 조건을 더 이상 개선시키기 어려울 때도 발생한다. 또한 종결은 사회복지사가 클라이언트와 관계형성이 원만하게 이루어지지 않아 상호 간에 신뢰할 수 없는 경우 나타나기도 한다. 이러한 경우 사회복지사는 클라이언트에게 다른 사회복지사를 연결해 주기도 한다.

종결을 위해 가장 먼저 해야 할 일은 사례에 대한 재사정(reassessment)을 실시하는 것이며 클라이언트의 상황은 시간이 지남에 따라 바뀌기 때문에 서비스 종결을 위한 재사정은 필수적이다. 종결이 일어난 후에도 사회복지사는 다시 클라이언트를 도울 수 있다는 것을 알려야 하며, 클라이언트는 다시 서비스 수혜에 대한 허가를 받을 권리가 있다.

종결단계에서의 사회복지사의 역할은 클라이언트의 진전 정도와 종결 후에 발생할 수 있는 위험요소에 대한 평가를 해야 한다. 즉, 사후조사를 할 것인지를 결정하는 것도 종결단계에서 해야 할 중요한 과업이다. 종결이 발생했을 때 클라이언트의 정신적 분리불안과 우울에 대한 상황 등 미칠 영향을 충분히 고려해야 하며, 종결 후에도 3달, 6달, 1년 정도의 간격으로 서비스가 다시 필요한지에 대한 사후조사를 한다(Holt, 2000).

종결을 위한 전문가적 목표는 클라이언트가 다른 사람의 도움 없이도 살아갈 수 있도록 클라이언트 역량강화라는 것을 깨닫도록 요청한다. 종결의 최종과정은 클라이언트에 대한 모든 서류정리를 완료하는 것이며, 다른 서비스 제공자들에게도 이를 알리는 것이다.

제4절 노인복지실천방법의 모델

1. 위기개입모델

퓨리어(Puryear)는 "위기개입이란 위기에 처한 사람을 돕는 하나의 접근법"이라 정의하였고, 김기태 외(2006)는 "위기개입이란 위기로 인한 불균형 상태를 회복하기 위하여 일정한 원조수단을 개인 · 가족 및 집단 그리고 지역사회 등에 적용하는 과정"이라 정의하고 있다.

따라서 사회복지실천방법으로서 위기개입이란 위기에 처한 사람들에게 각종 원조수단을 동원하여 지원하는 기술과정이라 하겠다. 배우자나 친구, 가족의 죽음으로 인한 주변의 슬픔과 어두운 분위기, 건강악화, 경제적 빈곤, 자녀의 실직, 자녀의 부부이혼에 따른 손자 · 손녀의 양육 등은 노인과 노인가족에게 흔히 있는 위기상황이다. 이러한 위기에 대처하지 않으면 더 큰 문제가 야기될 수 있으므로 노인복지실천방법에 있어서 위기개입모델(crisis intervention model)은 중요한 방법의 하나이다.

2. 체계이론모델

사회체계이론에 기초를 제공하는 베르탈란피(Bertallanffy, 1968)는 체계를 구성하는 요소들의 특성과 이들 간에 상호작용의 속성을 이해하기 위하여 체계이론(system theory)을 개발하였다. 체계이론의 원칙은 매우 복잡한 체계의 관계속성이나 체계 내부에서 이루어지고 있는 상호작용의 특성을 파악하기 위하여 개발되었다. 사회적 현상 간의 상호 관련성에 초점을 두는 체계이론은 사회복지실천의 초점을 변화시켰다. 이는 인간과 상호작용하는 체계의 다면성에 강조를 둔 현대적 사회복지실천모델이론이다.

체계란 부분과 부분 또는 부분과 전체와의 관계 속에서 파악되는 실체로서 서로 연관된 것끼리 각각 기능을 하면서 상호협조적으로 작용하는 것을 말한다. 모든 사회조직을 체계로 묘사하는 것은 사회적 행동, 사건 및 진행과정이 개별적으로 완전히 이해될 수 없으며 서로 연관되어야 비로소 완전히 이해될 수 있다는 것이다. 즉, 모든 구성요소가 하위체계로서 서로 연관되어 각각의 체계는 전체 환경 내에서 발생하는 다른 체계들과 상호연관되어 있다. 노인문제를 노인 자신의 문제로만 해결하려 하면 사회환경적 체계의 문화가 해결되지 않는 한 어려움이 따른다.

3. 과업중심모델

과업중심모델(task-centered model)은 개인 및 가족이 일상생활 중에서 경험하는 문제를 해결할 수 있도록 돕기 위해 계획된 사회복지실천모델의 한 형태이다.

장인협(1996)은 "개인 및 가족이 일상생활 중에서 경험하는 문제들을 해결할 수 있도록 돕기 위해 계획된 사회사업모델의 한 형태이다"라고 정의하고, 도엘(Doel)은 "클라이언트를 도울 수 있도록 조직된 구조틀로서 협력(partnership)과 권한부여(empowerment)의 실천모델 형태이다"라고 정의하고 있다. 여기서 협력이란 클라이언트가 가지고 있는 문제를 사회복지사가 일방적으로 혼자서 해결하기 어렵기 때문에 클라이언트와 사회복지사가 함께 노력해야 한다는 의미이고, 권한부여란 클라이언트가 사회복지사에게 도움을 받지만 서비스 결정이나 목표달성은 클라이언트 자신이 스스로 결정해야 한다는 의미이다. 특히 노인은 사회적 통념위치를 고려해 노인 스스로 서비스 결정이나 목표달성 권한을 부여하면 노인의 자존심을 높일 수 있어 효과적이고 노인과 사회복지사는 상호협력적 동반자 관계를 이룬다(권육상, 2005).

4. 생활모델

생활모델(life model)은 인간이 살아가면서 생활상 직면하게 되는 크고 작은 스트레스, 일상생활 사건의 문제에 초점을 두고 이를 해결하기 위한 개별 사회복지의 주요 접근방법이다. 생태학적 관점은 인간의 욕구와 문제들이 환경적 요소들과 끊임없이 상호교류하면서 발생한다고 보는 견해다. 생활모델은 클라이언트가 생활의 변천, 환경의 압박, 대인관계의 세 가지 생활환경 과정에서 끊임없이 크고 작은 스트레스를 받는다고 보며, 이러한 일상생활 사건의 문제에 초점을 두고 이를 해결하기 위해 접근하는 실천모델이다.

제5절 노인복지실천방법

1. 노인복지실천방법

노인을 대상으로 한 사회복지실천방법을 의미하는 것으로 노인복지실천은 노인과 가족이 직면하고 있는 사회생활의 문제를 해결하거나 극소화시키는 데 목적이 있다. 이러한 목적을 달성하기 위해서는 일반 특성을 먼저 이해하고 이러한 특성을 전제로 하여 노인복지실천방법을 연구한다. 노인복지전문가는 노인 자신과 노인을 둘러싸고 있는 환경, 지역사회 내의 활용 가능한 자원을 파악하고 연결하는 전문가(specialist)가 되어야 한다. 노인복지전문가가 실천방법을 실행하는 주요 업무는 다음과 같다. 첫째, 노인개별상담, 가족상담, 노인전화상담서비스, 둘째, 노인교육, 셋째, 지역사회자원 연결의 결연사업, 넷째, 노인취업알선, 다섯째, 노인가정방문, 말벗, 가정간호, 여섯째, 노인의 일상생활 지원 및 재활훈련 동작, 일곱째, 노인의 여가활동(취미활동, 레크리에이션, 건강체조, 작업치료, 정서적 방법 등) 관리・조정, 여덟째, 노인의 전문적 케어 등이다.

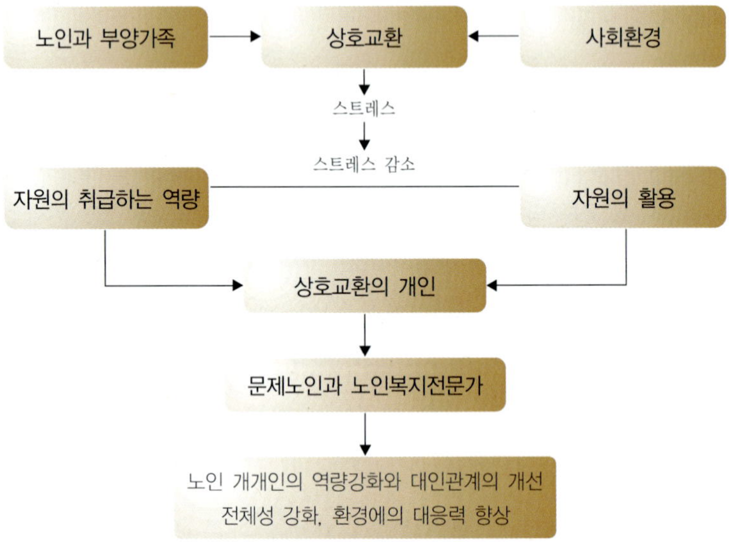

|그림 8-2| 노인복지시설 실천방법의 맥락

출처 : 권중돈(2004).

사회복지사가 노인의 욕구를 더욱 효과적으로 충족시키려면 노인의 행동이나 욕구뿐 아니라 가족, 지역사회, 직장, 사회정책 등 노인을 둘러싼 환경에 대한 지식을 가지고 있어야 한다.

다음의 〈표 8-1〉은 미국의 노인전문 사회복지사를 대상으로 총 820명에게 구체적으로 필요한 지식에 대해 질문과 결과를 응답한 순서대로 정리한 것이다.

〈표 8-1〉 노인전문 사회복지사에게 필요한 지식

항 목
1. 노화에 따른 신체적·심리적·사회적 변화
2. 노화와 정신질환 및 가족의 역할에 대한 다양한 태도
3. 노화와 가족의 역동에 미치는 영향
4. 도움을 받는 것에 대한 노인의 태도
5. 생활의 변화에 대한 적응방식의 다양성
6. 노인과 가족을 위해 사용할 수 있는 자원의 이용 가능성

7. 신체적·사회적 노화를 설명하는 이론적 모델
8. 성별, 인종, 문화, 경제상태, 민족, 성적 오리엔테이션 등에 따른 노화과정의 다양성
9. 노인의 건강과 질병의 예방에 대한 개념
10. 전쟁, 가난 등의 경험이 노인의 가치에 미치는 영향
11. 노년기의 사랑, 친교 및 성
12. 노인정책 및 서비스가 소수집단에 미치는 영향
13. 노인정책 및 서비스가 여성에게 미치는 영향
14. 정책, 법규, 프로그램이 노인복지실천현장에 미치는 영향
15. 노인과 성인장애인에 관한 관리보호정책
16. 건강, 정신건강, 장기요양보호 관련 정책, 법규 및 프로그램
17. 노인과 관련된 기본적인 약리학 및 약물들의 상호작용

출처 : CSWE(2000).

2. 노인상담

1) 노인상담의 이해

상담이란 클라이언트로 하여금 생활해 나가면서 겪게 되는 문제에 보다 효율적으로 대처하게 하는 것이고, 장차 이와 비슷한 문제에 잘 대처하도록 일반적인 능력을 발달시키는 것이다.

노인상담이란 도움을 필요로 하는 노인이 전문적 훈련을 받은 상담자(사회복지사, 케어전문직 등)와의 대면관계를 통하여 개인적·사회적·경제적 및 신체적 문제를 해결하고 감정, 사고, 행동 측면의 인간적 성장을 가져와 의미 있는 노후생활을 영위할 수 있도록 원조하는 과정이라고 할 수 있다.

노인상담이 노인의 삶에 있어서 필요한 이유로 네 가지를 들 수 있다.

첫째, 상담을 통하여 표출되지 못한 그리고 잠재되어 있는 욕구를 의도적으로 표현하게 함으로써 노인이 갖고 있는 문제의 근원을 파악할 수 있고, 이러한 과정은 고립되고 소외된 노인들에게 제1차적 사회관계망 역할을 해준다.

둘째, 노인의 욕구를 사실에 근거하여 정확하게 파악함으로써 노인을 이해할 수 있고, 노인욕구 충족을 위한 가족적 · 사회적 노력을 기울이게 되는데, 이는 상담과정을 통하여 실천될 수 있다.

셋째, 상담을 통하여 문화적 정체감을 느끼는 노인에게 변화하는 사회에 적극적으로 대처할 수 있도록 다양한 정보와 방법을 제공할 수 있다.

넷째, 문제를 가지고 있는 노인과 가족을 상담함으로써 당면하고 있는 욕구를 파악할 수 있고, 적절히 대처할 수 있도록 해줌으로써 정서적 지지를 제공한다는 점이다.

2) 상담의 목적

노인상담이 요구되는 상황과 그에 따른 노인상담의 목적은 노년기 발달과업과의 관계 속에서 살펴볼 수 있는데, 노년기에 이루어야 할 발달과업을 이루지 못할 경우 노인의 개별적 속성 및 가족이 안고 있는 상황에 따라서는 문제가 될 수 있고 노인상담이 요구되는 상황에 이를 수 있다. 노년기 발달과업에 따른 노인상담의 목적을 정리하면 다음과 같다(유성호 외, 2000).

첫째, 사회적 관계망이 구축되지 못하여 적절한 지지와 보호를 받지 못하는 노인에게 필요한 의료적 · 사회적 · 정서적 지원을 효과적으로 동원하고 이용할 수 있도록 원조하는 것이다.

둘째, 노인마다 개별적인 신체적 특성에 따라 다양하게 나타나는 노년기의 건강상의 문제를 해결하여 심신의 기능을 회복하고 건강을 회복할 수 있도록 원조할 수 있다.

셋째, 보호 · 주거에 대한 욕구가 충족되도록 원조함으로써 가정 내 보호를 떠나 시설케어서비스를 받아야 할 경우 심리적 불안감을 제거하여 정서적으로 위축되지 않도록 배려해 줄 수 있다.

넷째, 적극적인 사회참여를 통하여 역할상실에 따른 새로운 역할을 획득할 수 있도록 원조하여 지역사회에 의미 있고 생산적이며 가치 있는 존재로 인식되도록 한다.

다섯째, 가족관계의 갈등을 지양하고 보다 원만하며 원활한 상호작용이 교환될 수 있도록 가족 상호 간에 상호 의존적인 태도를 가질 수 있도록 태도를 변화시킨다.

여섯째, 배우자나 친구 등 중요한 사람들의 상실에 적응하도록 원조하여 사별을 현실로 받아들일 수 있게 하고, 슬픔에서 오는 고통을 경험하고 극복하도록 원조한다.

일곱째, 직업적 은퇴와 소득의 감소와 단절이라는 변화에 적극적으로 대처하여 경제규모에 알맞은 여가를 보낼 수 있도록 한다.

여덟째, 노인이 삶을 주체적으로 영위할 수 있도록 필요한 각종 정보를 제공하고, 노인의 권리가 침해당하지 않도록 하며, 의사결정에 관계된 필요한 대안들을 제공함으로써 자기주장을 적극적으로 할 수 있도록 한다.

3) 상담유형 및 영역

(1) 상담의 유형

〈표 8-2〉 상담의 유형

상담유형	내 용
개인상담	일대일로 만나 이루어지는 상담으로, 클라이언트가 자신의 문제를 가족에게 알리기를 원하지 않거나 가족원이 상담과정에 참여하기 곤란할 때 활용된다.
가족상담	노인가족을 위한 상담으로, '지금/ 여기'의 관점에서 즉각적인 해결계획에 초점을 둔 교육적이고 지지적인 활동이며, 가족상담을 통하여 노인에 대한 가족구성원의 고정관념을 재검토하고 객관적으로 상황을 파악함으로써 가족이 노인을 돌보는 방법을 발견하고 가족적 결합을 굳히는 계기가 될 수 있다.
집단상담	지역사회 및 노인케어시설 등에서 주로 사용할 수 있으며, 15명 내외의 노인들을 대상으로 개별노인들의 관심영역, 대인 및 사회관계, 행동양식의 변화를 가져오려는 집합적인 노력이라 할 수 있다.
전화상담	전화라는 매체를 통하여 신속하고 신뢰에 바탕을 두고서 위기 또는 갈등에 직면한 노인의 문제에 개입하는 상담의 한 유형으로, 노인 자신의 사적인 신분을 노출하지 않고 지원을 요청할 수 있다는 점에서 신뢰성을 구축할 수 있고 상담의 선택권이 노인에게 있다는 점이 특징이다.

(2) 상담의 영역

〈표 8-3〉 노인상담의 주요 영역

상담영역	주요 내용
정서영역 (고독)	• 배우자 상실, 자녀와의 애정적 교류 단절 • 노인의 가족 내 지위 하락, 가치관 및 생활양식 변화에 따른 세대 간 갈등 (예 고부갈등) • 성적 특성의 변화문제 : 우울성향, 완고성, 내향성 및 수동성, 조심성, 친근한 사물이나 사람에 대한 애착 증가, 의존성 증가, 유산을 남기려는 성향 등 • 이성교제 또는 노년기 성생활에 관한 문제 • 정서서비스의 문제
경제영역 (빈곤과 일)	• 은퇴 전후의 재정관리에 관한 문제 • 소득 감소 또는 상실로 인한 생계유지와 경제지원문제 • 사회보장제도의 정보 제공 • 유산배분의 문제 • 경제활동 지원(취업알선, 부업알선 등)
건강영역 (질병과 부양)	• 노년기 건강 유지 및 질병예방에 관한 상담 • 질병치료 및 의료비 지원 상담 • 노인복지시설, 노인전문의료시설에 관한 상담 • 가족부양체계 조성 상담 • 부양가족의 부담경감을 위한 지원 상담
사회참여 영역 (소외와 무위)	• 종교활동, 사회단체 및 비공식모임 참여문제 • 노년기 친구 및 이웃관계 문제 • 가족 내 역할부적응에 관한 문제 • 은퇴 이후의 사회의 관계유지문제 • 법률 및 복지제도에 대한 정보상담

출처 : 권중돈(2000).

(3) 상담의 과정

노인 클라이언트는 상담과정에 있어서 자발적이어야 한다. 사회복지사는 상담자의 역할을 효과적으로 수행할 수 있는 적절한 훈련, 경험, 인성적 태도 등을 소유하고 있어야 한다. 비밀보장, 심사숙고하는 태도, 합리적인 정보자료의 이용 등 적절한 환경이 보장되어야 한다. 상담은 직접적이고 장기적인 욕구를 직면할 수 있는 관계를 제공해야 한다.

① 사정단계

필요한 정보를 수집하고, 노인이 당면한 상황 및 문제에 대한 전체적인 윤곽을 잡고 문제를 해결하기 위한 계획을 수립하게 된다.

이 단계에서 고려해야 할 사항으로 네 가지를 들 수 있다.

첫째, 노인의 문제를 정확하게 규명하여 해결해야 할 문제를 정의해야 한다.

둘째, 사정과정에서 노인의 장·단점을 파악하여 노인의 강점을 강화하여 노인 스스로 자신감을 갖도록 격려한다.

셋째, 다양한 노인의 문제를 사정하여 개별적 문제 사이의 연관관계를 조사하여 이들이 미치는 영향의 정도를 파악한다.

넷째, 사회복지사와 노인 사이에 효과적인 상담을 통하여 공동으로 해결해야 할 목적과 목표를 설정한다.

이러한 과정을 통해 노인은 지지와 격려를 받아 자신의 문제라는 사실을 파악하고 문제해결을 위한 자신의 잠재능력을 표출시켜 발휘하게 된다.

② 개입단계

개입단계는 계획한 활동을 실제 행동으로 옮기는 단계이다. 개입방법을 선택하는 데 있어서 유용한 지침을 다섯 가지로 구분할 수 있다.

첫째, 노인의 능력보다 주위 가족의 기대치가 높도록 한다.

둘째, 목표에 도달하기 위해서는 조급해하기보다는 상황의 변화에 맞게 단계별로 개입해야 한다.

셋째, 개입방법을 선택할 경우 클라이언트가 가치관과 의식을 존중하여 개입방법을 선택해야 한다.

넷째, 클라이언트의 상황에 따라 방어기제를 다룬다.

다섯째, 체계적 관점에서 노인과 그 가족에게 적절한 수준에서 개입한다.

③ 종결단계

치료과정에 있어서 필수적인 부분이고 적절하게 이해되고 다루어진다면 노인의 변화를 야기시키는 중요한 요인이 될 수 있다.

효과적인 상담종결을 위해서 세 가지의 사항들이 다루어져야 한다.

첫째, 노인의 준비상태를 평가하고, 상담을 통해 얻은 학습을 강화시킨다.

둘째, 남아 있는 정서적 문제를 해결하고, 사회복지사와 노인 간의 관계를 적절하게 끝맺는다.

셋째, 학습의 전이를 극대화하고 노인의 자기신뢰 및 상담이 끝난 후에도 변화를 유지할 수 있도록 자신감을 증가시킨다.

(4) 노인상담 활성화 과제

① 노인상담에 대한 적극적인 홍보

노인상담에 대한 사회 전체의 인식을 제고하여 노인 스스로 상담을 요청할 수 있는 분위기를 조성한다. 노인세대를 대상으로 상담에 대한 적극적인 홍보와 정보제공이 필요하다.

② 구체적이고 현실적인 유용성 제고

구체적이고 현실적인 유용성이 있어야 한다. 심리・정서적 문제뿐 아니라 경제적 빈곤, 역할상실 등 구체적인 생활문제에 대처할 수 있도록 도움이 되어야 한다.

많은 노인들이 정보부족 등으로 지역사회에서 제공되는 서비스에 참여하지 못하고 있으므로, 실질적이고 현실적인 정보를 모아 이것을 활용할 수 있도록 도와준다.

③ 노인상담 전문인력의 양성

전문적인 노인상담자를 훈련하고 체계적인 상담과 원조서비스 훈련을 제도적으로 제공함으로써 상담의 질을 향상시킬 필요가 있다. 앞으로 노인문제를 전담하는 훈련된 상담자를 적극적으로 고용하여 활용해야 하겠다.

④ 지역사회 복지체계와의 연계 강화

노인에게 필요한 서비스를 적절히 제공하기 위해 우선 지역사회 내 노인상담기관의 양적 확대가 선행되어야 한다. 노인상담도 예방적 목적을 강조하여 지역사회 노인교육기관이나 복지기관들을 통해 노인집단 상담 프로그램 등을 개발하고 평생교육 차원의 예방상담 프로그램을 활성화한다.

⑤ 한국 상황에 적합한 상담이론 및 기술개발

우리나라 노인의 실정과 정서에 적합하도록 적용될 수 있는 상담이론과 기술을 개발하고 연구할 필요가 있다. 앞으로 정보화시대가 가속화됨에 따라 노인세대가 컴퓨터를 이용한 사이버 상담을 활용할 수 있는 시기도 멀지 않았기 때문에 이에 대한 적절한 대처방안도 요구된다.

CHAPTER

09 노인의 사례관리란 무엇인가?

Social Work With the Elderly

제1절 사례관리의 개념 및 목적

1. 사례관리의 개념

사례관리(case management)는 사람을 돕는 방법의 하나로서 미국의 대인서비스 기관에 가장 널리 보급되어 있는 서비스 전달방식이며, 가장 급속히 성장하고 있는 사회복지의 한 분야이다. 그러나 아직도 사례관리의 개념에 대한 명료성이 부족하여 사례관리를 담당하고 있는 사회복지사, 정신의학자, 심리학자, 간호사 및 다른 전문가들에 따라 상당히 다양하게 정의되고 있으며 보호관리, 보호조정, 사례조정, 보호조정, 연속조정, 서비스 통합, 서비스 조정 등의 다양한 용어로 사용되고 있다(이근홍, 1999). 쿠마(Kumar, 2000)는 사례관리는 사정, 계획, 조정, 전달과 모니터링을 통하고 적절하고 책임성 있는 서비스로의 접근성을 용이하게 함으로써 클라이언트 중심의 서비스 통합을 달성하기 위한 과정이며 전문적 서비스라 하였다. 한국사회복지사협의회가 발간한 사회복지사전에 의한 사례관리에 관한 개념은 "복합적인 원인으로 요보호의 상태에 있는 클라이언트에게 다양한 지역사회 자원을 연결시켜 관리하는 원조대책으로서 정신장애인, 치매성 노인 등이 가지고 있는 여러 가지 욕구에 대해 조기에 적절하게 대응하는 지역보호체계"라고 설명하고 있다. 결국 사례관리기법은 다양한 욕구를 가지고 있는 클라이언트에 대해 그 욕구에 맞는 개별적인 원조계획을 통해 여러 가지 자원을 연결, 동원하여 적절한 서비스를 제공함으로써 클라이언트의 기능 회복 및 복지증진을 도모하는 서비스 전달체계를 말한다. 노인을 대상으로 한 사례관리란 한 사람의 사례관리자가 노인의 복합적 욕구와 지역사회의 서비스 자원을 연결시켜 노인이 사회생활상의 어려움을 극복할 수 있도록 적절한 서비스를 제공받는 데 책임지는 것을 말한다(Johnson & Rubin, 1983).

사례관리의 일반적인 정의들은 변화의 표적이 되는 개인과 환경의 문제를 동시에 중시하며, 사례관리자는 개입 시 개인과 환경 간의 균형을 맞추는 일을 사례관리의 목표로 삼아왔다. 사례관리에 대한 여러 학자의 개념을 살펴보겠다.

① **오스틴**(Austin, 1987) : 클라이언트에게 다양한 서비스를 전달하는 데 목적을 둔 일련의 연속적으로 관련된 직무들로 구성되어 있는 체계적인 문제해결 과정이다.

② **오코너**(O'Connor, 1988) : 클라이언트의 욕구에 맞는 서비스의 제공을 위하여 지역자원을 효과적으로 조직하고 조정하는 행정적·관리적 특성과 개별사회사업에서 진보된 실천방법으로 전문적 관계 속에서 지속적 보호와 상담 및 치료를 제공하는 직접적 개입의 특성을 지닌 것이다.

③ **목슬레이**(Moxley, 1989) : 사례관리란 대인서비스 실천의 다양한 분야에서 복합적인 욕구를 가진 클라이언트를 대상으로 사례관리자(case manager)가 그들의 욕구를 사정하며, 적절한 서비스, 기회 또는 급여를 확인하고, 포괄적인 서비스계획을 개발하며, 클라이언트의 서비스에 대한 접근과 이용을 위한 옹호를 제공하고, 적절하고 효과적인 서비스의 전달을 점검하거나 평가하는 것 등을 통하여 클라이언트의 욕구를 충족시킬 수 있도록 원조하는 것이다.

④ **발리와 밍크**(Ballew & Mink, 1986) : 사례관리를 동시다발적이고 복합적인 문제들을 가졌지만 도움을 얻지 못하거나 효과적으로 도움을 받지 못하고 있는 사람들을 돕는 서비스로 정의하고 있다.

이처럼 사례관리에 관한 정의들이 다양할지라도, 실천방법이나 내용 등 그 범위는 전통적인 사회복지실천의 모든 측면을 통합한 것으로서, 다양하고 복합적인 욕구를 가진 클라이언트를 대상으로 그들의 욕구를 충족시키고 사회적 기능을 향상시키기 위하여 고안된 사회복지실천의 새로운 접근방법이다.

2. 사례관리의 목적

사례관리의 목적은 클라이언트 개인의 능력과 자원들 간의 균형을 유지할 수 있도록 하는 데 있다. 다시 말해, 사례관리의 목적은 클라이언트의 다양하고 복합적인 욕구를 충족시키고 사회적 기능과 자립을 극대화하려는 노력과 관련되어 있다. 이 목적을 달성하기 위해서는 클라이언트가 그의 욕구를 충족시킬 수 있는 환경적으로 적합한 상황을 마련해 주는 것을 기본 원칙으로 한다. 사례관리의 목적은 서비스 전반에 걸쳐 오랜 시간 동안 적절한 보호와 관리가 지속될 수 있도록 하는 것이다. 사례관리의 목적을 달성하기 위해서 사례관리자는 옹호자, 중개자, 진단자, 계획자, 지역사회 사회복지사, 평가자, 자문가, 치료자와 같은 다양한 역할과 기술을 요구하는 실천가들의 기능을 수행할 수 있어야 한다(Weil, 1985).

사례관리란 사례관리자와 클라이언트 사이의 관계에 기초한 대인관계 과정으로, 사례관리자는 클라이언트와의 상호관계에서 개발된 보호계획을 통하여 장기원조의 욕구와 지원망에 관한 것들의 기능적인 능력을 향상시키거나 극대화시키며, 연속적인 보호를 수반한 일련의 효과적인 서비스 전달을 촉진하고 보장한다.

서비스 전달이라는 측면에서 사례관리의 목적을 구체적으로 정리하면 다음과 같다(김성천 외, 2000).

① **보호의 연속성** : 어떤 일정한 장소나 기간 내에서 지속적으로 서비스를 제공하는 보호의 연속성을 보장하는 것을 말한다.

② **서비스 전달의 비용-효과성 증진** : 제공자들의 능력을 개발하고 서비스의 중복을 방지하며, 가능한 한 가장 효율적인 방법으로 서비스와 지원이 전달될 수 있도록 함으로써 효과성을 증진시킨다.

③ **서비스에 대한 접근성과 책임성의 증진** : 서비스 이용자들의 적격성, 기준, 규정, 정책, 절차 등과 관련된 서비스 접근의 장애물을 극복함으로써 개인이 필요한 서비스에 쉽게 접근할 수 있도록 원조하고 서비스 제공기관의 사회적 책임성을 강화한다.

④ **가족과 일차집단의 보호능력 향상** : 가족뿐만 아니라 이웃, 친지, 친구 등 일차집단의 보호능력을 강화한다.

⑤ **클라이언트의 사회적 기능 향상** : 환경을 이용할 수 있는 각 개인의 잠재능력을 개발하고 활용을 극대화하며 클라이언트의 욕구의 스펙트럼에 따른 자원을 체계적으로 연결함으로써 사회적 기능을 향상시킨다.

이와 같은 목적들의 기초가 되는 중심가치는 클라이언트의 자기결정이다. 이 가치는 환경의 영향을 최소화시키도록 노력하며, 또한 개인들과 일차적 집단들의 중요성을 최우선으로 한다. 개인들과 일차적인 집단들이 가능한 한 많이 활동을 수행할 때 공적 서비스들의 보호기능이 비공식적 체계들의 활동들과 경쟁하기보다는 오히려 보완하는 방식들로 통합될 수 있다(Moore, 1990). 사례관리의 목적은 클라이언트의 다양하고 복합적인 욕구를 충족시키고, 사회적 기능과 독립을 극대화하려는 노력과 관련되어 있다. 클라이언트가 직면한 장애를 극복하기 위해서 직접적 서비스를 충분히 제공하고, 클라이언트를 자원과 연결시키며, 간접적인 서비스들을 충분히 제공함으로써 클라이언트가 사례관리자의 도움 없이도 자원들과의 연결을 유지할 수 있도록 하는 것이다.

제2절 사례관리의 특성

사례관리는 사회사업방법과 현존하는 다른 실천분야와는 달리 만성적인 의존과 장애를 가진 클라이언트에게 장기적으로 보호의 연속성을 보장할 수 있으며, 다양하고 복합적인 욕구를 가진 클라이언트에게 단편적인 접근보다는 통합적인 접근을 통하여 효과적으로 서비스를 제공할 수 있다는 특성을 지니고 있다.

또한 사례관리는 클라이언트에 대한 접근에서도 아웃리치(outreach), 안내와 의뢰(information and referral) 등과 같은 적극적인 방식을 채택하고 있으며, 클라이언트와 서비스를 연결시킨 이후에도 서비스의 조정, 점검, 옹호 등을 실시한다. 그리고 이것은 개별적인 실천기술과 지역사회 실천기술을 통합한 형태를 취하고 있다.

사례관리의 특성을 열거하면 다음과 같다(이근홍, 1999; 장인협 외, 2003).

첫째, 지역사회에 기반한 서비스 및 지지를 제공하는 체계적인 지원방법이다.

둘째, 각종 사회자원의 동원과 원조관계망의 효율적인 연계와 조정에 관심을 두는 활동이다.

셋째, 클라이언트의 사회적 기능과 독립을 극대화하기 위해서 보호의 연속성과 책임성을 보호하는 활동이다.

넷째, 서비스의 효과성과 효율성을 높이기 위해 포괄적인 서비스를 제공하는 서비스의 조정과 점검하는 활동이다.

다섯째, 연속적인 기능들을 시간 순서적으로 수행하는 문제해결 과정이다.

여섯째, 클라이언트 욕구를 개별화하며, 개입과정에서 클라이언트의 참여와 자기결정을 촉진하는 활동이다.

일곱째, 개별적인 실천기술과 지역사회 실천기술을 통합한 형태로, 사례관리자가 비록 다른 사회사업실천 분야와 전혀 다른 특성을 가지고 있을지라도 개입과정에서 전통적인 사회사업의 가치, 지식 및 기술의 많은 부분이 공통적으로 활용된다.

사례관리는 클라이언트의 욕구를 초점에 두고, 기관의 목적보다는 클라이언트의 목적에 기반을 둔다. 또한 계획된 프로그램에 기반을 두기보다는 개별화된 서비스 계획에 기반을 둔 실천활동이라고 할 수 있다.

제3절 사례관리의 역할과 기능

1. 사례관리의 역할

사례관리자의 역할은 간단한 정보제공과 의뢰작업, 더 나아가서 매우 복잡한 직접적인 개입과 옹호전략에 대한 활동들까지를 모두 망라하는 것처럼 보인다. 그러나 사례관리자는 사례관리와 관련된 서비스 제공자로서의 역할과 함께 자신의 활동내용을 조정할 수 있어야 한다.

사례관리자는 사례관리 과정에서 다양한 역할을 수행하게 된다. 대개의 사례관리자는 클라이언트에게 서비스의 제공과 관련된 유용한 정보를 제공하며, 서비스 기관들과의 협상에 관여하기도 하고, 서비스의 제공과 관련된 기록을 보존하기도 하며, 서비스의 접근과 전달이 용이하도록 클라이언트를 상담하고 옹호한다. 사례관리자가 이러한 역할을 모두 수행하는 경우도 있지만, 전문화된 사례관리자는 이들 중 일부분만을 수행하는 경우도 있다. 사례관리자가 사례관리 과정에서 그의 역할을 명확하게 확립한다는 것은 사례관리서비스의 효과성과 효율성을 달성하는 데 크게 기여할 수 있다.

사례관리자가 '어떤 역할을 하는가' 하는 것은 클라이언트의 욕구가 무엇인가와 가장 관련이 있다. 사례관리자는 클라이언트의 포괄적인 욕구를 알고, 이를 적절한 서비스와 연결시켜서 이러한 서비스가 효율적으로 제공될 수 있도록 해야 한다.

사례관리자의 역할을 15가지로 구분하여 살펴보면 다음과 같다(Cesta, Tahan, & Fink, 1998).

① **사정자로서 사례관리자의 역할** : 클라이언트의 약점, 역기능, 질병, 결함, 증상 등과 같은 부정적인 요소보다는 강점, 능력, 성장과 발전의 가능성, 건전한 기능, 자원, 잠재력 등의 긍정적인 요소에 중점을 두고 그들의 욕구를 수집하고 분석하며 종합한다.

② **계획자로서 사례관리자의 역할** : 클라이언트의 욕구를 충족시키기 위한 사례계획, 치료, 서비스 통합, 기관의 협력 및 서비스망을 설계한다.

③ **상담자로서 사례관리자의 역할** : 클라이언트에 대한 이해를 발전시키고 클라이언트가 스스로 지지망과 같은 자원을 개발하고 유지하는 방법을 알 필요가 있다는 사실을 가르치는 것이다. 때때로 클라이언트는 새로운 지식이나 기술이 필요하기도 하고 때로는 그들 자신에 대해서 새로운 것을 학습할 필요가 있다.

④ **중개자로서의 사례관리자의 역할** : 클라이언트가 필요로 하는 자원을 소정의 사회기관으로부터 제공받지 못하거나 지식이나 능력이 부족하여 다른 유용한 자원을 활용하지 못할 경우에 사례관리자가 다른 유

용한 자원과 클라이언트를 연결시키는 중개자의 역할을 수행한다.

⑤ **조정자로서 사례관리자의 역할** : 개인이나 그의 가족에게 직접 서비스를 제공하지는 않으며 주로 서비스 전달상황을 파악하고 조정한다. 서비스 세팅에 따라 사례관리자는 서비스를 정리하는 권한을 가질 수 있고, 직접적으로 어떤 서비스를 통제할 수도 있다.

⑥ **평가자로서 사례관리자의 역할** : 프로그램의 효과성, 효율성 및 비용효과성을 검토하기 위하여 사례관리 과정 전반에 관한 정보와 자료를 수집하고 분석하는 것이다. 평가에서 사례관리자는 개별 클라이언트, 담당사례, 서비스 계획, 서비스 전달체계, 서비스 활동 및 지원체계의 효과성을 분석한다.

⑦ **옹호자로서 사례관리자의 역할** : 스스로 자신을 대변하고 옹호할 수 있는 능력이 부족한 클라이언트가 가장 필요로 하는 서비스에 접근하고, 이것을 효과적으로 활용하며, 서비스가 적절하게 클라이언트에게 제공될 수 있도록 보장하기 위하여 클라이언트 또는 클라이언트 집단을 대변하거나, 지지하거나, 권고하거나, 방어하거나, 대신하거나 또는 서비스 제공과정에 개입하는 활동을 수행하는 사람이다. 대부분의 클라이언트들은 스스로 자신을 대변하고 옹호할 수 있는 능력이 부족하기 때문에 사례관리자로서 옹호자의 역할이 필요하다.

⑧ **임상전문가** : 사례관리자는 임상경험과 지식이 풍부하고 임상실천에서 우수한 역할을 수행하게 된다. 그들은 환자케어와 치료에서 다른 직원에게 역할모델이 되기도 하며, 환자와 가족욕구의 사정에서 임상적 유능함을 보여주게 된다.

⑨ **자문가** : 사례관리자는 기관운영 및 제도, 정책과 절차 그리고 케어실천에 대한 지식과 경험이 풍부하기 때문에 의사, 간호사, 그리고 다른 사례관리자들과 다학제적 팀원들에게 자문을 한다. 또한 다학제적 팀원들이 어려움에 처할 때 자문을 통하여 임상과 행정적 문제를 해결

하는 데 도움을 주고 때로는 외부기관의 전화자문에도 임한다.

⑩ **교육자** : 사례관리자는 환자와 가족을 교육하여 그들의 보건의료에 대한 욕구가 입원기간의 정해진 시간 내에 충족될 수 있도록 기능한다. 그들이 직접 환자를 교육하거나 간호사나 다른 팀원이 교육을 수행하는 방식도 지도감독을 한다. 따라서 사례관리자는 사례관리와 관련된 보수교육을 실시하여 환자와 가족에 대한 교육 자료를 개발하고 환자 교육계획과 운영에도 참여한다.

⑪ **성과와 질 관리자** : 사례관리자는 환자케어의 질과 성과를 점검하는 중요한 역할을 한다. 성과와 질 관리는 사례관리 질의 향상과 연결되는 것이기 때문에 중요한 평가과정이기도 하다. 또한 해당 환자와 케어 제공기관이 가졌던 케어 목표가 어느 정도 달성되었는지를 사정하기 때문에 중요하다. 따라서 사례관리자는 필요로 할 경우 다학제적 보건의료팀원들과 환자케어의 성과에 대한 논의를 하게 된다.

⑫ **조사 및 연구자** : 사례관리자는 사례관리 전 과정에서 정보를 수립 및 분석하는 역할을 수행한다. 이 역할에서 사례관리자는 해당 기관의 연구위원회 실행위원으로 참여하여 보조금 및 연구비를 얻기 위한 제안서를 작성하고 연구 자료를 수집하며 환자케어활동을 조사하고 평가하는 기능을 한다.

⑬ **위험 관리자** : 사례관리자는 환자케어활동에 가까이 위치하고 있거나 관여하기 때문에 법적 위험이 고려되는 환자케어에 대한 문제를 규명하는 중요한 위치에 있다. 환자의 인권과 권리가 확장되고 강조되면 사례관리자의 위험관리자로서의 기능은 더욱 중요해진다.

⑭ **전인적 케어제공자** : 사례관리자는 환자를 전인적 체계로 이해하고 케어를 제공한다. 그들은 환자가 병원에 입원하게 된 주 호소문제와 질환에 상관없이 어떤 실재 혹은 잠재적 보건문제를 가지고 있는지에 대하여 환자와 가족을 사정한다. 그들은 환자상태에 대한 평가과정을

통하여 신체적, 심리적, 그리고 정신적 욕구를 확인하고 이들 욕구를 다학제적 케어계획에 확실히 포함시킨다.

⑮ **변화매개자** : 사례관리자는 환자나 서비스 제공기관의 변화를 매개하는 기능을 한다. 그들은 새로운 사례관리모델을 실천하는 동안에 기관이 필요로 하는 가장 중요한 변화매개자로서의 역할을 한다. 사례관리자는 사례관리가 변화되는 과정에서나 변화된 이후에 모든 직원에게 사례관리에서의 풍부한 지식을 바탕으로 역할모델과 전문가로서 기능을 한다.

2. 사례관리의 기능

사례관리의 기능은 서로 달라질 수 있으나 모든 사례관리모형이 공통적으로 지니고 있는 핵심 기능은 클라이언트와 서비스의 연결, 비공식보호체계와 클라이언트 간의 상호작용 촉진, 사례관리기관 간의 조정, 상담, 문제해결, 옹호이다(Ronbinson, 2000). 사례관리의 기능은 다음과 같다.

첫째, 클라이언트와 필요한 서비스의 연결기능이다. 사례관리자는 클라이언트에게 유용한 자원이 무엇인가를 인식하고 클라이언트와 서비스의 효과적인 연결을 위해서 클라이언트를 옹호해야 한다. 사례관리자는 공식적 기제와 비공식적 기제를 동시에 활용하여 클라이언트와 서비스의 효과적인 연결을 위해서 노력할 수 있어야 한다.

둘째, 비공식 보호체계와 클라이언트 간의 상호작용의 촉진기능이다. 이 기능은 비공식 지원체계를 통하여 클라이언트는 경제적 · 사회적 안정, 신체적 · 정신적인 건강, 정서적 지지, 안내, 지역사회 생활의 향상 등에서 결정적인 도움을 받고 있다. 클라이언트를 돕는 비공식 지원체계는 가족, 친척, 친구, 이웃, 자원봉사자, 종교단체, 자조집단 등을 말한다. 클라이언트가 접하는 비공식적 체계는 다른 체계보다 훨씬 더 클라이언트에게 실질적인 지원을 제공할 수 있다.

셋째, 사례관리기관 상호 간의 조정기능이다. 기관 상호 간의 조정은 공식적인 정책이나 비공식적인 기관 상호 간의 협정을 통해 기관들 사이의 연계를 촉진함으로써 사례관리의 효과성을 높이는 기능이다. 기관 상호 간의 협정은 서비스의 유형, 클라이언트의 수, 재정적인 여건 등과 밀접하게 관련되어 있으며, 프로그램이 진행되기 전이나 진행 중에도 언제든지 이루어질 수 있다.

넷째, 상담기능으로서 상담은 사례관리 과정에서 클라이언트에게 유용한 서비스에 접근할 수 있도록 필요한 정보를 제공하며, 그들 자신의 욕구와 문제에 대한 이해를 증진시키고, 가족에게 그들에 대한 이해를 촉구하며, 서비스 제공기관과의 접촉을 향상시키는 기능을 수행한다.

다섯째, 문제해결기능으로서 문제해결은 사례관리 과정에서 클라이언트에게 발생할 수 있는 클라이언트의 개인의 성격상의 문제, 위기상황 또는 실직, 부부갈등과 같은 일상생활의 문제 등을 잘 극복할 수 있도록 하는 기능이다. 클라이언트의 문제해결을 위해서 격려, 지지, 안도감 등을 제공하며 자신의 문제를 해결하려는 동기를 부여하며, 문제해결에 필요한 기회와 자원에 접근할 수 있도록 돕는다. 그뿐만 아니라 사례관리자는 클라이언트의 문제에 대한 지각능력 및 대처능력을 극대화할 수 있도록 돕는다.

여섯째, 옹호기능이다. 옹호는 클라이언트와 클라이언트 집단의 사회적 기능을 향상시키기 위해서 그들의 무기력과 무능력을 제거하는 것이며, 명확한 욕구를 가지고 있는 개인 또는 집단에게 힘과 자원을 적절하게 분배하려는 목적을 둔 활동을 포함한다. 옹호는 자원획득이 불리한 조건에 처한 클라이언트가 서비스 또는 자원을 획득할 수 있도록 하거나, 클라이언트에게 불리하게 작용하는 현재의 정책, 절차 또는 관례를 수정하기 위해서나 또는 필요한 자원 또는 서비스를 제공할 수 있도록 하는 새로운 입법 또는 정책을 조장하기 위해서 클라이언트와 함께 또는 클라이언트를 위해서 일하는 과정이다.

제4절 사례관리의 구성

1. 사례관리의 구성요소

사례관리의 구성요소는 네 가지, 즉 클라이언트, 사례관리자, 사회자원체계 및 과정으로 구성된다.

1) 클라이언트

복합적인 문제와 욕구를 가지고 있으면서 이를 스스로 충족시키거나 해결하지 못하는 원조를 필요로 하는 대상자를 말하고, 이들은 대개 지역사회 내에서 그들이 필요로 하는 사회자원체계의 존재를 알지 못하거나, 사회자원체계와의 접근을 어려워하거나 이용방법을 모르는 사람들을 말한다.

2) 사례관리자

노인대상 사례관리자는 노인이 가지는 노화로 인한 심리사회적 특성과 욕구, 자원에 대한 가치, 지식, 기술을 갖추고 있을 뿐 아니라, 사례관리에 관한 전문적 가치, 지식, 기술을 소유하고 클라이언트와 사회자원체계에 대한 연계, 통합, 조정, 관계유지를 행함으로써 포괄적인 서비스를 제공하고 보호의 연속성을 보장하여 클라이언트로 하여금 복합적인 욕구를 충족시키고 사회적 기능을 향상할 수 있도록 하는 전문가이다.

노인대상 사례관리팀은 의사, 간호사, 사회복지사, 임상심리사, 재활치료사, 요양보호사, 간병인, 자원봉사자, 가족, 종교단체 구성원 등 다양한 분야의 전문가와 비전문가로 구성될 수 있으며, 사례관리자는 핵심 관리자로서 사례관리팀의 서비스와 활동을 조정 및 통제한다. 사례관리자는 서비스가 이루어지는 주 활동영역에 따라 달리 정해지는데, 서비스의 주요 영역이 보건 의료인 경우 사례관리자는 의사 혹은 간호사가 되고, 여타의 사회복지서비스가 중심일 경우 사회복지사가 사례관리자의 역할을 담당하게 된다. 한 사람의 사례관리자는 대개 20~30명의 클라이언트를 담당하지만, 치매노인 등의 중증질환을 가진 노인인 경우 10명의 클라이언트를 넘어서기 어렵다(임재옥 외, 2017).

3) 사례관리기관

사례관리자가 클라이언트 수준에서 서비스를 조정하고 통합하는 역할을 수행하는 사람이라면, 체계 및 조직 수준에서의 서비스 조정과 연계를 책임지는 주체는 사례관리기관이다. 탈시설화 이후 지역사회 기반 서비스 전달에 다양한 기관들이 참여함에 따라 이들 서비스 공급 기관들을 조정, 관리할 핵심 기관의 필요성이 대두되었다. 서비스의 통합 조정을 효율적으로 달성하기 위해 사례관리 기관은 한 지역사회 내에 하나의 기관으로 존재하는 것이 일반적이다. 그래서 사례관리 기관은 일명 그 지역사회 내에서 핵심 기관으로 지칭된다(장인협 · 우국희, 2001).

4) 사회자원체계

클라이언트의 문제와 욕구를 해결하기 위해 동원할 필요가 있는 자원체계를 말한다. 사회자원의 영역에는 가족, 친척, 이웃, 친구, 동료, 자원봉사자, 지역의 단체, 조직, 법인, 행정기관, 영리기관, 본인 자신 등이 있다. 이들은 비조직적이고 자발적이며 상호부조적인 특성을 지니는 비공식자원체계와 공식적인 기구를 통하여 자원이 제공되는 공식자원체계로 나눌 수 있다. 이러한 여러 가지 공급주체에 따른 사회자원을 대상자가 활용하고, 각 사회자원이 가지고 있는 장점을 살려서 욕구를 충족시키는 것이 사례관리의 특징이라 할 수 있다.

5) 과 정

사례관리는 클라이언트의 욕구와 문제를 해결하기 위해 클라이언트와 사회자원을 연결하고 조정해야 하기 때문에 여기에는 반드시 과정이 필요하게 된다. 그 과정은 접수, 사정, 기획, 자원조직화, 조정, 점검, 평가 등으로 나누어 볼 수 있다. 이를 바탕으로 한 사례관리의 구성요소와 상호작용은 |그림 9-1|과 같다.

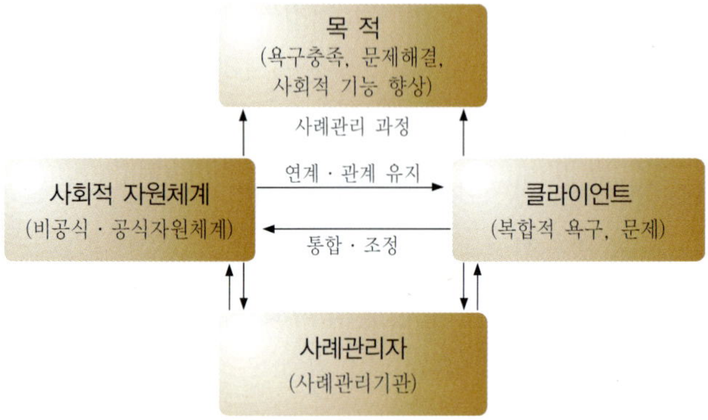

|그림 9-1| 사례관리의 구성요소와 상호작용

2. 사례관리의 과정

사례관리는 사례관리자가 클라이언트의 복합적인 욕구를 충족시키고 사회적 기능을 향상시키기 위해서 클라이언트와 접촉하고, 그들의 욕구를 사정하며, 서비스 계획을 수립하고, 그들과 사회자원을 연결시키고 조정하며, 서비스를 점검하고 평가하는 일련의 경과적 과업을 수행하는 것이기 때문에 여기에는 반드시 과정이 필요하다. 사례관리 과정은 클라이언트의 특성이나 기관의 기능에 따라 다르게 나타날 수 있으며, 학자들에 따라 단계를 구분하는 방식에 있어 다양하게 논의되고 있다.

〈표 9-1〉 사례관리의 과정

학자명	사례관리 과정
Steinberg & Carter(1983)	가입→서비스 기획을 위한 사정→목표설정과 서비스 기획→서비스 계획의 수행→재사정과 종결
Weil & Karls(1985)	클라이언트 확인과 출장원조→개별적인 사정과 진단→서비스 기획과 자원 확인→서비스 연결→서비스 실행과 조정→서비스 전달의 점검→옹호→평가
White & Goldis(1992)	사례발견→사정→서비스 기획→계획수행→사후검토→재사정
Moxley(1989)	사정→서비스 계획→실행→점검→검토 또는 평가
Rothman(1991)	기관접촉→접수→사정→목표수립→개입계획 또는 자원분류→클라이언트와의 연결→점검 및 재사정→평가와 종결
이근홍(1996)	접수→사정→기획→조정→점검→평가

출처 : 이종복 외(2007).

여러 학자들의 분류를 비교하면 서로 약간의 차이는 있으나 유사점이 많다. 사례관리는 일직선상의 과정이라기보다는 순환적인 시간 연속선상의 과정 속에서 이루어진다.

학자들에 의한 사례관리 과정이 정리되어 있지만 로스만(Rothman)에 의한 사례관리의 과정을 살펴보면 1) 기관접촉, 2) 접수, 3) 사정, 4) 목표수립, 5) 개입계획 및 자원분류, 6) 클라이언트와 연결, 7) 점검 및 재사정, 8) 평가와 종결로 나누어 설명하였으며 로스만(Rothman)이 제시한 각 과정(Rothman, J., 1991, 김성천 외, 2000 재인용)을 재구성해서 제시하면 다음과 같다.

1) 기관접촉

기관접촉은 사례를 발견하는 단계를 말하는데, 클라이언트는 타 기관이나 가족, 지역사회 조직, 교회, 경찰, 학교, 동사무소 등으로부터 의뢰과정을 거쳐 기관에 접촉을 하거나 내담자 스스로 기관을 찾아오는 기관방문 또는 사례관리자가 기관 밖으로 클라이언트를 찾아 나가는 현장접근방식(outreach)에 의해서 기관과 접촉을 하게 된다. 가장 빈번한 기관접촉방법은 외부로부터의 의뢰에 의한 방법이지만, 사례관리가 필요한 클라이언트들은 기관에 접촉할 수 있는 정보와 기회가 제한되는 경향이 강하다. 따라서 적극적인 홍보와 현장접근방식에 의해 기관접촉 가능성을 높여야 하며, 통·반장, 이웃주민 등과 같은 사적인 자원망을 활용하는 것이 바람직하다.

2) 접수(자료수집)

접수는 클라이언트의 문제와 욕구, 그리고 클라이언트가 처한 상황을 밝혀내는 것을 말한다. 접수단계는 다양한 차원의 정보를 수집하는 과정이며, 서비스를 받을 자격을 심사하고 클라이언트에게 제공되는 서비스의 내용과 한계에 관한 정보가 제공된다. 또한 내담자의 신상정보, 가족사항, 심리적·신체적·환경적·경제적 영역 등 다양한 영역에 걸쳐 풍부한 자료를 수집할 수 있어야 한다.

3) 사 정

사정단계는 좀 더 철저하게 문제를 확인하기 위해 클라이언트의 사회·심리적, 신체적 기능수행 정도를 자세히 파악한다. 클라이언트의 가족과 클라이언트가 이전에 이용하던 기관과 같은 외부 정보제공자도 활용할 수 있다. 사정의 내용은 대상이 되는 클라이언트의 특성에 따라 매우 달라진다. 보편적으로 사정에 포함되는 내용을 보면, 현재의 문제상황, 신체적·정신적인 건강상황, 일상생활 동작능력, 심리·사회적 기능, 경제상황, 클라이언트의 사기, 주거상황, 클라이언트의 자조능력, 프로그램에 대한 적극성, 현재 이용하고 있는 서비스나 자원 등의 내용이 사정내용에 포함된다. 사정의 내용에 포함되는 중요한 요소는 클라이언트의 강점 및 자원에 대한 사정이다. 파악된 강점 및 자원은 개입계획 수립 및 자원분류에 반영되어 문제해결을 지원할 수 있다.

4) 목표수립

서비스 목표는 사정에 기초하여 종합적인 개입목표를 수립하는 것을 말하며, 장기목표, 단기목표로 나누어서 설정한다. 또한 목표는 클라이언트의 문제와 욕구와 상호 관련되어야 한다.

① 클라이언트 스스로의 선택에 의한 것이어야 하고, 정서적으로도 합의된 목표를 설정한다.
② 될 수 있는 한 구체적이고 가시적이며, 측정 가능한 목표를 설정한다.
③ 현실 가능한 범위의 목표를 설정한다.
④ 가능한 한 긍정적인 표현으로 나타나는 목표를 설정한다.
⑤ 목표는 사례관리기관의 기능과 일치해야 한다.

5) 개입계획 및 자원분류 및 조직화

개입계획은 실천목표를 달성하기 위한 상담과 치료를 포함하는 치료계획과 실질적인 원조를 위해 외부기관에 클라이언트를 연결시키는 일 등을 포함하는 포괄적인 서비스 실천전략을 말한다.

개입계획은 활용 가능한 자원의 양과 질, 그리고 연결 정도에 따라 달라진다. 자원의 조직화와 연계 · 조정이 사례관리의 핵심적인 내용이다. 목표달성을 위한 개입계획을 수립하면서 반드시 병행되어야 할 사항은 지역사회자원분류 및 조직화이다. 지역사회 자원을 분류하고 조직화함으로써 효과적으로 클라이언트를 원조할 수 있는 것이다. 원조에 활용하는 자원은 공급주체에 따라 공식적 · 비공식적 자원으로 분류할 수 있으며, 자원의 질적인 수준에 따라 인적자원과 물적 자원으로 분류할 수 있다. 자원에는 이러한 사회적 자원뿐만 아니라 내적 자원으로서 클라이언트 본인도 원조의 종류에 포함시켜야 한다. 그러나 우리나라의 현실은 클라이언트에게 제공할 만한 충분한 공 · 사적인 서비스가 부족하고 존재하고 있는 자원체계들 또한 단편적으로 기능하고 있다. 따라서 사례관리가 효과적이고 효율적으로 기능하기 위해서는 지역사회를 중심으로 지역사회자원망의 구축이 선행되어야 한다.

6) 계약 및 서비스 제공

개입계획을 수립하고 서비스를 제공하기 직전에 수행해야 할 사항은 계약이다. 계약은 구두로도 가능하지만 서면으로 작성하는 방법이 많이 활용되고 있다. 계약서에는 사례관리의 목적, 서비스 제공계획, 사례관리자의 역할과 클라이언트 및 가족의 역할, 종결조건 등이 명시되는 것이 보통이다. 서비스 제공이란 수립된 개입계획에 따라 서비스를 제공하고 자원을 연결하거나 조정하는 등 클라이언트와 서비스 체계를 연결하는 것을 말한다. 이러한 활동은 기관 내부적으로 이루어질 수도 있으며 기관 외부적으로 이루어질 수도 있다. 사례관리자는 서비스제공자 또는 제공기관과 접촉을 가지고 좋은 관계를 유지해야 한다.

7) 점검 및 재사정

점검은 계획된 서비스와 자원이 잘 이루어지고 있는지 확인하는 작업이며, 이 과정을 통해서 클라이언트의 변화와 진척사항을 추적하게 된다.

점검은 크게 두 가지 방법에 의해 수행된다. 첫째, 일정한 형식을 갖추지 않고 사례관리자 자신의 판단에 근거하여 클라이언트에 대한 서비스 계획이 적절하게 이행되고 있는지, 그리고 바라는 결과가 나타나고 있는지를 검토하는 것이다. 둘째, 구조화, 절차 및 표준화된 기준으로 마련된 도구를 이용하는 방법이 있다. 즉, 사례관리자가 시행하는 점검의 내용은 다음과 같다.

① 클라이언트 지원망의 구성원들이 목표를 달성하기 위하여, 특정 행동을 수행하고 그들의 책임을 수행하는 데 적절한 시간안배가 이루어

지고 있는지를 점검한다.

② 클라이언트에 대한 계획이 수립된 시점에서 욕구를 충족시키는 데 필요한 서비스와 자원을 가지고 있는지를 점검한다.

③ 클라이언트에 대한 서비스와 지원계획이 어느 정도 잘 이해되고 있는지를 점검한다.

④ 그 계획이 성공적인지 혹은 역행적 결과를 가져오고 있는지, 즉 서비스와 지지의 산출결과를 검토하는 일 등을 점검한다.

재사정은 점검의 기능과 일부 역할이 중복되는데, 클라이언트의 상황변화 또는 설정된 목표의 달성 등에 따른 목표수정과 서비스 계획의 수정 여부를 결정하는 과정으로서 재사정의 결과는 새로운 목표수립으로 환류되어 새로운 서비스 계획의 수립, 새로운 자원의 연결과 배치에 영향을 미치게 된다.

8) 종결과 결과평가

종결은 서비스의 중단을 의미하는데, 더 이상 서비스가 필요 없는 상황이 되어 중단하는 것이 보통이지만 클라이언트의 사망, 사례관리자의 이직, 기관의 폐쇄 등 다양한 요인에 의해서 이루어질 수 있다. 만약 목표가 달성되지 않은 상태에서 종결을 해야 하는 상황이라면 서비스가 지속될 수 있도록 해야 한다.

평가란 사례관리자에 의해 형성되고 조정되는 서비스 계획·구성요소, 활동들이 과연 시간을 투자할 만한 가치가 있느냐 없느냐를 측정하기 위해 이용되는 과정이다. 궁극적으로 클라이언트가 사례관리의 과정에 참여한 결과로 득이 되는 산출을 달성하고 있는가의 여부에 관심을 가져야 한다. 점검이 정해진 활동이 계획된 방법으로 잘 이루어지고 있는지의 여부를 살펴보는 우선적 질문이라면, 평가는 이러한 활동이 득이 되는 바람직한 결과를 산출하는가의 여부를 살펴보는 데 그 초점이 있다. 따라서 사례관리자는 ① 서비스와 지원계획의 연관성, ② 목적달성과 영향, ③ 전반적인 효과성, ④ 클라이언트의 만족도를 알아봄으로써 사례관리의 가치를 평가할 수 있다.

3. 사례관리의 원리

사례관리의 원리를 사회생활의 전체성, 계속성, 개별성, 지역성 등의 네 가지로 구분할 수 있으며 구체적인 내용을 살펴보면 다음과 같다(고수현, 2015).

1) 사회생활의 전체성

사회생활의 모든 문제나 욕구는 상호 연관되고 중복되어 있으므로 사례관리를 통하여 사회생활 전체의 관점에서 욕구를 파악하여 사회자원을 활용해야 한다.

2) 사회생활의 계속성

사회생활상의 욕구나 문제는 항상 변화하고 문제의 내용도 변질되므로 계속적 사정을 통해 사회생활의 계속성 입장에서 사례관리를 실시하여야 한다.

3) 사회생활의 개별성

사회생활에서 욕구를 충족시켜 주는 방법은 개개인이 주체적으로 선택하는 입장에서 사례관리를 실시하여야 한다.

4) 사회생활의 지역성

사회생활의 문제나 욕구를 해결하는 방법은 개개인의 지역사회자원의 상황에 따라 차이가 난다. 사례관리에 있어서도 지역사회자원의 범위 내에서 계획을 작성, 실시하여야 한다.

제5절 사례관리의 유형

1. 사례관리 제공자에 따른 모형

사례관리 모형을 가족보호모형, 지역사회자원모형, 포괄모형으로 구분하여 살펴보면 다음과 같다(이근홍, 1999).

1) 가족보호모형

일차집단인 가족이 보호를 필요로 하는 노인을 적절히 돌볼 수 있도록 교육·훈련을 시켜 지속적으로 보호하도록 하며 가족들이 제공하지 못하는 서비스를 보충적으로 사례관리자가 직접 또는 간접적인 방법으로 제공하는 것이다. 즉, 가족보호모형은 발달장애, 신체적 무능력, 만성정신장애 등을 가진 클라이언트에게는 전문가보다는 오히려 가족들이 그들이 필요로 하는 서비스를 가장 빠르고 적절하게 효과적으로 제공할 수 있으며 보호의 연속성을 실행할 수 있다는 전제에 기초하고 있다.

2) 지역사회지원모형

가족의 보호를 받지 못하는 발달장애아동이나 기능적 장애를 가진 노인, 만성 정신장애인 등에게 사회적 지지와 필요한 서비스를 제공할 수 있도록 돕기 위해 지역주민 중에서 그들을 보호할 수 있는 능력이 있는 사람을 선정하여 교육과 훈련을 통해 그들에게 적절한 서비스를 제공하도록 하는 것이다. 이것은 가족의 보호를 받지 못하는 클라이언트에게 사회적 지지와 서비스를 제공할 수 있는 자원이 지역사회 내에 존재할 것이라는 전제에 기초하고 있다. 즉, 지역사회지원모형은 노인에게 보호를 제공할 가족이 없는 독거노인이나 노인부부, 스스로 돌볼 능력이 없는 노인을 대상으로 친구나 친척, 이웃, 자원봉사자, 지역사회 내의 공식 지원망 등을 통해 서비스를 제공하는 것이다.

3) 포괄모형

가족과 지역사회 지지망에 의해 해결될 수 없는 복합적인 욕구를 가진 클라이언트에게 사례관리 기관이 포괄적인 서비스를 제공하는 것이다. 즉, 포괄모형은 가족보호모형이나 지역사회지원모형을 통해서 해결하지 못하는 문제와 욕구를 가진 노인을 대상으로 지역사회복지기관이나 노인복지관, 주민자치센터, 보건소 등을 통해 다양하고 포괄적인 서비스를 제공하는 것이다.

이와 같은 세 가지의 모형을 주체, 대상, 기능, 방법, 사례관리자의 역할, 재원, 실시장소로 구분하여 정리하면 다음과 같다(표 9-2 참조).

〈표 9-2〉 사례관리 제공자에 따른 모형

구 분	가족보호모형	지역사회지원모형	포괄모형
주 체	가족(배우자, 성인자녀와 사례관리자)	지역사회 비공식지원체계	사례관리기관
대 상	배우자나 자녀와 동거하는 노인(신체 허약자 또는 만성질환자로서 일상생활기능 수준이 낮은 자, 의료욕구와 수발욕구가 절실한 자)	독거노인과 노인부부(생활수준이 낮고 신체 허약자이며, 일상생활기능수준이 낮은 자, 노인부부는 배우자의 보호능력이 없는 자)	가족보호모형과 지역사회지원모형을 통해 해결하지 못하는 다양하고 복합적인 욕구와 문제를 가진 노인
기 능	• 가족의 보호능력 극대화 • 노인과 그의 가족의 사회적 기능 향상 • 노인과 그의 가족과의 상호작용 촉진 • 서비스의 연계 • 욕구와 문제해결	• 가족 외 제1차 집단의 보호능력 향상 • 노인과 지역사회의 상호작용 촉진 • 비공식적 지원체계와 공식지원 체계의 상호작용 촉진 • 서비스 연계 • 욕구와 문제해결	• 서비스 연계, 사례 • 관리기관 상호 간의 조정 • 비공식 지원체계 기능 강화 • 노인의 사회적 기능 향상 • 욕구와 문제해결 • 능력 부여 • 옹호
방 법	가족이 1차적으로 서비스 제공하고, 가족이 제공하지 못하는 서비스는 사례관리자가 직·간접적으로 서비스 제공	지역사회주민을 교육 및 훈련시켜 지지적 보호자로 활용, 자원봉사자 활용	주민자치센터, 보건소를 종합서비스센터로 발전시켜 전문가를 통한 포괄적 서비스 제공

사례관리자의 역할	교육자, 중재자, 지지자, 서비스 점검자, 평가자	중개자, 자원개발자, 교육자, 지지자, 안내자, 정보제공자, 서비스 점검자, 평가자	문제해결자, 중재자 지지자, 서비스 제공자, 위기 개입자, 교육자, 안내자, 정보제공자 등
재 원	• 가족의 교육훈련비는 국가나 지방자치단체 부담 • 가족이 제공하지 못하는 서비스는 수익자 부담의 원칙으로 가족이 전액부담	• 지역사회 주민과 자원봉사자의 교육훈련비는 국가 부담 • 서비스 연계비용 무료 • 이용서비스 중 일부 유료화하되 후원결연 통해 해결	• 사례관리 서비스 비용은 국가 • 민간기관에서 실시할 경우 지역사회자원 동원 • 서비스의 종류에 따라 수익자 부담의 원칙 채택
실시장소	가정	가정, 지역사회 내의 사회복지관 및 유관단체	주민자치센터, 보건소, 지역사회복지관

2. 서비스 전달 방법에 따른 모형

서비스 전달 방법에 따른 모형을 네 가지로 구분하여 살펴보면 다음과 같다(성규탁 · 이윤로, 1993).

1) 중계모형

사례관리자는 클라이언트에게 필요한 다양한 서비스를 통합, 조정하는 역할을 하지만, 직접 서비스를 제공하지는 않는다. 즉, 필요한 서비스를 중계만 한다. 따라서 여러 차례에 걸쳐 클라이언트의 상황이 평가되는데 모든 평가는 클라이언트 또는 보호자와 계약에 의해서 진행된다.

2) 판매모형

중계모형에서는 사례관리자가 서비스를 정리하고 중계만 해주는 반면, 판매모형에서는 사례관리기관이 고객에게 직접 서비스를 제공한다. 또한 고객에게 판매계약을 통해 자체기관의 서비스를 제공하거나 자체자금으로 다른 기관의 서비스를 구입하여 제공하기도 한다.

3) 통합된 중계판매모형

사례관리기관은 제한된 수의 서비스를 제공하고 나머지는 외부기관과 협력해서 조정한다. 주로 급성치료에 중점을 둔다.

4) 조직변화모형

사례관리자는 장기보호서비스가 현재 불가능하지만, 현존하는 기관이 제공하고 있는 서비스들을 약간 변경시키거나 보충하여 장기적 서비스로 전환할 수 있다고 가정한다. 따라서 조직변화모형에서의 사례관리자는 다음과 같은 역할을 한다.

① 장기보호서비스에 필요한 서비스 내용이 무엇인지 조사하여 이를 기반으로 기관을 어떻게 변화시킬지 목표를 정한다.
② 서비스 전달조직이 변화되어야 하는 이유와 목적을 설정한다.
③ 기관의 내부 강점과 약점을 파악한다.
④ 기관을 변화시킴으로써 얻게 될 이득을 나타낼 자료를 확보한다.
⑤ 의도된 변화를 수행하기 위한 전략계획을 세운다.

3. 사례관리자의 역할과 실천을 위한 모형

사례관리자의 역할과 실천을 위한 모형을 네 가지로 구분하여 살펴보면 다음과 같다(황성철, 1995).

1) 단순형

단순형은 사례관리의 근본적인 목적을 클라이언트와 지역사회 자원 및 서비스를 연계시키는 데 초점을 둔다. 따라서 사례관리자는 주로 중재자의 역할을 수행한다. 이때 사례관리자는 최소한 클라이언트 욕구의 인식 및 사정, 사례계획 및 서비스 연계 그리고 전달한 서비스의 효과성을 점검하는 역할을 수행한다.

2) 기본형

사례관리자는 공식적 · 비공식적 지역사회기관과의 원조 관계의 형성으로 클라이언트와 서비스의 연계 기능을 수행하고 아울러 개별화된 조언 및 상담 등 직접적인 서비스를 제공한다. 이러한 관점에서 기본형 사례관리의 목적은 클라이언트와 서비스의 연계를 도모할 뿐만 아니라 클라이언트의 동기 부여 및 사조 능력의 배양을 포함한 상담서비스를 제공하는 것이다.

기본형에서 중점적으로 강조하고 있는 것은 사례관리자가 단순히 서비스의 중재자만 할 수 없고 클라이언트의 일차적인 상담가가 되어야 한다는 것이다. 기본형은 사례관리자의 핵심적인 기능을 포함하므로 적극적 클라이언트 발굴, 개별사회사업에 필요한 사정 및 사례 계획, 서비스 제공, 서비스 점검 기능과 클라이언트의 기술습득을 위한 정보 제공 및 교육의 기능도 수행한다. 따라서 사례관리자는 중재자, 교육자, 지지자 그리고 클라이언트에 제공된 서비스를 점검하는 본연의 역할을 수행한다.

3) 종합형

클라이언트와 서비스의 연계를 도모하기도 하지만 클라이언트의 문제 상황과 행동 치료에 목적을 두고 있다. 이러한 서비스는 전문가에 의해 수행되는 것이 보편적이고 바람직하며 기존의 전통적인 서비스 전달체계와는 별도의 독립된 부서를 공식화하여 사업을 전개하는 것이 책임과 권위가 인정되고 개별적 접근을 가능하게 할 것이다. 담당사례의 수가 많으면 행정적인 업무에 보다 많은 시간을 보내기 때문에 전문적 서비스를 위해서라면 담당사례의 수를 10~20사례 내외로 한정하는 것이 바람직하다고 볼 수 있다.

4) 전문관리형

사례관리자는 일반적으로 간접적 서비스로 분류되는 클라이언트의 가족과 지역사회를 대상으로 하는 활동뿐만 아니라 상담 또는 치료의 직접적인 서비스를 제공한다. 나아가 사례관리자는 관리자로서의 과업과 책무를 수행하기도 한다. 일반적으로 관리자는 조직에서 계획, 의사결정, 점검, 조정, 자원배분, 통솔의 역할을 담당하는데, 사례관리자도 클라이언트에 대한 직접적인 서비스 제공과 간접적인 가족 및 지역사회를 대상으로 하는 활동에서 이러한 역할을 수행한다.

사례관리 실천은 개별적 접근보다는 팀 접근이 보다 효과적이라는 사실이 입증되고 있다. 이런 관점에서 전문관리형은 개별적 접근보다 간호사, 정신과의사, 직업훈련사, 심리학자 등 다른 전문 직원과의 팀을 형성하여 개입하는 것이 바람직하다. 팀을 형성하여 클라이언트에 대해 서비스와 지원계획을 수립하고 의사결정을 내릴 때 각기 전문 직원의 자율성은 보장된다. 그러나 이와 같은 공동노력에 의한 서비스의 극대화를 추구하고자 할 때는 공동의 의사결정 과정이 반드시 필요하다. 팀 접근에 의한 전문관리형 사례관리는 비교적 적은 수의 사례를 담당할 수밖에 없다.

제6절 사례관리의 과제

사례관리는 클라이언트에게 좀 더 통합적이고 체계적인 서비스를 제공하고, 클라이언트의 잠재력을 개발하며 독립적인 생활을 통해 복지를 증진시키는 것을 목적으로 한다. 이러한 목적을 달성하는 데 장애가 되는 요인으로는 정부지원의 부족 외에도 지역사회 자원의 부족, 관련 기관 간의 협력관계의 부족, 조정자로서의 전문기술의 부족을 들 수 있다.

이러한 장애를 해결하기 위하여 적정한 수준의 사례대상자를 유지하도록 사회복지기관에 대한 정부지원 확대는 물론, 홍보와 정보제공 및 자원연결을 위한 사회복지정보의 전산화, 클라이언트의 욕구에 맞는 다양한 지역사회 자원의 개발, 서비스의 연계와 조정을 위한 기관 간의 협력체계 구축, 다양한 사회복지실천기술의 적용과 이를 위한 사례관리자의 전문적인 훈련이 요청된다.

기존의 대인서비스가 제공자 중심이었던 반면 점차 최근의 추세가 소비자 중심으로 전환되면서 클라이언트들의 욕구들도 더 증가하고 다양화되었으며, 점차 새로운 사례관리서비스 대상도 확대되고 있다. 사례관리는 클라이언트의 다양하고 복합적인 욕구를 충족시키는 데 있어서 가장 효과적인 서비스 제공방식으로 향후에도 더욱 주목받을 것이다.

노인 등을 포함한 만성질환자는 가족의 보호와 같은 비공식적 자원을 거의 가지고 있지 못한 데다 복합적 욕구를 가지고 있는 경우가 대부분이므로 보호를 제공할 수 있는 잠재적 자원인 지역사회 내에서 관계망을 클라이언트가 활용할 수 있도록 해야 한다. 그리고 장기보호를 원하는 보호대상자들의 신체적·사회적·정서적인 모든 측면의 욕구를 충족시키기 위해서는 가족이나 인근 지역주민들을 보호자로서 또는 원조자로서 발굴하여 이들을 클라이언트와 연계시키는 기능이 중요하다(장인협, 1995).

이러한 관점에서 사례관리자가 사례관리기법에 의하여 노인복지를 전개하려고 할 때 해결해야 할 과제들 중에서 중요한 과제를 제시하면 다음과 같다.

① 사례관리를 실시하는 기관을 어떻게 조직하느냐 하는 문제이다. 다양한 문제나 욕구를 효율적으로 해결하기 위한 공급조직의 구성은 일반사회복지의 전달체계와의 관련성에서 현재 우리나라의 복지수준, 정치적 여건 등을 감안하여 조직하여야 할 것이다.
② 지역사회의 노인인구, 영역 등에 따라 사례관리의 체계를 어떻게 구성하는가 하는 문제이다.
③ 노인을 대상으로 한 사례관리에 필요한 전문적 인력의 양성과 교육문제이다.
④ 현재 실시되고 있는 사회복지의 기법에 사례관리기법을 어떻게 효과적으로 통합시키는가 하는 문제이다.
⑤ 사례관리기법을 해당 지역사회와 노인의 특성에 맞추어 어떻게 특성화시키는가 하는 문제이다.

SOCIAL WORK WITH THE ELDERLY

P·A·R·T

03

노인 삶과 관련된 주요 이슈

CHAPTER 10 노인의 여가활동

CHAPTER 11 노인학대와 자살

CHAPTER 12 노인장기요양보험제도

CHAPTER 13 노인의 자원봉사활동

CHAPTER 10

노인의 여가활동

Social Work With the Elderly

제1절 노인여가 개념 및 특성

1. 어가의 개념

여가는 교육을 포함한 인간의 전 활동영역에 있어 중대한 문제로 제기되어 왔으며, 오늘날 여가는 현대적인 현상이라 할 만큼 그 역할과 기능은 매우 지속적인 관심의 대상이 되고 있다. 여가(leisure)의 어원은 그리스어로 정지, 중지, 평화와 평온, 자유로운 토론을 의미하는 scole에서 시작되었으며, 로마시대에는 아무것도 하지 않는 소극적 행위를 의미하는 otium이었다. 현대에 여가를 의미하는 레저(leisure)는 라틴어의 licrer로 '허용된 활동'이라는 뜻에서 유래되어 일상생활의 일로부터 해방되어 자유, 휴식, 즐거움을 누릴 수 있는 여유 있는 시간을 의미한다(유성호 외, 2002).

이와 같은 어원적 의미에 근거하여 여가는 단지 '남는 시간', '무료한 시간'을 뜻하는 것이 아닌 '강제성 없이', '자발적인', '의무가 없는' 등의 의미가 포함되어 있기에 한가하고 할 일이 없는 시간이 아닌 시간을 어떻게 보낼 것인가의 시간활용과 그 과정 및 방법이 중요한 의미가 되는 것이다(안계일, 2004). 그러므로 여가는 자유 또는 비의무적인 시간 특성과 자유재량 또는 자발적이라는 활동의 주체적 특성을 주축으로 하는 개념으로 받아들여진다.

파커(Parker, 1971)는 여가를 일과 생존을 위한 기초적 욕구가 충족되고 남은 잔여시간(residual time)으로 보고있으며, 사회학사전(Dictionary of Sociology)에서 여가는 1일 24시간 중에서 노동, 수면, 기타 필수적인 것에 바쳐진 시간을 제외한 잉여시간으로 규정되어 있다. 또한 바우드 보비(Boud-Bovy, 1977)도 여가를 일과 수면, 기타 기초적 욕구가 충족된 후 개인이 자유롭게 이용할 수 있는 시간으로 보고 있다.

여가는 시간이라는 측면에 포함되지만 활동이라는 측면에도 관련된다. 프랑스 여가사회학자인 듀마즈디에(Dumazedier, 1967)는 여가를 사회의 통제에서 벗어나 개인의 주관적 가치에 의해서 행해지는 비의무적 자유시간이라고 정의하며, "여가는 사회나 가정 혹은 노동에 대한 책임에서 벗어난 활동이며, 참가자의 의사에 따라 휴식(relaxation), 기분전환(diversion), 지식의 확대, 자발적인 사회활동의 참가 또는 개인의 창조에 대한 가능성을 자유롭게 구사할 수 있는 행동"이라고 정의하였다. 윌슨(Wylson, 1980)은 여가를 '활동과 기회'라는 두 요소의 결합으로 인식하면서, '노동, 가족, 사회 및 기타 의무가 실현되고 난 후에 자신의 의사대로 할 수 있는 활동일 뿐만 아니라 휴식, 회복, 오락, 자기실현, 정신적 재생, 지식의 향상, 기술의 개발, 사회활동의 참여를 제공해 주는 기회'로 정의하고 있다. 이렇게 볼 때 여가를 시간개념으로 생각할 때는 '여가시간(leisure time)'으로, 활동개념으로 생각할 때는 '여가활동(leisure activity)'으로 말하는 것이 보다 정확한 의미를 나타내는 것이 될 것이다(안미영, 2005). 이상의 개념과 정의를 반영하여 여가를 정의해 본다면 "여가란 경제적 보상과 개인, 가족 및 사회적 의무감에서 하는 활동이 아니면서 자발적으로 선택하여 자유와 평화의 감정을 느낄 수 있는 활동의 시간"이라 할 수 있다.

2. 노인여가의 개념

노인의 여가란 일반적으로 노령기에서도 일정한 사회적·가정적 역할이 있어서 그 역할을 추구하는 도중에 갖게 되는 여유가 있는 시간을 의미한다(이동수, 2004). 하지만 노인여가의 개념 또한 시대와 환경에 따라 다양하게 정의된다고 볼 수 있으며, 시대와 환경 및 국가마다 노인여가의 개념을 파악하는 것이 쉽지 않기 때문에 학자들이 주장하는 노인여가에 대한 개념은 다르다고 볼 수 있다. 따라서 노인여가의 개념을 살펴보면 다음과 같다.

카플란(Kaplan, 1960)은 욕구와 연계하여, 첫째, 자신을 지역사회의 한 부분으로 느끼고 싶은 욕구, 둘째, 사회적으로 유용한 서비스를 제공하려는 욕구, 셋째, 적절한 주거조건과 가족관계를 유지하려는 욕구, 넷째, 건강을 유지하려는 욕구, 다섯째, 자기표현과 성취감을 느끼고 싶은 욕구, 여섯째, 정상적인 동반관계를 유지하려는 욕구, 일곱째, 개인으로 인정받고 싶은 욕구, 여덟째, 시간을 만족스럽게 사용하려는 욕구로 구분하고 노인여가의 속성을 다음의 일곱 가지로 분류하여 제시하였다(박차상 외, 2004).

① 원칙적으로 경제적 기능을 하는 일과 반대되는 것
② 즐거운 것으로 기대하고 즐거운 것으로 회상될 수 있는 것
③ 사회적 역할을 수행하기 위해서 자발적이면서 의무성이 적은 것
④ 심리적으로 자유를 느낄 수 있는 것
⑤ 문화적 가치에 위배되는 것
⑥ 중요성과 관심의 정도가 다양한 것
⑦ 가끔 놀이의 요소를 어느 정도 포함하고 있는 것

한편 하비거스트(Havighurst, 1973)가 제시하고 있는 여가활동의 영역은 여가의 의미 중 창조적 여가(recreation)의 내용을 담고 있다고 할 수 있다.

① **직업활동** : 노동조합운동
② **일의 보충적 활동** : 직무승진의 준비로서의 학습
③ **가정유지활동** : 세대유지, 분위기 있는 가정 형성
④ **가사활동** : 손자 돌보기, 친지방문, 친지초청, 가족원의 통신
⑤ **교회활동** : 예배출석, 교회를 위한 봉사활동
⑥ **시민정치활동** : 정당활동, 자선활동, 사회봉사활동, 지역봉사활동
⑦ **사회클럽활동** : 사회봉사활동
⑧ **친구관계** : 친구와의 우의, 이웃과의 교제 등
⑨ **취미·오락** : 독서, 음악감상, TV 시청, 원예정원 가꾸기, 애완동물 기르기, 낚시, 바둑, 스포츠 등의 취미생활 등이 있다.

이상의 여가활동 중에서 하비거스트(Havighurst)는 직업활동 ①과 일의 보충적 활동 ②를 제외하고는 모두 노인의 여가활동으로 간주하였다. 즉, 생활과 여가를 구별하지 않고 생활 자체를 여가의 개념에 포함시키고 있으며, 손자 돌보기, 요리, 친지초대, 교회활동, 지역사회봉사활동, 취미활동 등 노후생활의 여러 활동들이 의무감으로 작용할 때는 노동이 될 수 있으나, 즐거운 생활로 간주될 때는 여가생활이 될 수 있다는 것이다.

한국임상사회사업학회(2005)에서는 노인여가의 개념을 두 가지 측면에서 파악하였다.

① 고령의 나이에도 일정한 사회적 또는 가정적 역할에서 그 역할을 추구하는 도중에 갖게 되는 여유 있는 시간
② 자신에게 부여된 일정한 역할이 없어서 막연하게 보내는 긴 시간

따라서 노인여가는 노동력 재생산을 위한 수단이 아니라 노동을 전제로 하지 않는 여가를 위한 여가라고 보았다. 노인여가는 일과 대립되는 개념으로 인간생활 중에서 생리적 또는 사회적 의무행위를 위해 구속되는 시간을 뺀 비구속 시간 속에서 심리적으로 자유로운 의사에 따라 휴식, 기분전환, 자아실현 및 자기계발 그리고 사회적 성취를 이루기 위하여 행하는 활동을 의미하고 있어서 대부분의 경우 일거리가 없어서 자유시간의 여유를 가지는 노인의 경우와 다른 개념이라고 보았다.

이와 같은 노인여가의 개념을 정의하면, 공식적인 사회적 의무를 동반한 사회적 역할보다는 비공식적 사회참여활동을 통하여 기쁨과 즐거움을 얻을 수 있고 자기존중감과 자아정체성을 유지함으로써 생활만족을 증진하는 활동이다. 즉, 노인여가의 개념은 레크리에이션의 속성이 강조된 개념인 심신의 피로회복과 재생산을 위한 재충전의 의미를 가지는 젊은이의 여가와 달리, 삶에서 기쁨, 즐거움, 보람을 느낌으로써 인생을 의미 있게 영위하고 마무리하는 속성을 가지고 있다고 볼 수 있다(김동배, 1999). 즉, 노인의 여가는 사회적 역할상실에 따른 고독감 해소, 자아존중감과 정체성 유지, 생활만족도 증진 등에 기여하는 속성이 있다고 할 수 있다(임병우, 2007).

3. 노인여가의 특성

노인여가의 특성을 사회적 · 심리적 · 신체적 특성으로 분류해 보면 다음과 같이 살펴볼 수 있다(김미양, 2009; 이원준, 2000).

1) 사회적 특성

노인여가의 특성은 오랜 사회적 경험과 체험을 바탕으로 한 분야의 전문성은 있지만 다른 일을 하는 데 두려움을 가지게 하는 요인이다. 그래서 해왔던 일과 유사한 여가생활을 찾는 것이 바람직하다. 또한 노인들이 이

제까지 수행해 온 사회적 위치에서 권리와 의무가 사라지므로 주관적으로 느끼는 해석과 사회의 요구에 괴리가 생기며 그에 비례하여 자신의 수행능력도 현실적으로 많은 차질이 생긴다는 것을 깨닫게 된다.

2) 심리적 특성

노인은 자신의 의지나 능력과는 무관하게 사회로부터 소외당하고 이탈되었다고 믿게 된다. 사회적·가정적 지위 상실로부터 오는 심리적인 소외감과 불안심리를 통제하기 위한 해결책으로 여가생활이 절실히 필요하다. 노인은 바람직한 여가생활을 통해 자신의 역할상실감에 대한 긍정적인 극복이 가능하며 이를 계기로 해서 보다 안정된 노년을 보낼 수 있게 된다.

3) 신체적 특성

노인을 규정하는 가장 외적인 특성인 신체적 특징은 신체적 노화로 인한 건강의 악화, 시각이나 청각의 감퇴, 영양상태와 건강상태의 악화이다. 특히 규칙적인 일상적 활동에서 제외됨으로 인해 급격히 쇠약해진다. 이러한 신체적 능력의 감퇴를 잘 조절하여 정상적인 상태로 노후를 보내기 위해서는 노후의 여가활동을 얼마나 바람직하게 보내느냐가 관건이다.

4. 노인여가의 중요성

노인의 여가활동이 주는 중요성은 다음과 같다(김미양, 2009).

① 신체적 건강의 증진
② 사회적 접촉기회의 제공
③ 노후 삶에 대한 사기 및 만족감의 증진
④ 노인 자신에 대한 신념과 자기 신체에 대한 자신감 부여

⑤ 유용감과 자기가치성의 확산
⑥ 자율적인 생활에 대한 기술과 기능의 부여
⑦ 재미있고 즐거운 삶의 영위 등

따라서 노후의 적절한 여가생활 추구는 노인의 생활만족도 및 심리적 안정감 등과 밀접한 관련성을 갖는다. 노후의 적절한 여가생활을 통해 노인의 생활만족도를 높임으로써 노인 자신의 정신적・육체적 건강을 유지・발전시킴과 동시에 주위 사람들에게 유익을 끼침은 물론, 나아가서는 사회적 건강을 증진시키는 역할을 담당할 수 있다. 또한 노인들이 여가활동을 적극적으로 참여함으로써 개인욕구의 충족뿐만 아니라 친밀성을 형성할 수 있는 지지집단을 형성하게 된다. 즉, 노인들을 지역사회 내로 통합시키는데 기여하는 긍정적인 효과를 지니고 있으므로 노인의 여가활동은 중요하다고 할 수 있다.

제2절 노인여가활동의 유형

노인들이 여가시간을 활용하는 여가활동 유형을 보면 학자들마다 다양한 유형으로 분류하고 있다. 여러 학자의 다양한 견해를 정리하면 다음과 같다.

살라이(Szalai, 1972)는 여가의 유형을 '준여가(semi-leisure)', '수동적 여가(passive-leisure)', '완전여가(total leisure)'로 분류하고, '준여가'에는 신체회복활동, 학습, 종교활동, 조직활동 등을, '수동적 여가'에는 음악감상, TV 시청, 독서, 신문구독, 영화감상 등을, '완전여가'에는 관람, 오락, 사교활동과 스포츠, 능동적 여가 및 휴양 등을 포함시켰다. 골드(Gold, 1980)는 여가활동을 활동경험에 기초하여 활동의 주된 경험이 신체적 노력인 '신체적 여가', 활동의 주된 경험이 사회적 상호작용인 '사회적 여가', 문화, 교육, 창조 및 심미적인 활동인 '인지적 여가', 물, 나무, 풍광 또는 야생생물과 같은 자연자원의 사용을 필요로 하는 '환경 관련 여가'의 네 가지로 구분하였다.

정명숙(2003)은 노인의 여가활동유형을 소일형, 취미문화형, 우인교류형, 학습형, 사회단체활동으로 분류하였다. 소일형은 TV 시청·라디오 청취, 장기, 바둑, 화투놀이, 술 마시기, 차 마시기이며, 취미문화형은 취미활동(정원손질, 화초재배, 서예, 그림 그리기, 노래 부르기), 문화활동(영화관람, 음악회 등 참석), 운동(등산, 골프, 낚시 등), 관광, 여행 등이다. 우인교류형은 가족, 친구, 이웃과의 만남, 방문(친목, 동창회, 계 등), 경로당, 노인회관 참여 등이며, 학습형은 학습활동(컴퓨터, 영어 등 지식교육, 편물, 봉재 등 기술교육, 재취업 교육 등)이다. 사회단체활동은 교회·성당·절 등의 종교활동, 사회봉사활동(자원봉사활동, 교통정리 등)을 포함시키고 있다.

노인의 여가활동을 능동적 여가활동과 소극적 여가활동으로 나누었다. 여가활동은 다시 연극, 음악회, 오페라, 영화관람, 서예, 꽃꽂이, 수목 가꾸기 등의 예술적 활동과 산책, 운동경기, 드라이브, 낚시, 등산, 바둑, 장기, 화투, 오락, 여행 등의 신체적 활동 그리고 종교활동, 회합참가, 친족 및 동료와의 만남, 계모임 등의 사회적 활동으로 세분화하였다. 소극적 여가활동은 신문 또는 잡지 읽기, 라디오 청취, TV 시청, 가족과의 담소, 주변 산책 등의 단순 여가활동과 책읽기, 수집, 취미활동 등의 정서적 활동으로 분류하고 있다(김두영, 2010 재인용).

한국임상사회사업학회(2004)는 김명자(1992)와 김영모(1986)의 분류를 원용하여 가족, 지역사회 및 생활환경을 중심으로 생태학적 관점에서 노인여가의 유형을 분류하였다. 가족중심형은 개인 관련, 가족 및 사회구조 관련 요인에 의하여 가족 또는 가정을 중심으로 여가활동이 이루어지는 형태이다. 가정 내에서 일정의 역할이 요구되는 노인과 경제적 어려움 또는 신체적 건강상의 이유로 외출이 어려운 노인이 해당한다. 지역사회/ 생활중심형은 가족 내에서 역할상실 또는 세대 간 가치관의 차이 등에 해당한다(표 10-1 참조).

김태현(1994)은 다카하시몬지(高橋絞士, 1984)의 주장을 원용하여 노인여가 유형을 노인의 성격이나 과거의 습관에 따라 단독충실형, 가족충실형, 우인교류형, 독서형 그리고 사회참여형으로 구분하였다(표 10-2 참조).

〈표 10-1〉 생태학적 관점에서 노인여가 유형의 분류

분 류	가족중심형	지역사회/ 생활중심형
활 동	• 가족과 대화 • TV 시청 • 라디오 청취 • 정원수 손질 • 근교 산책	• 노인정 활동(바둑, 상기) • 공원 산책(건강관리) • 노인학교 · 사회교육기관(특강, 노래, 춤) • 운동활동(등산, 낚시, 테니스) • 지역사회봉사활동 (교통정리, 청소, 선도, 교회봉사)

출처 : 한국임상사회사업학회(2004).

〈표 10-2〉 노인의 성격이나 과거의 습관에 따른 분류

단독충실형	가족충실형	우인교류형	독서형	사회참여형
미술감상 음악감상 서예, 다도 사진촬영 수집	정원손질 가옥미화 가족소풍 살림용구 손질 가족외식	친구교제 관혼상제 참여 우인회식 우애방문	독서 문집정리 신문스크랩 잡지스크랩	봉사활동 정치참여 동창회 참여 향우회 참여 친목회 참여

출처 : 김태현(1994).

제3절 한국 노인의 여가활동 현황

우리나라 노인들은 서구노인에 비하여 경제적 조건이나 활동에 대한 사회화 등에서 낮은 편이기 때문에 여가활동 참여의 다양성에서는 뒤지는 편이다. 특히 운동경기 참여 및 관람, 문화 및 예술적 활동에의 참여는 서구노인보다 뒤지며 다양하지 못하다. 그러나 최근 들어 노인 시설에 대한 정부의 지원이나 정책이 증대되고 있고, 각종 단체나 기관, 방송매체 등에서도 노인 여가 프로그램을 보급, 확대하고 있으며, 노인들의 경제적 여건의 향상 및 건강수준의 향상으로 여가활동도 양적·질적으로 높아지고 있다. 특히 종래의 집안이나 근처 공원에서 보내던 정적이고 내향적이던 여가형태가 해외여행이나 사회참여, 관광여행 등 동적이고 외향적인 성격으로 차츰 바뀌어 가고 있다(김태현, 2007).

1. 한국노인의 여가활동에 대한 조사

1) 가장 만족스러운 여가활동

우리나라 사람들이 가장 만족스러운 1순위 여가활동은 TV 시청(10.1%)으로 나타났으며, 그 외 산책(6.2%), 등산(5.2%), 인터넷 검색(5.1%), 친구만남/동호회 모임(4.7%), 영화관람(4.3%), 쇼핑/ 외식(4.0%) 순으로 만족하는 것으로 조사되었다. 그 다음 1~3순위 가장 만족스러운 여가활동은 TV 시청(26.5%)으로 나타났으며, 친구만남/ 동호회 모임(18.1%), 산책(17.9%), 쇼핑/외식(17.0%), 인터넷(15.9%) 순으로 나타났다(그림 10−1, 표 10−3 참조).

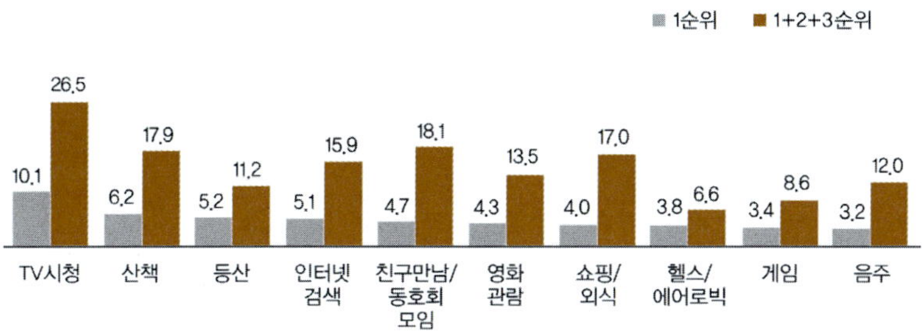

|그림 10-1| 가장 만족스러운 여가활동(개별) 상위 10개

출처 : 문화관광체육부(2017). 국민여가활동조사 자료.

〈표 10-3〉 가장 만족스러운 여가활동(복수응답) 상위 10개 : 1+2+3순위

구 분	2014년	2016년
1	TV 시청(33.0)	TV 시청(26.5)
2	친구만남/ 동호회 모임(20.0)	친구만남/ 동호회 모임(18.1)
3	영화보기(18.7)	산책 및 걷기(17.9)
4	산책(16.4)	쇼핑/ 외식(17.0)
5	인터넷 검색(16.0)	인터넷 검색(15.9)
6	등산(13.8)	영화관람(13.5)
7	쇼핑/ 외식(13.2)	음주(12.0)
8	음주(12.2)	등산(11.2)
9	목욕(10.9)	잡담/ 통화하기/ 문자보내기(9.1)
10	잡담/ 통화(10.3)	목욕/ 사우나/ 찜질방(8.6)

출처 : 문화관광체육부(2017). 국민여가활동조사 자료.

2) 평일과 휴일의 여가활동

평일 여가활동 중 가장 많이 응답한 활동은 TV 시청(64.8%), 스포츠 경기 간접관람(42.5%), 잡담/ 통화하기(38.9%)인 것으로 나타났다. 평일에 참여한 유형별 여가활동 상위 8개를 살펴보면, 휴식활동과 스포츠 관람활동, 취미오락 활동, 문화예술 관람활동, 관광활동, 사회 및 기타활동 등이 골고루 분포되어 나타났다.

〈표 10-4〉 평일에 참여한 여가활동(복수응답) 상위 10개 (단위 : %)

구 분		TV 시청	스포츠 경기 간접 관람	잡담/통화하기	인터넷 검색/채팅	영화 관람	친구 만남/동호회 모임	산책 및 걷기	쇼핑/외식	자동차 드라이브	사진촬영(디지털 카메라 포함)
전 체		64.8	42.5	38.9	31.4	29.5	28.4	13.8	13.0	10.2	10.0
성별	남성	67.3	57.5	32.9	31.7	26.5	33.4	11.8	68	11.8	10.3
	여성	62.4	27.6	44.9	31.2	32.4	23.6	15.7	19.1	8.6	9.8
연령대	15~19세	53.7	39.2	49.2	46.0	35.7	30.2	5.4	2.5	1.3	11.8
	20대	56.0	45.1	37.7	46.4	52.8	28.9	7.1	5.5	13.1	16.1
	30대	68.7	47.5	41.8	43.9	36.8	27.8	10.1	10.2	14.8	13.3
	40대	69.2	48.0	42.5	37.6	31.8	28.0	13.6	12.1	14.0	11.5
	50대	66.2	44.7	36.8	25.4	22.2	30.2	16.7	15.7	10.7	7.7
	60대	64.9	36.7	31.7	11.0	14.4	27.8	21.7	19.6	5.0	4.7
	70세 이상	68.5	25.2	34.8	1.9	5.1	26.0	21.3	25.3	2.5	2.0

출처 : 문화관광체육부(2017). 국민여가활동조사 자료.

〈표 10-5〉 평일에 참여한 유형별 여가활동(복수응답) 상위 8개 (단위 : %)

구 분		휴식 활동	취미오락 활동	사회 및 기타활동	관광활동	스포츠 참여활동	스포츠 관람활동	문화예술 관람활동	문화예술 참여활동
전 체		97.6	92.8	89.4	50.6	50.0	47.0	39.5	20.4
성별	남성	97.2	94.2	88.0	47.3	55.4	63.8	35.4	17.5
	여성	98.1	91.5	90.8	53.9	44.6	30.3	43.5	23.3
연령대	15~19세	96.4	97.2	89.5	47.3	56.8	44.1	49.5	34.1
	20대	96.9	97.6	92.2	52.6	63.0	55.5	64.6	28.3
	30대	96.5	95.8	89.2	48.3	56.6	53.3	47.1	20.5
	40대	98.2	93.6	89.1	50.4	54.4	52.6	40.9	18.9
	50대	97.9	92.8	89.4	49.6	47.7	46.8	29.8	16.1
	60대	98.5	87.4	86.9	56.1	37.9	38.4	25.8	17.3
	70세 이상	99.0	83.2	88.8	49.9	25.0	25.9	13.6	13.7

출처 : 문화관광체육부(2017). 국민여가활동조사 자료.

3) 휴일 여가활동

휴일 여가활동 중 가장 많이 응답한 활동은 영화관람(47.6%), TV 시청(43.1%), 친구만남/ 동호회 모임(34.1%)인 것으로 조사되었다. 휴일에 참여한 여가활동 상위 8개를 유형별로 살펴보면, 사회 및 기타활동과 휴식활동, 취미·오락 활동, 문화예술 및 스포츠 관람활동 등이 분포되어 나타났다.

〈표 10-6〉 휴일에 참여한 여가활동 (복수응답) 상위 10개 (단위 : %)

구 분		영화관람	TV 시청	친구만남/동호회 모임	스포츠 경기 간접관람	쇼핑/외식	가족 및 친지 방문	목욕/사우나/찜질방	산책 및 걷기	종교활동	등산
전 체		47.6	43.1	34.1	33.8	30.0	17.6	16.7	15.9	14.9	13.8
성별	남성	47.7	44.8	38.4	44.8	20.1	18.0	13.6	14.7	10.5	18.1
	여성	47.5	41.3	29.9	22.9	39.8	17.1	19.8	17.1	19.2	9.6
연령대	15~19세	69.9	43.1	49.7	32.8	17.5	7.6	9.4	5.2	7.5	1.1
	20대	67.4	39.8	42.1	33.4	25.6	7.0	14.2	7.8	6.7	3.1
	30대	60.8	41.7	34.4	35.9	37.2	22.0	16.8	14.7	11.3	8.3
	40대	57.6	42.3	31.7	38.0	32.7	25.0	20.3	16.3	14.4	17.2
	50대	41.4	44.6	31.8	35.7	27.6	19.8	18.6	19.3	18.3	26.7
	60대	19.8	43.7	27.0	32.1	28.3	15.8	16.5	21.3	24.0	21.5
	70세 이상	6.0	47.7	28.2	22.6	34.8	17.1	15.8	24.2	22.4	9.5

출처 : 문화관광체육부(2017). 국민여가활동조사 자료.

〈표 10-7〉 휴일에 참여한 유형별 여가활동 (복수응답) 상위 8개 (단위 : %)

구 분		휴식활동	사회 및 기타활동	취미오락활동	관광활동	문화예술 관람활동	스포츠 관람활동	스포츠 참여활동	문화예술 참여활동
전 체		97.8	94.5	92.5	79.6	60.6	47.5	43.6	18.5
성별	남성	96.5	94.2	94.0	79.6	60.1	65.6	55.1	19.1
	여성	97.1	95.0	91.1	79.8	61.2	29.6	32.3	17.8
연령대	15~19세	96.2	94.7	96.0	71.0	81.6	48.7	55.6	27.1
	20대	95.1	95.9	95.5	83.8	86.1	59.5	61.3	27.6
	30대	96.1	94.6	95.6	87.4	77.8	55.4	49.1	24.0
	40대	97.4	94.6	94.6	84.9	69.8	54.2	49.7	18.8
	50대	97.1	94.5	94.2	80.2	52.1	43.9	38.9	14.2
	60대	97.1	93.9	87.9	75.5	30.7	35.7	26.9	9.6
	70세 이상	98.5	93.2	79.7	61.3	13.6	24.0	16.8	7.1

출처 : 문화관광체육부(2017). 국민여가활동조사 자료.

4) 스마트기기를 활용한 여가활동

스마트기기 이용시간은 평일 평균 1.3시간, 휴일 평균 1.6시간으로 평일과 휴일의 전체 여가시간 중 스마트기기를 활용한 여가시간의 비중은 각각 42.2%, 31.9%로 나타나 휴일보다 평일에 스마트기기를 활용하여 여가활동을 하는 경우가 더 많았다. 15~19세의 경우 평일 여가시간 중 73%가 스마트기기를 활용하여 보내고 있는 반면, 70세 이상에서는 스마트기기를 활용한 여가시간 비중이 5.5%로 연령대가 높아질수록 여가시간은 증가하나, 여가시간에 스마트기기를 활용하는 비중은 줄어드는 것으로 나타났다.

〈표 10-8〉 여가활동 시간과 스마트기기 활용 시간

구 분		평 일			휴 일		
		여가활동 시간 (시간)	스마트기기 활용시간 (시간)	스마트기기 활용 비중(%)	여가활동 시간 (시간)	스마트기기 활용시간 (시간)	스마트기기 활용 비중(%)
전 체		3.1	1.3	42.2	5.0	1.6	31.9
성별	남성	2.9	1.4	46.7	5.1	1.7	32.8
	여성	3.3	1.3	38.3	4.9	1.5	31.0
연령대	15~19세	2.7	2.0	73.0	5.1	2.6	50.6
	20대	2.9	1.9	65.3	5.3	2.5	47.2
	30대	2.8	1.6	58.0	4.8	1.9	39.9
	40대	2.8	1.4	49.4	4.7	1.6	33.7
	50대	2.9	1.2	40.9	4.8	1.4	29.4
	60대	3.6	0.7	19.1	5.1	0.8	15.5
	70세 이상	4.7	0.3	5.5	5.7	0.3	5.7

출처 : 문화관광체육부(2017). 국민여가활동조사 자료.

2. 노인여가복지시설

노인여가복지와 관련된 시설은 노인복지관, 경로당, 노인교실이 있으며, 노인휴양소는 2011년 6월부터 노인여가복지시설에서 제외되었다. 2018년 12월 31일 기준으로 노인여가복지시설 현황을 살펴보면, 전국적으로 노인복지관 시설 수는 385개이고, 종사자는 7,051명으로 나타났으며, 경로당은 66,286개이고, 노인교실은 1,342개로 확인되었다(표 10-9 참조).

〈표 10-9〉 2018년 12월 31일 노인여가복지시설 현황

시·도	노인복지관		경로당	노인교실
	시설 수	종사자 수		
서 울	82	1,511	3,425	378
부 산	31	374	2,311	167
대 구	19	201	1,508	35
인 천	20	281	1,489	31
광 주	9	220	1,315	40
대 전	7	128	817	13
울 산	13	170	806	22
세 종	1	0	478	7
경 기	59	1,975	9,609	166
강 원	15	243	3,150	61
충 북	18	393	4,129	7
충 남	16	300	5,733	67
전 북	22	431	6,699	74
전 남	29	366	9,003	60
경 북	19	182	7,998	114
경 남	23	255	7,379	82
제 주	2	21	438	18
총 합계	385	7,051	66,286	1,342

출처 : 보건복지부(2019). 노인복지시설 현황.

1) 노인복지관

노인복지법 제36조 제1항에 따르면, 노인복지관은 노인의 교양・취미생활 및 사회참여활동 등에 대한 각종 정보와 서비스를 제공하고, 건강증진 및 질병예방과 소득보장・재가복지, 그 밖에 노인의 복지증진에 필요한 편의를 제공하는 시설을 말한다. 각 노인복지관에서는 재가노인을 위한 가정봉사원 파견사업과 주간보호사업뿐만 아니라 노인취업교육 및 알선사업, 노인교육・운동・오락 프로그램, 노인을 위한 자원봉사 프로그램, 노후생활에 관련된 각종 상담 등 다목적 프로그램을 개발하여 지역노인에게 종합적 서비스를 제공하고 있다. 노인복지관은 다양한 계층의 노인이 이용하는 만큼 각각의 특성에 적합한 프로그램을 마련하여 운영함으로써 앞으로도 더욱 많은 노인이 이용할 것으로 기대된다. 노인복지관에서 제공되고 있는 서비스・급여내용은 아래와 같다(한국교육개발원, 2006).

① **교육문화 프로그램** : 교양강의, 시청각교육, 한글・산수 초급/ 중급교실, 한문・한글, 서예, 영어 초・중급교실, 일본어 초・중급교실, 중국어교실, 고사성어 한자교실, 합창교실, 하모니 노래교실, 즐거운 노래교실

② **전통문화 프로그램** : 덩더쿵 장구교실, 민요교실, 우리 춤 한마당, 전통리듬체조

③ **건강문화 프로그램** : 장수교실, 건강체조, 맷돌체조, 다이어트댄스, 요가댄스, 댄스스포츠 초급・중급, 에어로빅, 방송재즈댄스, 기공체조

④ **취미서클 프로그램** : 부부앙상블, 댄스스포츠동아리, 전통리듬체조동아리, 다이어트동아리, 우리 춤 동아리, 에어로빅동아리, 탁구초급반, 포켓볼 초급, 종이조각동아리, 신문동아리, 미술동아리, 크로마하프동아리, 신디사이저동아리, 하모니카동아리, 드럼동아리, 장구동아리, 탁구동아리, 포켓볼동아리, 바둑・장기동아리, 까롬동아리, 연극동아리 등

⑤ 정보화 교육 : 컴퓨터 기초, 컴퓨터 활용, 인터넷 초급 · 중급 · 고급, 포토샵 기초, 포토샵 활용

2) 경로당

경로당은 65세 이상의 자를 이용대상자로 지역노인들이 자율적으로 친목도모 · 취미활동 · 공동작업장 운영 및 각종 정보교환과 기타 여가활동을 할 수 있도록 하는 장소를 제공함을 목적으로 한다. 2008년 전국적으로 경로당은 59,422개소가 마을단위별로 운영되었으며, 2013년 말 전국 63,251개소가 설치되었고 60세 이상 전체 노인의 30% 정도가 이용하고 있다. 그러나 대부분의 노인정들은 그 장소가 협소하고, 내부시설의 설비가 열악하며 운영자금의 부족, 전문 인력의 부재 등으로 지역노인들의 여가욕구를 충족시키기에는 많은 제한이 있어서 적절한 여가 프로그램을 제공하지 못하고 있는 실정이다.

경로당을 이용하지 않는 이유를 한국보건사회연구원(2011)의 조사를 통해 보면, '경로당을 이용하는 노인들과 맞지 않아서'가 전체 응답자의 34.6%로 가장 높았다(표 10-10 참조).

〈표 10-10〉 경로당을 이용하지 않는 이유

구 분	전체(%)
시간이 없어서	17.6
시설이 좋지 않아서	1.9
거리가 너무 멀어서	3.2
좋은 프로그램이 없어서	2.7
경로당을 이용하는 노인들과 맞지 않아서	34.6
몸이 불편해서	16.6
가입비 또는 연회비가 부담스러워서	3.5

사람들과 어울리는 것이 싫어서	12.3
경로당을 이용하기에는 젊다고 생각해서	19.5
기 타	0.5
계(명)	100.0(6,297명)

출처 : 한국보건사회연구원(2011). 2011년 노인실태조사.

한편 경로당을 이용하고 있는 노인들의 이용만족도는 67.7%로 비교적 높게 나타났는데, 만족하는 이유를 보면 '비슷한 상황의 노인들과 만나는 게 좋아서'가 응답의 74.3%로 가장 높았으며, '의미 있는 시간을 보낼 수 있기 때문에'와 '거리가 가까워서'가 각각 9.0%로 나타났다(표 10-11 참조).

〈표 10-11〉 경로당 이용에 만족하는 이유

구 분	전체(%)
시설이 좋아서	4.3
프로그램이 좋아서	1.8
거리가 가까워서	9.0
비슷한 상황의 노인들과 만나는 게 좋아서	74.3
적은 경제적 부담	1.5
의미 있는 시간을 보낼 수 있기 때문에	9.0
계(명)	100.0(705명)

출처 : 한국보건사회연구원(2011). 2011년 노인실태조사.

경로당 활성화사업의 주요 내용을 보면 〈표 10-12〉와 같다.

〈표 10-12〉 경로당 활성화사업의 주요 내용

분 야	내 용
자원봉사활동	경로당 이용노인을 중심으로 지역사회 청소 및 재활용품 수집, 청소년 안전 지킴이 등의 봉사활동 수행
공동작업장 운영	경로당을 중심으로 노인이 지역 특성에 맞는 일거리를 확보하여 공동으로 생산활동에 참여

노후생활교육	노후생활, 정보통신 등 다양한 교육을 실시함으로써 노인의 건전한 여가선용 기회제공
레크리에이션 활동	노래교실 등 각종 레크리에이션 활동
건강운동활성화	노인의 신체적·정서적 건강유지 및 증진을 위한 건강운동 프로그램 지원
노인복지관 연계 프로그램 운영	노인복지관을 경로당과 연계시켜 경로당 이용노인에게 필요한 건강관리, 사회활동서비스, 교양·오락 프로그램, 경로당 개·보수 등 환경개선사업 등 수행
기 타	지역 특성에 알맞은 각종 활동

주 : 노인복지관 연계 프로그램 운영사업은 2005년도 지방이양되기 전의 경로당 활성사업으로 명칭을 변경한 것
출처 : 보건복지가족부(2009).

3) 노인교실

노인교실은 60세 이상의 자를 이용대상으로 노인들에 대하여 사회활동 참여욕구를 충족시키기 위하여 건전한 취미생활, 노인건강 유지, 소득보장, 기타 일상생활과 관련한 학습 프로그램을 제공함을 목적으로 한다. 노인교실의 운영기준은 주 1회 이상 교육을 실시해야 하며, 시설기준으로 이용정원은 50인 이상이고, 사무실, 화장실, 강의실, 휴게실만은 규정하고 있다. 설비기준은 $33m^2$ 이상의 강의실과 직원배치기준으로 시설장 1인과 강사 1인만을 규정하고 있다.

노인교실의 여가활동 프로그램은 노인복지관의 사회교육 프로그램과 유사하며 프로그램의 예로는 미술, 무용, 서예, 컴퓨터, 합창, 악기연주, 한글/한문, 외국어 등이 있다. 노인교실은 노인교육과 노인여가 프로그램을 동시에 제공하고 있으나 노인교육 프로그램이라기보다는 노인여가 형태의 평생교육 프로그램으로 보아도 무방할 것이다. 노인교실의 다양하고 전문적인 노인여가 프로그램 도입의 한계점으로 전문적인 전담인력의 부재, 산발적인 여가 프로그램, 프로그램의 질적 한계, 운영재원의 부족 등을 지적하고 있다(남궁완·엄정식, 2006).

제4절 노인여가활동을 위한 개선방안

고령사회에 접어들면서 노인들의 계층이 다양해졌으며, 생활수준이 향상되고 노인의 생활문화가 보편화됨으로써 여가시간의 증가로 인한 여가선용의 문제가 대두되고 있다고 할 수 있다. 그동안 노인들의 여가활동에 대한 욕구에 비해 제공되는 여가복지정책이나 프로그램이 상당히 미흡한 실정이다.

노인여가복지시설에서 제공되는 여가복지 운영의 문제점은 다음과 같다(서점옥, 2005; 신정은, 2010).

① 여가에 대한 인식 부족 및 시설 운영 미비
② 재정부족
③ 다양하고 전문적인 프로그램의 부재
④ 지역사회와의 연계 미흡 등의 문제로 노인여가활동이 활발히 이루어지지 못하고 있는 실정

따라서 이러한 문제점을 개선하여 노인의 여가생활을 활성화시킬 수 있는 방안은 다음과 같다.

첫째, 노인여가복지시설로의 실질적 기능을 다하기 위해서는 조직, 운영 개선 노력이 필요하다.

현재 노인의 여가생활의 장소로 대표적으로 들고 있는 경로당은 여가를 보낼 곳이 마땅하지 않은 노인들이 이야기나 나누는 장소로 이용되고 있으며, 경로당 수에 비하여 이용률이 저조하다. 그러므로 노인여가시설로의 기능을 다하기 위해서는 경로당 신·개축을 제한하고 노인복지회관 등과 협력체제를 도입하여 노인의 욕구에 부합되는 프로그램 개발 및 효율적인 시

설관리를 도모할 수 있는 노인복지센터의 운영전환이 요구된다.

노인교실 또한 교육 프로그램이 다양하지 못할 뿐만 아니라 전문 인력도 부족한 상태에서 전체 노인들의 욕구를 충족시키기에는 역부족인 상태에 있으므로 노인교실 연합기구를 만들어 운영지침 마련 등 체계적인 운영방안이 모색되어야 할 것이며, 장기적으로 노인들에 대한 평생교육으로 체계화를 이루기 위해서는 노인여가시설보다는 사회교육기관의 하나로 확립될 수 있어야 하겠다. 노인을 위한 전문종합노인복지회관이 절대 부족하여 노인활동의 장이 마련되지 못하고 있다. 따라서 지속적으로 증가하는 노인 수에 비해 예산, 인력 등의 부족으로 모든 인원을 수용할 수 없으므로 지역사회 내 문화복지센터, 주민자치센터 등에 노인 프로그램을 개발하여 무료 또는 실비로 이용할 수 있도록 네트워크를 형성하여 노인여가복지시설 부족 해소 및 노인여가활동 활성화에 기여할 수 있겠다.

둘째, 운영재정 지원을 확충해야 한다.

노인여가복지시설의 운영재정문제는 어느 시설이나 마찬가지이다. 현재의 정부지원 수준으로는 여가복지시설의 기능을 다하기가 어려운 실정이므로 점차적으로 정부와 지방자치단체의 재정적 지원이 확대되어야 한다. 시설규모와 이용자 수, 프로그램 운영 등 시설평가를 통한 차등지원을 하여 실질적인 운영이 될 수 있도록 해야 한다. 아울러 지역사회의 직능단체, 어린이집, 기업 등과의 민간단체와의 결연을 통한 지역후원회를 구성하여 시설 개·보수, 장비보강 등 적극적인 후원을 통한 재정적 어려움을 해소함으로써 효과적인 운영에 기여할 수 있도록 해야 한다.

셋째, 다양하고 전문적인 노인여가 프로그램의 개발이 시급하다.

노인들의 여가 프로그램에 대한 욕구는 매우 다양하다. 그러나 욕구수준에 비해 노인복지회관, 경로당, 노인교실에서 운영되고 있는 프로그램은 재정, 전문 인력 등의 부족으로 노인들의 욕구를 충족시키지 못하고 있다. 그러므로 노인들의 연령, 건강상태, 취미 등에 따라 여가활동을 하고자 하는 욕구의 유형이 다르므로 각각 그 특성에 맞는 여가 프로그램을 개발하여 활용해야 할 것이다. 그러기 위해서는 노인의 특성, 경로당의 여건, 지역 특성, 노인의 지적인 능력, 신체적 건강 등을 고려하여 전문적인 여가 프로그램을 개발하여 수행할 수 있도록 해야 한다.

CHAPTER 11

노인학대와 자살

제1절 노인학대의 개념 및 유형

1. 노인학대의 개념

학대(虐待)의 사전적 의미는 '정신적 · 육체적으로 몹시 괴롭히고 구박하는 것(연세한국어 사전, 2003)'으로 되어 있다.

일반적으로 노인학대 현상을 언급하기 위하여 사용되는 용어에는 학대, 유기나 방임, 착취가 주를 이루지만, 부당한 대우(mistreatment), 부적절한 보호(inadequate care)의 개념을 포함시키기도 한다(우국희, 2000). 여기서 부당한 대우는 학대(abuse), 유기(neglect), 착취(exploitation)가 주를 이루지만, 부당한 대우(mistreatment), 부적절한 보호(inadequate care)의 개념을 포함시키기도 한다(권중돈, 2005; 김혜경, 2006). 여기서 부당한 대우는 학대, 유기, 착취 등의 문제를 포함한 행동을 포함하고 있으며, 착취는 주로 재정적 · 물질적 학대를 강조할 때 사용되는 경향이 있다. 최근에는 학대의 상위범주로 부당한 대우라는 용어를 사용하면서 '부당한 대우'의 범주에 학대, 유기, 방임, 착취 등을 포함하기도 한다.

노인학대에 대한 개념은 사회적 · 문화적 요인과 가치관을 반영하여 정립되기 때문에 나라마다 학자마다 조금씩 다르게 정의되고 있다(이연호, 2002). 미국은 1995년 The Action on Elder Abuse에서 노인학대를 '모든 관계에서 발생하는 노인에게 해나 장해를 일으키는 단일한, 반복적인 행동 또는 적절한 행위의 부족'으로 정의한다. 미국심리협회(APA : American Psychological Association)는 '노인에게 신체적, 심리적 혹은 감정적 고통, 해를 유발하는 행위'로 규정하여 경제적 착취나 보호제공자의 의도적·비의도적 방임을 포함하였다.

구체적으로 국외에서 발표된 연구를 통한 노인학대의 정의를 살펴보면, 래스본-맥콴(Rathbone-McCuan, 1980)과 필레머(Pillemer, 1985)는 신체적 학대만을 논의하였고, 오말(O'Mall)과 그 동료들(1979)은 심리적 학대를 강조하여 노인에게 신체적인 고통, 정신적 분노, 비합리적인 감금 등을 고의적으로 하거나 신체적·정신적 건강을 유지하는 데 필요한 일련의 서비스를 부양자가 고의적으로 박탈하는 것을 노인학대라고 정의하였다(황현숙, 2004).

히키와 더글러스(Hickey & Douglass, 1981)는 노인에게 서비스를 제공하고 있는 228명의 전문가를 대상으로 연구한 논문에서 수동적·능동적 방임 두 가지로 방임을 분류하고 언어·정서적 학대와 신체적 학대로 구분하여 적극적 방임과 소극적 방임을 학대의 개념에 포함시켰고, 셍스톡과 화레크(Sengstock & Hwalek, 1986)는 노인학대는 신체적 학대, 신체적 방임, 심리적 학대, 심리적 방임, 물질적 학대, 개인적 권리의 침해를 의미하며 의도적이거나 비의도적일 수 있으며 자기학대나 자기방임을 포함하는 행위라고 정의하였다(나용선, 2005).

쉬퍼레우(Shiferaw)와 동료들(1994)은 노인학대를 학대, 착취, 방임의 세 가지 형태로 분류하여, 학대는 신체적 고통, 상처 또는 정신적 고통을 고의적으로 가하는 것, 착취는 타인의 이익을 위해 무력한 성인이나 그의 자원을 불법적 또는 부적절하게 이용하는 것, 방임은 혼자 살거나 자기보호를 할 수 없는 무력한 성인이 신체적·정신적 건강을 유지하는 데 필요한 서비스의 결여라고 정의하였다.

국내 학자들 역시 학대의 다양한 범주를 제시하였다. 김창기·박일연(2003)은 정서적 학대, 신체적 학대, 재정적 학대 및 방임으로 분류하였고, 김한곤(2003)은 정서적 학대, 언어적 학대, 육체적 학대, 경제적 착취, 방치 등으로 분류하고 있으며, 권금주(2007)는 기본적으로 신체적 학대, 심리(정서)적 학대, 재정적 학대 및 방임의 학대유형에 동의하나 언어적 학대, 성적학대, 유기, 자기방임 등에 대해서는 의견이 다르다 하였다. 한국형사정책연구원(1995)에서는 노인학대를 신체적 폭력, 언어 및 정서적 학대, 방임 등으로 구분하였으며, 이해영(1996)은 신체적 학대, 심리적 학대, 경제적 착취 및 방임 등으로 분류하였다. 국가인권위원회(2002)에서는 신체적 학대, 언어 및 정서적 학대, 경제적 학대, 성적 학대, 자기방임, 유기로 구분하였다.

우리나라는 노인복지법 제1조2의 제4항에서 노인학대라 함은 노인에 대하여 '신체적 · 정신적 · 정서적 · 성적 폭력 및 경제적 착취 또는 가혹행위를 하거나 유기 또는 방임을 하는 것'이라고 정의하였다.

2. 노인학대의 유형

우리나라 노인학대예방센터에서는 일반적으로 노인복지법에서 규정하고 있는 노인학대의 정의를 따르고 있다. 노인복지법의 노인학대에 대한 유형을 살펴보면 신체적 학대, 정서적 학대, 언어적 학대, 성적 학대, 경제적 학대 · 착취, 방임, 자기방임, 유기학대 등 여덟 가지 유형으로 분류하고 있다(보건복지부, 2004).

노인복지법은 노인학대에 대한 유형을 학대가 발생하는 공간에 따라 세 가지로 분류한다.

첫째, 가정학대는 노인과 동일 가구에서 생활하고 있는 노인의 가족구성원인 배우자, 성인 자녀뿐만 아니라 노인과 동일 가구에서 생활하지 않는 부양의무자 또는 기타 사람들에 의하여 행해지는 학대이다.

둘째, 시설학대는 노인에게 비용(무료 포함)을 받고 제공하는 요양원 및 양로원 등의 시설에서 발생하는 학대이다.

셋째, 가정 미시설 외의 공간에서 발생하는 학대를 말한다.

노인학대를 유형별로 살펴보면 다음과 같다.

1) 신체적 학대

신체적 학대는 물리적인 힘 또는 도구를 이용하여 노인에게 신체적 손상, 고통, 장애 등을 유발시키는 행위로 폭행, 폭력, 흉기사용, 감금, 화상 등 신체적으로 손상을 주는 모든 행동을 포함한다. 신체적 학대의 구체적인 예를 살펴보면 다음과 같다.

① 노인을 폭행한다

- 노인을 밀치거나 넘어뜨린다.
- 노인을 발로 찬다.
- 노인을 주먹으로 폭행한다.
- 노인의 몸을 벽에 박거나 바닥에 내리치는 행위 등을 가한다.
- 노인의 머리나 목 또는 몸을 강하게 잡거나 흔든다.
- 노인의 목을 조른다.
- 노인을 손 또는 몸으로 강하게 억압하며 짓누른다.
- 노인의 몸을 발로 밟는다.
- 노인을 질질 끌고 다닌다.
- 노인을 할퀴거나 꼬집는다.
- 노인의 머리채를 잡아당기거나 움켜잡아 뽑는다.
- 노인을 입으로 물어뜯는다.
- 몽둥이, 빗자루 등의 도구로 노인을 폭행한다.
- 물건을 던져 노인에게 상해를 입힌다.
- 칼이나 흉기를 사용하여 노인에게 상해를 입힌다.
- 담뱃불 또는 도구를 이용하여 노인에게 화상을 입힌다.

② 노인을 제한된 공간에 강제로 가두거나, 노인의 거주지 출입을 통제한다

- 노인을 집 안의 제한된 공간에서 나가지 못하게 통제한다.

- 노인을 집 밖으로 나가지 못하게 통제한다.
- 노인을 집 밖으로 끌어낸다.
- 노인을 제한된 공간에 장치(자물쇠 등)을 설치하여 출입을 통제한다.
- 노인을 집 밖으로 쫓아낸다.
- 노인을 집에 들어오지 못하게 한다.
- 노인의 거주지 주변 출입을 통제한다.

③ 노인의 신체를 강제로 억압한다

- 노인을 침대 등에 묶어 움직이지 못하게 한다.
- 노인의 신체 일부 또는 모두를 사용하지 못하게 장치(예 끈으로 묶어두기, 수갑 채우기, 손·발목 묶기 등)를 설치한다.

④ 신체적 해를 가져올 위험성이 큰 행위로 노인을 협박하거나 위협한다

- 칼이나 가위 등 흉기를 사용하여 노인을 협박하거나 위협한다.
- 물건을 던지거나 기물파손을 하는 등의 행위로 노인을 협박하거나 위협한다.

⑤ 노인의 신체적 생존을 위협할 수 있는 행위를 한다

- 노인을 기본 생존 유지에 필요한 장치(가스, 난방, 전기, 수도)로부터 단절시킨다.
- 노인을 기본 생존 유지에 필요한 식사 또는 음료를 보관하는 물품(밥통, 냉장고)으로부터 단절시킨다.
- 노인을 기본 생존 유지에 필요한 식사 또는 음료로부터 단절시킨다.
- 노인을 기본 생존 유지에 필요한 약물(심장 관련, 당뇨, 혈압 등)로부터 단절시킨다.

⑥ 약물을 사용하여 노인의 신체를 통제하거나 저해한다

- 노인에게 의료적으로 불필요한 약물이나 주사를 강제로 복용 및 투입하게 한다.

⑦ 노인이 원하지 않거나 수행하기 어려운 노동을 하게 한다

- 노인이 원치 않는 의사를 보였음에도 불구하고 일(노동)을 하도록 강요한다.
- 노인을 강제로 수감하거나 위협하여 일(노동)을 강요한다.
- 노인이 일을 수행하기 어려운 정신 및 신체적 상황임에도 불구하고 일(노동)을 하도록 강요한다.
- 노인에게 정신 및 신체적 악화를 가져올 수 있는 일 또는 조건에서 일(노동)을 하도록 강요한다.

신체적 학대사례

신체적·정서적·언어적 방임학대한 사례로서 피학대자인 박 할아버지(72세)는 뇌졸중으로 와상환자이다. 가해자(64세)는 피해자의 동거녀로서 1년 전부터 동거하면서 피해자를 학대하기 시작했다. 동거 시작 6개월 이후 피해자가 뇌졸중으로 쓰러지면서 학대가 시작되었다. 처음에는 병수발을 잘 들었으나, 피해자가 국민기초수급액 입금통장을 가해자에게 전달한 후 학대가 시작되었다. 초기에는 간병을 소홀히 하는 방임학대에서 시작하여, 철봉으로 때리고, '죽어'라는 욕을 하는 등 신체적·언어적 학대도 가했다. 특히 외부인이 출입하지 못하게 아파트 열쇠를 뺏고, 전동스쿠터 열쇠를 뺏어 외부에 나가지도 못하게 했다. 의료보호증도 뺏어서 병원치료를 막기도 했다. 이에 박 할아버지가 복지관에 자신의 상황을 호소하였으나, 학대가 더욱 심해지기만 했다. 할아버지는 학대에 노출되기 쉬운 와병환자이며, 가해자의 인성적 결함 및 주변 환경은 간병으로 인한 스트레스의 축적을 학대요인으로 추적할 수 있는 사례이다.

2) 정서적 학대

정서적으로 고통을 주는 것으로 말로 인한 모욕, 계획적으로 피해자의 인간성을 부정하고 스트레스를 주어 노인 스스로가 자살하고 싶은 충동을 일으키게 하거나 우울증 등의 정신적 질병을 가지게 만드는 것을 말한다. 통상적으로 정서적 학대는 폭력과 협박도 함께 수반한다. 정서적 학대의 구체적인 예를 살펴보면 다음과 같다.

① 노인과의 접촉을 기피한다

- 노인을 쳐다보지 않고 무시한다.
- 노인에게 말을 걸지 않거나 대화를 하지 않는다.
- 노인의 말과 행동을 지속적으로 무시하고 반응을 보이지 않는다.
- 노인의 일상생활(식사, 일상물품 사용 등)을 타 가구원과 별도로 하게 한다.

② 노인의 사회관계 유지를 방해한다

- 노인이 친구나 친지들과 만나거나 연락하는 것을 방해한다.
- 노인의 친구나 친지 등이 방문하는 것을 싫어한다.
- 비방이나 폭력적 행동 등으로 타인이 노인과의 관계를 유지하는 것을 싫어하게 만든다.
- 노인의 일상적인 사회활동이나 종교 활동을 노골적으로 방해한다.
- 비방이나 유언비어로 노인의 경제활동을 저해한다.
- 노인의 이성교제를 방해한다.

③ 노인을 위협·협박하는 언어적 표현이나 감정을 상하게 하는 행동을 한다

- '죽이겠다'고 협박한다.
- 노인이 수치심을 느끼게 하는 모욕적인 말을 한다.

- 시설로 보낸다. 또는 집에서 나가라 등의 위협 · 협박을 한다.
- 자존심을 상하게 하는 말을 한다.
- 노인의 요구를 무조건 무시한다.
- 노인에게 창피를 준다.
- 노인에게 고함을 지르거나 욕을 한다.
- 노인을 비웃거나 조소를 한다.
- 노인에게 혐오스러운 말을 한다.
- 노인을 재앙을 가져오는 사람으로 취급한다.

④ 노인과 관련된 결정사항에 대해서 의사결정 과정에서 소외시킨다

- 노인의 거취 결정에서 노인을 배제시킨다.
- 노인을 집안 경조사에 참여시키지 않는다.
- 노인의 소지품 처분을 결정할 때 노인의 의사를 반영하지 않는다.

정서적 학대사례

외아들이 초등학교 들어가기 전 남편과 사별한 김모 할머니(78세), 남편의 죽음은 살림만 챙기던 할머니를 아무런 준비 없이 냉정한 세상으로 내몰았다. 가진 기술이나 밑천이 없던 할머니는 파출부를 전전했다. 그렇지만 하나뿐인 아들 교육만큼은 소홀하지 않았다. 없는 살림이지만 아비 없는 자식이라 흉을 보일까, 혹 자신의 가난이 그대로 물려질까 봐 아들의 교육을 위해서라면 끼니도 걸렀다. 재혼할 기회도 있었지만 포기했다. 아들만을 삶의 희망으로 삼고 모든 것을 바치며 살았다. 그런 아들은 어머니의 기대를 저버리지 않고 최고 일류대학을 졸업했다. 아들이 결혼한 뒤에도 할머니는 입주파출부 생활을 계속했다. 아들과 며느리에게 부담을 주는 것이 싫었기 때문이다. 도리어 자신을 위해 돈을 쓰는 것은 사치란 생각에 조금이라도 목돈이 생기면 아들의 사업자금에 보탰다. 그러나 할머니에게 돌아온 아들 가족의 태도는 냉담했다. 파출부도 힘에 부쳐 1년 전부터 어쩔 수 없이 아들집으로 들어갔지만 손자 앞에서 대놓고 무시당하기 일쑤였다. 아들과 며느리는 아예 밥도 같이 먹으려 하지 않는다. 도리어 "더 나이 들어 병이라도 걸리면 양로원에 버리겠다"는 악담도 서슴지 않는다.
김 할머니는 "지금까지 자식 하나만을 위해 내 앞으로 된 통장 하나 만들지 못하고 살았지만 이런 대우를 받으니 너무 억울하다"고 하소연했다.

언어적 학대사례

김모 할머니는 트럭운전 기사인 아들(45세)에게 등산용 지팡이로 맞아오길 수차례, 지금은 세상을 뜬 김 할머니의 남편 역시 상습적으로 폭력을 휘둘러 왔고 그것을 보고 자란 아들 역시 술만 마시면 할머니를 때리고, '자식에게 해준 것이 뭐 있냐', '당신이 재수가 옴 붙어 아버지까지 죽은 것 아니냐'는 폭언도 뒤따르기 일쑤였다. 우울증과 불안감에 시달리며 센터일시보호실에 거주 중인 할머니는 이런 처지에 있으면서도 "우리 손주 학교 갔다 올 때가 됐는데" 하며 "밥은 챙겨 먹어야 할 텐데 걱정되네예"라고 말했다.

3) 성적 학대

성적 학대는 성적 수치심을 유발하는 행위 및 성희롱, 성추행, 성폭력 및 강간 등의 노인의 의사에 반하여 강제적으로 행하는 모든 성적 행위를 포함한다. 예를 살펴보면 다음과 같다.

① 노인에게 성폭력을 행한다

- 노인이 원치 않음에도 불구하고 강제적으로 성관계를 갖는다.
- 노인이 원치 않음에도 불구하고 강제적으로 성관계를 강요 또는 시도한다.

- 노인이 원치 않음에도 불구하고 입맞춤, 애무 등을 요구한다.
- 노인이 원치 않음에도 불구하고 가슴이나 엉덩이 등 신체 일부를 만진다.
- 판단능력이 없거나 의사표현을 할 수 없는 노인을 성폭행한다.

② 노인에게 성적 수치심을 주는 표현이나 행동을 한다

- 노인의 신체를 빗대어 혐오감을 주는 언행을 한다.
- 성적 언행 등으로 노인에게 굴욕감이나 혐오감을 느끼게 한다.
- 사람들이 보고 있음에도 불구하고 노인의 성적 부위를 드러내고 옷 또는 기저귀를 교체한다.
- 사람들이 보고 있음에도 불구하고 노인을 알몸으로 목욕시킨다.
- 원하지 않거나, 판단능력이 부족한 노인임에도 불구하고 성적 신체부위를 몰래 촬영한다.
- 노인이 원치 않음에도 불구하고 학대행위자의 성기 및 자위행위를 보게 한다.
- 노인이 원치 않음에도 불구하고 포르노 잡지나 비디오를 보게 한다.
- 원하지 않거나, 판단능력이 부족한 노인임에도 불구하고 노인의 성적 신체부위 전체 또는 일부를 노출시켜 놓는다.

성적 학대사례

A 노인요양시설은 김모 할아버지에게 사람들이 보고 있음에도 불구하고 알몸으로 목욕을 시키거나 노인의 성적 부위를 드러내고 옷 또는 기저귀를 교체하였다. 또한 판단능력이 부족한 노인임에도 불구하고 노인의 성적 신체부위 전체 또는 일부를 노출시켜 놓는 경우가 있음을 김모 할아버지의 가족들이 우연히 알게 되어 당황스러웠다며 앞으로 어떻게 대처해야 할지 모르겠다고 하였다.

4) 경제적 학대

경제적 학대는 노인의 자산을 노인의 동의 없이 사용하거나 부당하게 착취하여 이용하는 행위 및 노동에 대한 합당한 보상을 제공하지 않는 행위를 말한다. 간혹 재산상속 문제를 둘러싸고 자녀가 노부모를 학대하는가 하면 나이든 노인이 갖고 있던 재산, 연금, 수당을 착취해 노인들을 경제적 곤란에 빠지게 하는 경우를 볼 수 있는데 이러한 행동이 경제적 학대의 전형이라고 볼 수 있다. 경제적 학대의 구체적인 예를 살펴보면 다음과 같다.

① 노인의 소득 및 재산, 임금을 가로채거나 임의로 사용한다

- 노인의 허락 없이 임금, 임대료, 재산 등을 가로챈다.
- 의사표현 능력이 없는 노인의 연금, 재산 등을 가로챈다.
- 노인의 허락 없이 저축, 주식 등을 임의로 사용한다.
- 공적 부조(예 국민기초생활보장 수급자 생계비) 급여를 가로채거나 임의로 사용한다.
- 노인의 허락 없이 노인명의의 은행계좌로부터 현금을 인출하여 사용한다.
- 노인의 허락 없이 노인 소유의 귀중한 물건을 빼앗는다.
- 노인 소유의 귀중한 물건을 파괴하는 등 재산적 피해를 준다.
- 노인에게 빌린 돈을 갚지 않거나 귀중한 물건을 돌려주지 않는다.
- 노인의 노동에 대한 대가를 정당하게 지급하지 않는다.

② 노인의 재산에 관한 법률적 권리를 침해하는 행위를 한다

- 노인 소유의 부동산을 노인의 동의 없이 임의로 사용하거나 강제로 명의 변경한다.
- 노인의 허락 없이 수표 및 기타 금융·법적 서류에 서명을 날조한다.
- 노인의 허락 없이 노인의 신용을 이용하여 이익을 취한다(명의 도용).
- 노인의 허락 없이 노인명의로 은행 등에서 대출을 받는다.
- 노인의 허락 없이 노인명의의 은행계좌, 보험 등을 해약한다.
- 사기나 강압, 부당한 위력으로 유언장, 계약서, 위임장 등에 서명을 허위로 작성하거나 변조한다.
- 대리권을 노인이 원하지 않는 방법으로 악용한다.
- 노인부양을 전제로 재산 상속을 약속 또는 증여하였으나, 부양의무를 이행하지 않는다.

③ 노인의 재산 사용 또는 관리에 대한 결정을 통제한다

- 노인이 희망하는 재산 사용을 이유 없이 제한하거나 강요한다.
- 노인 자신의 돈을 일상생활에서 마음대로 사용하지 못하게 한다.
- 노인의 재산을 노인이 원하지 않는 방법으로 사용하도록 강요한다.
- 노인의 재산관리 관련 결정을 제한하거나 강요한다.
- 노인 명의의 재산을 불법적으로 소유하려고 협박한다.
- 수표 및 기타 금융·법적 서류에 서명을 강요한다.

경제적 학대/ 착취 사례

부양을 약속하고 재산을 상속받은 후 학대가 시작된 사례이다. 임 할머니(82세)는 일상생활이 가능한 건강한 노인이며, 최근까지는 가해자인 셋째 딸 가족과 함께 살았다. 1남 4녀를 두었으나, 아들은 교통사고로 잃었다. 아들 사망 후 딸 중에서 경제적으로 제일 열악한 셋째 딸이 부양을 약속하여 가진 재산을 모두 팔아서 딸의 집을 사주었다. 동거 직후 사위가 욕을 하는 등 언어적 학대를 시작하였고, 딸도 함께 학대하기 시작하였다. 이후 다른 자녀들 간의 연락도 뜸해지기 시작하고, 딸이 노부모를 어딘가로 데려가 유기하려 했으나, 지나가는 행인에게 발각된 일도 있었다. 현재는 이웃 친구 집에 피신해 있는 상태이다. 이 사례는 부양의 조건을 내세워 할머니의 재산을 모두 갈취 후 학대하기 시작한 전형적인 재정적 학대이다.

5) 방 임

부양의무자로서의 책임이나 의무를 의도적 혹은 비의도적으로 거부, 불이행 혹은 포기하여 노인의 의식주 및 의료를 적절하게 제공하지 않는 행위를 말한다. 방임에 대한 구체적인 예를 살펴보면 다음과 같다.

① 거동이 불편한 노인의 의 · 식 · 주 등 일상생활 관련 보호를 제공하지 않는다

- 스스로 식사하기 힘든 노인을 방치한다.
- 스스로 배변처리가 어려운 노인을 방치한다.
- 노인 스스로 청결유지(목욕, 빨래 등) 또는 환경관리(청소 등)가 불가능함에도 불구하고 이를 방치한다.
- 심각한 질환(치매 등)이 있는 노인을 홀로 거주하게 한다.

- 노인에게 안정된 주거공간을 제공하지 않고 떠돌게 한다.
- 노인이 부적절한 주거 공간(컨테이너 등)에 거주하는 것을 방치한다.

② 경제적 능력이 없는 노인의 생존을 위한 경제적인 보호를 제공하지 않는다

- 경제적 능력이 없는 노인의 기본적 생존을 위한 생활비를 지원하지 않거나 중단한다.
- 경제적 능력이 없는 노인의 생활관련 업무(세금 및 각종 요금납부)를 방치한다.
- 경제적 능력이 없는 노인의 사회적 활동(용돈, 종교 활동비, 경조사비 등)을 위한 경제적 지원을 제공하지 않는다.

③ 의료 관련 욕구가 있는 노인에게 의료적 보호를 제공하지 않는다

- 노인에게 필요한 보장구(틀니, 보청기, 돋보기, 지팡이, 휠체어 등)를 제공하지 않는다.
- 노인에게 필요한 의료적 처치를 제공하지 않거나 거부·방해하거나 혹은 소홀히 한다.
- 질병으로 인해 거동이 불편한 노인의 간병을 소홀히 한다(악취, 욕창, 염증 등 발생).

④ 자신을 돌보지 않거나, 돌봄을 거부함으로써 노인의 생명이 위협받는다(자기방임)

- 노인 자신이 의료처치 또는 약복용 등 의사의 지시에 따른 치료 행위를 거부한다.
- 건강, 생활, 환경 등의 위험한 상황에서 노인이 도움을 요청하지 않거나 거부한다.
- 노인 스스로 생존을 위해 필수적인 의·식·주 관련 행위를 거부함으로써 생명이 위협받는다.

- 일상생활 수행을 위한 신체적 · 정신적 능력을 상실한 노인이 돌봄을 거부함으로써 생명이 위협받는다.
- 건강에 치명적임에도 불구하고 노인이 약물이나 알코올 남용을 지속한다.
- 노인이 자살을 시도한다.

방임 학대사례

김모 할머니(70세)는 치매증세가 심각하지만 아무런 보살핌을 받지 못했다. 아들은 일 때문에 집을 비우는 일이 잦았고 할머니에 대해 거의 신경을 쓰지 않았다. 김 할머니는 스스로 대변처리도 하지 못할 정도였지만, 하루종일 혼자 방치된 채 식사조차 챙기지 못했다. 노인학대예방센터 상담원들은 현장을 돌아보고 가족들과의 면담 끝에 김 할머니의 치매증상에 따른 부양 스트레스가 방임학대의 주 원인이라고 추정했다. 센터 측은 아들과의 상담 끝에 얼마 전 할머니를 치매전문시설에 입소시키기로 결론지었다.

6) 유 기

유기학대는 노인을 부양할 책임이 있는 사람이 노인을 버리는 것으로 노인학대의 가장 극단적인 한 유형으로 생각해 볼 수 있다. 우리나라의 경우 일정 연령이 되면 자연스럽게 부모와 자녀가 독립적으로 살아가는 서구와 달리 아직은 자식이 노인을 부양하는 것을 당연하게 받아들이고 있음을 감안해 볼 때, 노인유기는 노인학대의 한 유형으로 부가해 볼 수 있을 것이다. 따라서 유기학대의 구체적인 예를 살펴보면 다음과 같다.

① 의존적인 노인을 유기한다

- 노인과 연락을 두절하거나 왕래를 하지 않는다.
- 노인을 시설, 병원에 입소시키고 연락과 왕래를 두절한다.
- 인지기능을 상실한 노인(치매, 약물중독, 알코올중독, 정신질환 등)을 고의적으로 가출 또는 배회하게 한다.
- 노인을 낯선 장소에 버린다.
- 배회하는 상태에서 발견된 노인에 대하여 부양의무자가 부양의무 이행을 거부한다.

유기 학대사례

베트남 호찌민시에 사는 김모 할아버지(74세)의 사연은 '현대판 고려장'을 연상하게 한다. 사업으로 남부럽지 않은 재산을 모은 할아버지가 중풍에 걸리자 사업체를 물려받은 큰 아들이 베트남 여행길에 아버지를 버렸다. 길거리를 배회하는 할아버지를 발견한 현지 교포가 자식의 처사에 분개, 서울의 큰아들을 수소문해서 매달 생활비를 부쳐 드리라고 강권했다. 현지 베트남 간병인 여성(23)의 극진한 보살핌으로 병이 완치되어 그녀와 결혼까지 한 할아버지는 "자신을 버리고 갔던 아들을 생각하면 피가 끓는다. 일찌감치 사업체를 물려준 것이 화근"이라고 말했다.

이와 같은 여섯 가지의 학대유형 중 노인들이 가장 많이 경험하는 학대유형은 무엇인지 중앙노인보호전문기관(2019)의 통계결과에 의하면 입소자의 경우 정서적 학대 447건(46.5%), 신체적 학대 368건(38.3%), 경제적 학대 53건(5.5%)순이며, 이용자는 정서적 학대 526건(48.7%), 신체적 학대 352건

(32.6%), 방임 60건(5.6%)순으로 나타났다. 입소노인의 경우 신체적 학대, 성적 학대, 경제적 학대, 유기 학대가 이용노인에 비해 비율이 높았으며, 이용노인의 경우 정서적 학대, 방임, 자기방임이 입소노인에 비해 높은 비율을 보였다.

〈표 11-1〉 보호노인 학대 유형 (단위 : 건, %)

구 분	신체적 학대	정서적 학대	성적 학대	경제적 학대	방 임	자기 방임	유 기	계
입소자	368	447	39	53	26	24	5	962
	38.3	46.5	4.1	5.5	2.7	2.5	0.5	100
이용자	352	526	38	53	60	49	2	1,080
	32.6	48.7	3.5	4.9	5.6	4.5	0.2	100
계	720	973	77	106	86	73	7	2,042
	35.3	47.6	3.8	5.2	4.2	3.6	0.3	100

출처 : 중앙노인보호전문기관(2019). 노인 학대 현황보고서.

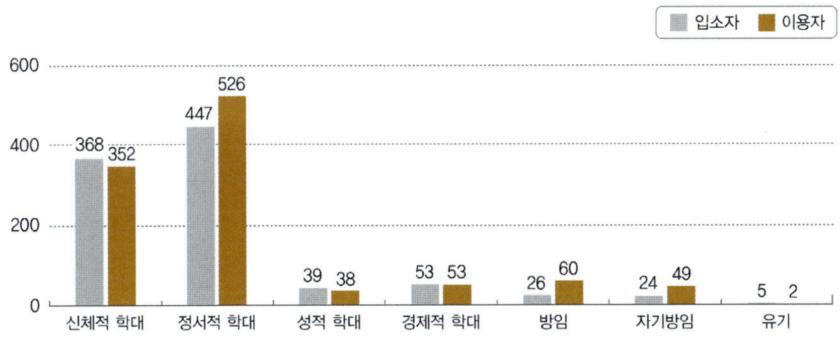

|그림 11-1| 보호노인 학대 유형

출처 : 중앙노인보호전문기관(2019). 노인 학대 현황보고서.

제2절 노인학대와 관련된 주요 이론

노인학대를 이해하려고 적용된 이론들은 노인학대현상에 대한 한 가지 이론으로 설명하기보다는 다양한 측면으로 해석과 접근을 하고 있다. 스타인메츠(Steinmetz, 1988)의 연구에서는 교환이론, 역할이론, 상징적 상호작용이론, 김봉운(2005)은 사회학습이론, 상징적 상호작용이론, 교환이론, 가족 스트레스 이론, 한은주(2002)는 미시체계이론, 중간체계이론, 거시체계이론 등이 있다고 하였다. 따라서 노인학대와 관련된 주요 이론으로서 사회학습이론, 교환이론, 상징적 상호작용이론, 가족 스트레스 이론을 중심으로 살펴보고자 한다.

1. 사회학습이론

사회학습이론은 반두라(Bandura) 개인의 모방학습이론에 근거하여 하나의 학습된 형상으로 보는 폭력행위를 모방함으로써 새로운 공격행동의 기술을 습득하고 공격행위에 대한 금지해제를 일으켜 양심의 가책이나 죄의식 없이 폭력을 사용할 수 있다는 것이다. 이 이론은 아동학대 및 가족폭력에서 역할 모델을 통해 폭력을 학습하고, 문제해결에 폭력 또는 공격이 효과적이라는 것을 배운다는 것과 같은 맥락에서 이해할 수 있다(권금주, 2007).

자녀와 배우자의 노인을 학대하는 행위는 문화뿐만 아니라 그들의 주위 가족에게서도 학습이 된다. 즉, 어린 시절의 학대경험 혹은 그들의 부모가 학대하는 광경을 본 자녀는 부모가 연로해졌을 때 노부모를 학대할 수 있다는 것이다. 비록 사회학습이론이 노인학대의 경험적 증거로서 입증되지 않았지만, 사회학습이론의 폭력전이는 노인학대에 원용될 수 있는 것이다(송지원, 2001). 더글러스(Douglass, 1983)는 방임과 학대를 일으키는 원인은 학대를 목격하거나 받아온 아동이 학대하는 성인으로 성장한다는 가설을 지적하였다. 또한 킴지(Kimsey, 1981)는 가족의 전후관계 속에서 부모로부터 학대를 받았던 성인 자녀들이 현재 그들이 부모에 대항하여 유사한 형태의 폭력을 사용하고 있다고 지적하였다.

2. 교환이론

교환이론은 형태주의 심리학과 공리주의 경제학, 기능주의 인류학 등에 이론적 기반을 두고 호만스, 블록, 에머슨(Homans, Block, & Emerson) 등에 의해 체계화된 이론이다. 교환이론에서는 부양을 둘러싼 권력의 역동성(power dynamics)에서 학대의 원인을 찾고 있다. 이 이론은 호혜성(reciprocity)이라고 하는 규범이 붕괴할 때 학대가 발생하는 것으로 본다. 즉, 노인학대는 부양자가 그들이 기대하는 부양에 대한 대가를 받지 못하는 상황에 당면하여 부양하기 이전의 상태로 돌아가려고 시도를 할 때 발생하는 것으로 본다.

워커(Walker, 1992)는 딸과 어머니 사이의 부양관계를 교환이론을 이용하여 연구하였는데, 그는 부양하는 데 생기는 비용으로 걱정, 긴장, 압도당하는 느낌, 유감, 감정적 소모, 초조, 무력감, 좌절, 죄의식 그리고 사랑하는 부모의 쇠퇴를 지켜봄으로써 발생하는 근심 등을 감정적 비용으로 제시하였으며, 그 외에도 재정적 비용, 시간의 제한에 대한 비용을 들었다. 부양함으로 얻는 보상으로는 부양자가 노화과정에 대한 지식을 증가시킬 수 있고, 부양을 통해 관계를 향상시킬 수 있으며, 배우자를 기쁘게 하고, 자녀로부터 도움을 받는 것 등이다. 따라서 대가의 모색 없이 부양자에게 비용을 증가시키는 전통적 가족주의 고수는 노인과 성인 자녀세대 간의 관계에 큰 위기를 낳게 할 것이다(한동희, 1996).

3. 상징적 상호작용이론

가족연구에서 가장 널리 사용되는 상징적 상호작용이론은 인간의 주체적 사고능력에 주목하면서 밀(Meal)에 의해 제창되고, 블루머(Blumer) 등이 계승, 발전시킨 이론이다. 상징적 상호작용이론은 다른 사람들과의 상호작용으로부터 나는 어떠한 사람인가에 대한 자아개념을 갖게 되고 그러한 자아개념이 그 개인의 행동에 영향을 미친다는 이론으로 노인학대의 문제는 노인 자신이 자아존중감이 낮고 스스로 부족하고 약하며 무력한 존재라고 생각할 때 다른 사람들의 반응 역시 무시하고 함부로 대하게 된다는 관점이다. 즉, 상징적 상호작용이론에 의하면, 사회적 · 생리적 노화로 말미암아 노인이 속해 있는 집단구성원 간의 상호작용에서 역할기대가 변화하기 때문에 발생하는 것으로 본다(최경희, 2005). 역할기대의 변화는 지금까지 안정적이었던 정체성을 흔들어 놓게 되고 특정 행위에 대한 인식에서 불일치를 발생시키므로 오해와 역할긴장을 가져오게 된다. 이는 상호협상에 의해서 새로운 정체성과 관계가 성립된다면 해결될 수도 있지만 그렇지 못할 때는 어린아이 취급과 같은 심리적인 학대 및 기타 학대가 발생할 수도 있다.

4. 가족 스트레스 이론

고령자의 부양은 매우 힘들고 많은 가족 스트레스를 불러일으키는 작업이므로 많은 학자들이 노인학대와 방임의 원인을 설명할 때 이 가족 스트레스 이론을 지지하고 있다. 즉, 부양자와 피부양자인 노인과의 관계에서 형성되는 갈등과 스트레스에 의해 학대가 발생한다는 이론으로 노인이 지나치게 신체적 · 정신적 · 물질적으로 부양자에게 의존할 때 그러한 스트레스와 정신적 · 신체적 문제가 있는 노인이 부양자에게 공격적인 폭언, 행동으로 말미암아 스트레스가 발생할 때 학대가 일어난다는 것이다(정호영 · 노승현, 2007). 따라서 가족 스트레스 이론 역시 의존성 이론과 같은 맥락으로 볼 수 있는데, 가족구성원의 스트레스 갈등, 부양부담에 좀 더 초점을 맞추었다고 볼 수 있다.

특히 가족 내에서의 스트레스는 가족구성원의 생활주기와 관련하여 다양하고 끊임없이 스트레스가 일어난다. 예를 들어, 결혼, 출산, 자녀입학, 졸업, 독립, 은퇴, 배우자의 사별, 전근, 직업상 스트레스, 해고, 별거, 이혼, 가정 내 폭력, 성역할 변화(맞벌이), 실업, 불황, 가족구성원의 질병, 기타 예기치 못한 사건들이 계속하여 일어나는데 이러한 스트레스 원에 대한 적절한 대처가 부족하면 가족체계 내의 스트레스가 축적되어 노인학대의 가능성을 높인다는 것이다. 특히 빈곤과 같은 만성적 스트레스가 있는 가족이거나, 적절한 스트레스 대처기제가 부족한 경우, 가족 내 폭력의 내력이 있거나, 부양자의 정신적 부적합성, 노인의 의존성이 큰 경우에 노인 부양에 따르는 스트레스는 노인과 가족원 간의 학대발생을 촉진시키는 상황을 형성하고 학대가 발생한다는 것이다.

이러한 관점에서 보면, 노인학대의 예방과 치료를 위해서는 가족이 경험하는 문제와 긴장을 완화하고 가족이 스트레스를 경험할 때 지원을 가능하게 하는 사회적 지원망을 확보하는 것이 중요하다.

제3절 노인학대의 국내 실태

1. 국내 노인학대의 실태 현황

노인학대의 실태를 살펴보면, 2018년 한 해 동안 전국 31개 지역노인보호전문기관을 통해 신고된 신고 건수는 15,482건으로 확인되었다. 일반사례[1)]의 신고는 10,294건(66.5%)으로 나타났으며, 학대사례[2)]는 5,188건(33.5%)로 나타났다. 따라서 전년도 대비 전체신고 건수는 16.3% 증가(13,309건→15,482건)하였다. 전체사례[3)] 중 일반사례의 비중이 매년 높아지고 있으며, 일반사례의 경우 전년도 대비 18.5% 증가(8,687건 → 10,294건)하였다. 학대사례의 경우 전년도 대비 12.2% 증가(4,622건 → 5,188건)하였다. 다만 학대사례는 전년도 대비 전체 신고건수에서 차지하는 비중이 1.2% 감소하였다. 즉, 일반사례 비중이 '2017년 65.3% → 2018년 66.5%'으로 나타났으며, 학대사례 비중이 '2017년 34.7% → 2018년 33.5%'으로 나타났다.

신고자의 유형은 5,188건 중 신고의무자에 의한 신고건수는 767건(14.%)이며 비신고의무자는 4,421건(85.2%)으로 나타났다. 신고의무자에 대한 신고건수 767건에 대한 세부 유형으로 사회복지전담공무원 398건(51.9%), 노인복지시설종사자 및 노인복지상담원 194건(25.3%), 가정폭력 관련 종사자 72건(9.4%)의 순으로 나타났다. 사회복지전담공무원과 노인복지시설 종사자 및 노인복지상담원 비중이 77.2%로 신고의무자의 신고가 특정 집단에 집중되어 있다는 것을 확인할 수 있었다.

1) 일반사례 : 신고 접수된 사례 중 단순 정보제공이나 기관 안내 등의 문의로 학대의심사례로 보기 어려운 사례와 신고접수 시 노인학대가 의심되었으나 사실관계 확인 및 현장조사 등을 통하여 노인학대 및 학대위험요인이 드러나지 않는 사례를 의미한다.

2) 학대사례 : 신고 접수 시 노인학대가 의심되어 현장조사를 실시한 후 사례판정 결과 학대사례(응급, 비응급, 잠재적 사례)로 판정된 사례를 의미한다.

3) 전체사례 : 학대사례와 일반사례를 합한 모든 신고 사례를 의미한다.

또한 신고의무자의 노인학대 신고 인지경로 유형 중 663건(86.4%)이 이미 인지가 있는 사람으로 전년대비 0.5% 감소(2017년 552건, 86.9%)하였으나 여전히 높은 비율을 차지하고 있다. 이러한 결과는 신고의무자를 대상으로 한 예방교육의 중요성을 보여주는 단적인 예라고 할 수 있다. 따라서 다양한 신고의무자 집단을 대상으로 활발한 노인학대 예방교육이 필요한 것으로 보인다.

학대사례 5,188건 중 비신고의무자에 의한 신고건수는 4,421건(85.2%)으로 신고유형의 대부분을 차지하고 있다. 즉, 전체 신고자 유형 중 비신고의무자 신고건수에 대한 세부 유형을 살펴보면 지킴이단[4] 경찰관에 의한 관련기관[5]이 3,402건(77.0%), 친족 472건(10.7%), 학대피해노인 본인 387건(8.8%), 타인이 156건(3.5%)의 순으로 나타났다. 그리고 2018년 학대사례 5,188건 중 신고접수 경로 유형은 112이관을 통합 접수 2,418건(46.6%)이 절반에 가까운 비율을 차지하고 있다. 112이관 2,418건(46.6%), 자체접수 2,390건(46.1%), 보건복지콜센터 129이관 108건(2.1%), 희망복지지원단[6] 720건(1.4%) 등의 순으로 나타났다. 신고접수 유형으로는 노인학대 신고전화 1577-1389로 신고한 유형이 2,539건(48.9%)으로 과반에 가까운 비율을 차지하고 있다. 그 외 세부 유형으로 서신 2,391건(46.1%), 대면 180건(3.5%), 온라인 78건(1.5%) 등이 있다.

학대사례 중 신고 인지경로 유형은 '이미 인지가 있는 사람'이 4,070건(78.5%)으로 가장 높았으며, '타 · 기관안내'가 251건(4.8%), '이미 개입 경험이 있으며 직접 홍보의 경우'가 246건(4.7%)으로 나타났다. 즉, 신고자가 이미 인지가 있어 신고하거나 직접홍보를 통해 신고한 경우는 노인보호전문

4) 지역노인보호전문기관에 조직된 실버스마일 사업단(노인사회활동지원사업)을 통해 노인학대 사례 발굴 · 예방, 학대사례의 사후관리 등을 목적으로 노인학대 예방 교육 · 홍보물, 교육매뉴얼을 개발 및 배포 업무를 하는 사업단을 의미한다.

5) 관련기관에는 어르신 지킴이단, 경찰관, 사회복지시설종사자, 기타 관련기관 종사자 등이 해당된다.

6) 복합적 욕구를 가진 대상자에게 통합사례관리를 제공하고 지역 내 자원 및 방문형서비스 사업 등을 총괄 · 관리함으로써 지역단위 통합서비스 제공의 중추적 역할을 수행하는 전담조직을 말한다.

기관의 노인학대 예방교육과 홍보의 효과를 말하는 것으로 지속적인 교육과 홍보 전략이 필요하다. 특히 비신고자의 경우 이미 인지가 있어 신고한 비율이 전년대비 8.3% 대폭 증가했다는 결과를 통해 확인할 수 있듯이 일반인을 대상으로 한 지속적인 교육 및 홍보가 필요한 사항이다.

2. 연도별 재학대 건수

또한 연도별 재학대 건수를 살펴보면 2012년부터 2014년까지 감소추세를 보이던 재학대비율은 2015년부터 다시 증가하기 시작하였다. 2018년 전체학대사례 대비 비율이 2017년 7.8%에 비하여 1.6%p 증가하였고, 지난해 대비 비율은 35.9% 증가하였다(표 11-2 참조).

〈표 11-2〉 연도별 재학대 건수 및 비율 (단위 : 건, %)

구 분		2005년	2006년	2007년	2008년	2009년	2010년	2011년	2012년	2013년	2014년	2015년	2016년	2017년	2018년
학대사례		2,038	2,274	2,312	2,369	2,674	3,068	3,441	3,424	3,520	3,532	3,818	4,280	4,622	5,188
재학대	건수	90	97	178	218	269	295	338	298	212	208	229	249	359	488
	비율	4.4	4.3	7.7	9.2	10.1	9.6	9.8	8.7	6.0	5.9	6.0	5.8	7.8	9.4
증감률		-	7.8	83.5	22.5	23.4	9.7	14.6	-11.8	-28.9	-1.9	10.1	8.7	44.2	35.9

출처 : 중앙노인보호전문기관(2019). 노인학대 현황보고서.

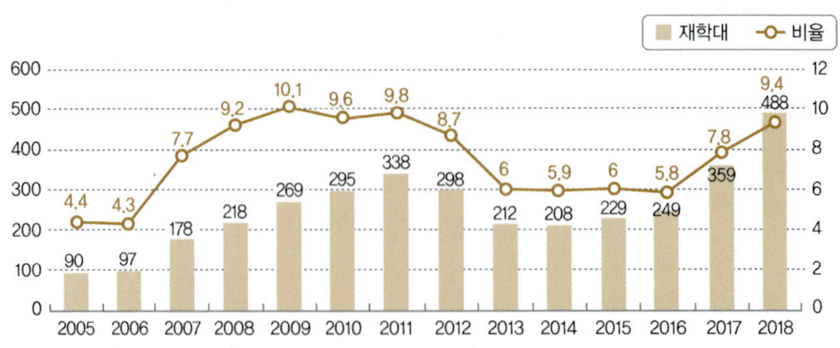

|그림 11-2| 연도별 재학대 건수 및 비율 추이

출처 : 중앙노인보호전문기관(2019). 노인학대 현황보고서.

3. 연도별 학대발생장소

연도별 학대발생장소를 살펴보면, 2018년 기준 가정 내 학대는 89.0%(4,616건)으로 2013년 이후 계속해서 증가하여 2017년보다 다소 감소하였으나 여전히 90%에 가까운 비율을 보이고 있다. 생활시설은 7.3%(380건)로 나타나 2015년부터 꾸준히 증가추이를 나타내고 있다. 따라서 부모를 생활시설에서 안전하게 모시기 위한 방안으로 보호자들은 시설에 어르신을 모셨지만 생활시설에서의 학대가 꾸준히 증가하고 있는 현실을 감안해 볼 때 보다 강력한 대책과 규제가 필요한 것으로 보인다(표 11-3 참조).

〈표 11-3〉 연도별 학대발생장소 (단위 : 건, %)

구 분	2005년	2006년	2007년	2008년	2009년	2010년	2011년	2012년	2013년	2014년	2015년	2016년	2017년	2018년
가정 내	1,893	2,008	2,060	2,132	2,358	2,625	2,921	2,909	2,925	2,983	3,276	3,799	4,129	4,616
	92.9	88.3	89.1	90.0	88.2	85.6	84.9	85.0	83.1	84.5	85.8	88.8	89.3	89.0
생활시설	46	33	58	55	55	127	196	216[주1)]	251[주2)]	246[주3)]	206[주4)]	238[주4)]	327[주4)]	380[주4)]
	2.3	1.5	2.5	2.3	2.1	4.1	5.7	6.3	7.1	7.0	5.4	5.6	7.1	7.3
이용시설	5	3	5	9	16	22	24	35	42	44	57	16	16	41
	0.2	0.1	0.2	0.4	0.6	0.7	0.7	1.0	1.2	1.2	1.5	0.4	0.3	0.8
병 원	36	38	59	61	66	88	65	83	107	100	88	24	27	65
	1.8	1.7	2.6	2.6	2.5	2.9	1.9	2.4	3.0	2.8	2.3	0.6	0.6	1.3
공공장소	10	34	70	82	83	87	92	86	86	74	80	94	58	42
	0.5	1.5	3.0	3.5	3.1	2.8	2.7	2.5	2.4	2.1	2.1	2.2	1.3	0.8
기 타	48	158	60	30	96	119	143	95	109	85	111	109	65	44
	2.4	6.9	2.6	1.3	3.6	3.9	4.2	2.8	3.1	2.4	2.9	2.5	1.4	0.8
계	2,038	2,274	2,312	2,369	2,674	3,068	3,441	3,424	3,520	3,532	3,818	4,280	4,622	5,188
	100	100	100	100	100	100	100	100	100	100	100	100	100	100

주 : 1) 학대행위자가 가족 구성원인 경우를 포함한 수치임(2005년~2012년)
2) 학대행위자가 가족 구성원인 경우를 포함한 수치임. 동 경우를 가정 내 학대로 포함할 경우, 203건(5.7%)
3) 학대행위자가 가족 구성원인 경우를 포함한 수치임. 동 경우를 가정 내 학대로 포함할 경우, 190건(5.4%)
4) 학대행위자가 가족 구성원인 경우를 가정 내 학대에 포함한 수치임(2015~2018년)

출처 : 중앙노인보호전문기관(2019). 노인학대 현황보고서.

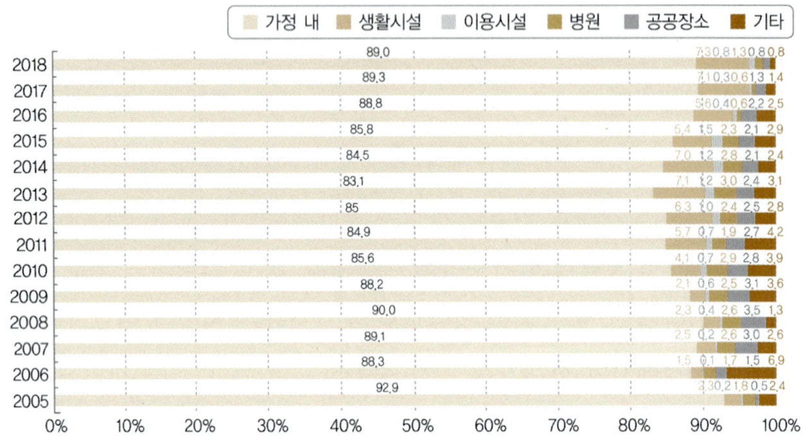

|그림 11-3| 연도별 학대발생장소

출처 : 중앙노인보호전문기관(2019). 노인학대 현황보고서.

4. 연도별 생활시설 학대 추이

생활시설 학대란 노인복지법 제31조 제1호에 해당하는 노인주거복지시설(양로시설, 노인공동생활가정, 노인복지주택)과 노인의료복지시설(노인요양시설, 노인요양공동생활가정)에서 발생되는 학대를 말한다. 생활시설 수는 2008년 7월 노인장기요양보험법 시행 후 큰 폭으로 증가추이를 보이고 있다(2008년 2,179개소 → 2017년 5,646개소). 생활시설의 양적 증가에 따라 생활시설 학대도 증가하고 있는데, 2018년 생활시설 학대 건수는 전체 학대사례 5,188건 중 380건(7.3%)으로 2017년 327건(7.1%)과 대비하여 16.2% 증가하였으며, 노인장기요양보험이 도입된 2008년 이후 시점인 2009년(55건, 2.1%)과 비교하면 약 7배 이상 증가하였음을 확인할 수 있다(표 11-4 참조).

〈표 11-4〉 연도별 생활시설 학대 추이

구 분	2005년	2006년	2007년	2008년	2009년	2010년	2011년	2012년	2013년	2014년	2015년	2016년	2017년	2018년
생활시설	46	33	58	55	55	127	196	216	251	246	206	238	327	380
	2.3	1.5	2.5	2.3	2.1	4.1	5.7	6.3	7.1	7.0	5.4	5.6	7.1	7.3
학대사례	2,038	2,274	2,312	2,369	2,674	3,068	3,441	3,424	3,520	3,532	3,818	4,280	4,622	5,188

출처 : 중앙노인보호전문기관(2019). 노인학대 현황보고서.

5. 연도별 현장조사 현황

현장조사는 신고 접수된 학대의심사례의 학대 여부를 판단하기 위해 학대피해노인 및 학대행위자로 신고된 자를 조사하기 위한 최초의 방문을 의미한다. 연도별 현장조사 현황을 살펴보면, 2014년 3,302건(93.5%)에서 2018년 4,965건(95.7%)으로 2.2%p 증가하였다. 이러한 증가는 학대의심사례의 경우 부득이한 경우를 제외하고는 현장조사 실시를 원칙으로 하는 등의 현장조사에 대한 중요성을 강화하였기 때문으로 파악되며, 최근 5년간 노인보호전문기관의 현장조사 실시 비율은 90% 이상으로 나타났다(표 11-5 참조).

〈표 11-5〉 연도별 현장조사 실시 현황

구 분	2005년	2006년	2007년	2008년	2009년	2010년	2011년	2012년	2013년	2014년	2015년	2016년	2017년	2018년
현장조사 실시	1,138	1,149	1,395	1,462	1,926	2,218	2,886	3,158	3,189	3,302	3,659	3,971	4,443	4,965
	55.8	50.5	60.3	61.7	72.0	72.3	83.9	92.2	90.6	93.5	95.8	92.8	96.1	95.7
현장조사 미실시	900	1,125	917	907	748	850	555	266	331	230	159	476	179	223
	44.2	49.5	39.7	38.3	28.0	27.7	16.1	7.8	9.4	6.5	4.2	11.1	3.9	4.3
계	2,038	2,274	2,312	2,369	2,674	3,068	3,441	3,424	3,520	3,532	3,818	4,280	4,622	5,188
	100	100	100	100	100	100	100	100	100	100	100	100	100	100

출처 : 중앙노인보호전문기관(2019). 노인학대 현황보고서.

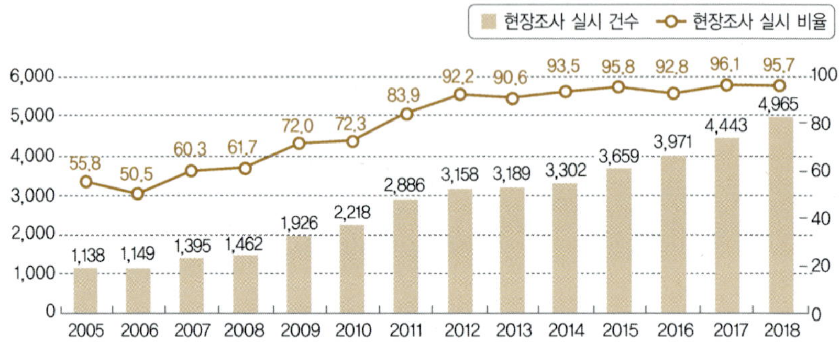

|그림 11-4| **연도별 현장조사 건수 및 비율 추이**

출처 : 중앙노인보호전문기관(2019). 노인학대 현황보고서.

6. 연도별 학대피해노인 가구형태

2018년 학대피해노인 가구형태를 살펴보면, 자녀동거가구가 33.5%로 가장 많고, 노인부부가구 29.1%, 노인단독가구 19.3%, 기타가구 9.6% 순으로 나타났다. 노인단독가구의 비율은 2015년 이후 계속해서 감소 추세를 보이고 있고, 노인부부 및 자녀동거 가구의 비율은 꾸준히 증가하고 있는 상황이다.

보다 구체적으로 살펴보면 노인단독가구는 2012년 33.3%에서 2015년 34.5%로 증가하였으나, 2016년부터 감소하기 시작하여 2018년에는 19.3%로 감소하였다. 노인부부가구는 2014년 19.8%에서 2018년 29.1%로 9.3%p 증가하였고, 자녀동거가구의 경우 2014년 26.4%까지 감소하였다가 2018년 33.5%로 크게 상승하였다(표 11-6 참조).

〈표 11-6〉 연도별 학대피해노인 가구형태 (단위 : 건, %)

구 분	2008년	2009년	2010년	2011년	2012년	2013년	2014년	2015년	2016년	2017년	2018년
노인단독	743	750	858	970	1,140	1,141	1,172	1,318	1,140	1,007	999
	31.4	28.0	28.0	28.2	33.3	32.4	33.2	34.5	26.6	21.8	19.3
노인부부	315	379	412	603	618	635	701	808	1,023	1,216	1,512
	13.3	14.2	13.4	17.5	18.0	18.0	19.8	21.2	23.9	26.3	29.1
자녀동거	806	914	960	1,003	909	937	932	1,021	1,328	1,536	1,738
	34.0	34.2	31.3	29.1	26.5	26.6	26.4	26.7	31.0	33.2	33.5
손자녀동거	97	153	190	167	136	137	123	139	154	178	187
	4.1	5.7	6.2	4.9	4.0	3.9	3.5	3.6	3.6	3.9	3.6
자녀·손자녀 동거	247	315	331	321	312	291	244	185	234	245	252
	10.4	11.8	10.8	9.3	9.1	8.3	6.9	4.8	5.5	5.3	4.9
기 타	161	163	317	377	309	379	360	347	401	440	500
	6.8	6.1	10.3	11.0	9.0	10.8	10.2	9.1	9.4	9.5	9.6
계	2,369	2,674	3,068	3,441	3,424	3,520	3,532	3,818	4,280	4,622	5,188
	100	100	100	100	100	100	100	100	100	100	100

출처 : 중앙노인보호전문기관(2019). 노인학대 현황보고서.

제4절 노인학대의 발생요인

노인학대가 발생하기까지는 행위자와 피학대 노인과의 복잡하고 다양한 원인들이 내포되어 있기 때문에 어떤 한 가지 이유만으로는 설명하기가 사실상 어렵다. 일반적으로 심리적, 사회적 및 경제적 요인에 노인 자신 혹은 행위자의 정신이나 신체적 상황이 얽혀 대인관계나 가족 내 관계에 영향을 미치므로 노인학대가 발생하는 것으로 여겨지고 있다. 따라서 노인학대의 발생요인으로 개인적 요인, 가족요인, 사회문화적 요인, 제도적 요인을 살펴보고자 한다.

1. 개인적 요인

학대받는 노인은 부양자들로부터 공격의 대상이 되는 개인적 특성을 지니고 있으며, 노인의 상황적 요인이 부양자들에게 행동양식으로 나타날 때 학대로 이어질 가능성이 높다는 것이다. 개인적 요인들을 구체적으로 살펴보면 다음과 같다.

첫째, 학대받는 노인 중 남성보다는 여성이 많다. 이는 여성의 평균수명이 남성보다 길어 배우자와 사별 후 혼자 사는 경우가 많고, 노인여성이 학대행동에 덜 저항하는 경향이 있으며, 노인여성들은 남성노인들에 비하여 신체적·정신적·경제적·사회적 능력이 제한되므로 더욱 학대의 대상이 될 수 있기 때문이다. 또한 고령의 여성노인들일수록 학대에 노출되어 있다는 연구들이 지속적으로 나오고 있는데, 이것은 나이가 들수록 육체적·정신적 손상이 증가하여 가족으로부터 보다 많은 원조를 받아야 함에 따라 학대의 위험이 높아진다는 것이다(반형욱, 1998).

둘째, 신체적·정신적 장애로 건강이 좋지 않은 노인들이 상대적으로 건강한 노인보다 더 학대를 받는 경향이 있다. 이것은 관절, 심장병 등 만성퇴행성 질환으로 식사, 목욕, 병원 이용 등 일상생활에서 도움을 필요로 하고 있는 신체적·생리적 건강 쇠퇴와 더불어 치매, 우울증과 같은 정신적 질병으로 인하여 부양자와의 관계가 정상적으로 유지되기 어렵기 때문이다. 또한 질병이나 장애는 정체감을 잃고 공허감을 느끼게 하며, 학대에 어떠한 방어도 못하는 노인을 만들어 더욱더 의존성을 낳게 한다. 이러한 의존성에 대하여 부양자들은 아이들을 다루는 것처럼 노인의 무력감에 대하여 언어적으로나 신체적인 폭력을 쉽게 행사한다.

셋째, 노인의 경제적 상태는 학대에 영향을 미치는 주요 요인으로 노인의 행위자에 대한 경제적 의존도와 행위자의 노인에 대한 경제적 의존이 동시에 나타나고 있다.

넷째, 자활능력이 없는 알코올 중독자들은 부양능력이 없기 때문에 학대를 받기 쉽다. 부가적으로 문제가 될 만큼 술을 마시는 노인은 알코올 중독의 배우자 또는 성인 자녀와 함께 사는 경우가 많다. 따라서 그들 중의 누군가가 학대자가 되는 것이다(김태현 · 한은주, 1997).

다섯째, 가족과 잘 어울리지 못하는 성격을 가진 노인이 더 학대되는 경향이 있다. 학대받는 노인의 성격은 고집이 세고, 말다툼을 좋아하고, 통제하기 어렵거나 노화로 인한 사리판단이 부족하고, 공격적이고, 폭력적인 경우가 많다. 또한 노인들이 부양에 대해 고마워하지 않고 당연시하며, 자원은 한정되어 있는데 부양자에게 지나치게 요구할 때 부양자는 더욱 많은 스트레스를 경험하게 된다(한동희, 1996). 이것이 학대의 요인을 증가시키게 되는 것이다.

2. 가족요인

첫째, 가장 폭넓게 논의되는 요인으로 노인과 함께 동거하는 부양가족 간에 나타나는 스트레스로 인한 요인이다. 특히 노인의 부양은 매우 힘들고 많은 스트레스를 유발하는 과업이다. 노인의 학대를 일으키게 하는 특정한 스트레스 요인들에는 개인의 환경변화에서 오는 대처능력의 부족, 부양자에게 과도하게 요구되는 정신적 · 물질적 비용 등이 있는데 이러한 요인들 때문에 노인학대가 발생한다고 볼 수 있다.

둘째, 가족 간 지원 부족으로 오는 갈등이 원인이 되는 경우이다. 우리나라는 전통적으로 맏이가 노부모의 부양을 책임지고 있었으나 이제는 다른 가족구성원들도 노부모를 부양하고 있는 형편이다. 그러나 부양을 책임지고 있는 부양가족들에게 과중한 경제적 부담과 책임전가와 회피 등의 문제가 발생하면서 노인을 학대하는 경향이 있다.

셋째, 적절하지 못한 주거상황, 즉 과밀하고 사생활이 보장되지 못하는 주거상황이 갈등으로 이어져서 노인학대가 발생하게 된다. 이러한 상황에서 가족들은 노인을 불편함의 원인으로 여겨 화내거나, 짜증을 내고 노인학대의 가능성을 증가시키게 되는 것이다.

넷째, 세대 간 갈등이 요인이 된다. 주로 학대받는 노인과 행위자들은 오랫동안 감정적 대립관계가 축적되어 있는 경우가 많다. 과거에 좋지 못했던 세대 간 관계는 현재의 치밀한 가족유대를 어렵게 하고, 이러한 낮은 관계의 질이 미래의 잠재적인 학대문제들의 지표가 될 수 있다(전길양 · 송현애, 1997).

3. 사회문화적 요인

부양자와 노인의 관계에서 일어날 수 있는 학대의 가능성에 영향을 주는 것으로 사회문화적 수준에 따른 여러 가지 요인들이 있다(Hickey & Douglass, 1981).

첫째, 노인 차별주의이다. 인종이나 성을 바탕으로 한 차별과 같이 능력의 직접적 평가가 아닌 노인에 대한 선입견 때문에 통용적으로 무능력하다는 이유로 사회의 많은 활동으로부터 노인을 이탈시키는 것이다. 미국사회는 이러한 노인 차별주의로 노인이 고통받는다고 지적하고 노인을 '노쇠하고, 외롭고 쓸모없는 신체, 변변치 못하고 죽음을 기다리는 사람'으로 놓음을 지적한다.

둘째, 가족 내의 여러 가지 구조적 변화 및 가치관의 변화이다. 구조적 변화로 가족의 수가 적어지고 있는 현상, 즉 부양자의 역할을 수행할 자녀들의 수가 적어지고 지리적으로도 떨어져 생활하기 쉬운 것을 말한다. 이는 노인인구의 부양지수가 계속 상승하고 있다는 반증이다. 또한 가족의 구조적 변화는 가치관에도 많은 영향을 미치게 된다. 생산능력이 저하된 노부모에 대한 부양의식이 희박해짐에 따라 부모에 대한 '효의 의식'에도 변화가 생기게 된다.

셋째, 현대의 고부관계의 변화이다. 고부갈등은 우리나라에서 오랫동안 해결되지 않은 고질적인 가족문제이다. 한쪽의 희생적 노력 없이 그 해결의 실마리가 보이지 않았던 관계가 시어머니와 며느리 관계였다. 과거에는 시어머니를 며느리가 부양해야 하는 것이 당연시되었지만 현대에는 그러한 부양가치관이 달라짐에 따라 학대의 가해자 입장이 시부모였던 과거와 달리 현대에는 그 자리바뀜이 일어나 오갈 곳 없고 자원이 모두 고갈된 노인이 며느리에게 희생되고 있다.

4. 제도적 요인

우리나라의 사회정책은 일반적으로 노인문제가 사회문제라기보다는 개인 혹은 가족의 문제로 간주되고 가족적 노력을 통해 해결할 수 있다는 경향이 있다. 즉, 우리 사회에는 가정을 신성불가침한 영역으로 간주하여 가정 내에서 무슨 일이 발생하든지 간에 그것은 매우 사적인 일이고 외부세계로부터 간섭을 받아서는 안 된다고 보는 사회적 관점이 팽배해 있다. 이러한 태도는 노인학대를 다양한 사회문제의 한 영역으로 인식하고 받아들이지 못하게 하는 것이다.

현재 정부의 노인정책 지향의 원칙은 '선 가정보호 후 사회보장'인데 이러한 원칙은 노인문제를 가족책임주의 정신에 의해 해결할 수 있다는 시각을 반영한 것이다. 정부가 노인문제에 대한 그러한 잘못된 시각에서 벗어나지 않는 한 근본적인 해결책이 제도화되기는 요원하다(최성재 · 최일섭, 1995). 전통적 문화에서 유래된 효가 현대의 가족과 사회적 조건에서 적합한 사회가치로 보존되기 위해서는 가족적 차원과 사회적 차원에서 실천하는 새로운 방법이 개발되어야 할 것이다. 가족 차원에서의 새로운 실천방법은 재가보호서비스로 가정건강보호요원이나 가정봉사원과 같은 비가족원에 의해서 제공되는 사회서비스로 대체하는 것이다. 사회적 차원에서 효를 증진하는 새로운 방법은 사회의 발전에 공헌하는 노인들에 대하여 사회가 보상해야 할 의무를 수행하는 것이다.

이상과 같은 사회정책적인 면에서 노인학대의 발생을 알아보았으며 노인학대는 이제 국가적인 차원에서 직접적인 개입이 필요할 뿐만 아니라 노인학대를 가정의 문제로 보기보다는 사회적 문제에서 해결해야 한다. 노인에 대한 정부의 지향정책은 '선 가정보호 후 사회보호'를 들 수 있는데, 노인문제를 가정의 책임으로만 돌리려 하지 말고 정부가 노인문제에 대한 그릇된 생각에서 벗어나 근본적인 정책 및 부양자들에 의해서 노부모를 부양하기 위한 프로그램을 개발하여 개최하는 노력을 기울여야 함을 시사한다.

5. 노인학대 발생의 메커니즘

노인학대는 가족의 역기능적 작용의 연속에서 분출된 결과라 할 수 있다. 가족의 부양기능이 사회변화와 함께 무너지고 사회적·공적 대체자원이 부족함에 따라 노인이 학대의 피해자로 등장하게 된 것이다.

노인학대는 가족의 역기능적 작용의 연속에서 분출된 결과라 할 수 있다. 가족의 부양기능이 사회변화와 함께 무너지고 사회적·공적 대체자원이 부족함에 따라 노인이 학대의 피해자로 등장하게 된 것이다. 특히 한국의 노인학대 요인은 노인의 개인적 특성과 가족 및 사회변화, 정책적 부재와 동시에 작용하는 특징을 갖고 있다. 한국의 노인학대와 관련된 다양한 요인들이 상호역동적·복합적으로 노인학대를 발생시키는 메커니즘을 그림으로 나타내 보면 |그림 11－5|와 같다.

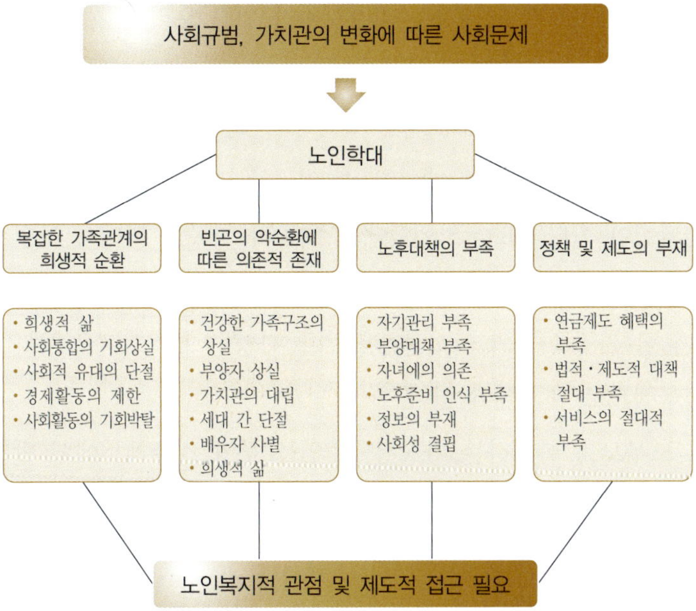

|그림 11-5| **한국의 노인학대 메커니즘**

출처 : 한동희(2003). 한국의 노인학대접근에 관한 고찰. 제7회 아세아 오세아니아 지역노년학회 INPEA 심포지엄발표자료 재정리.

제5절 학대받는 노인의 삶의 질 향상을 위한 개선방안

한국에서의 노인학대에 대한 대처방안을 논할 때, 한국적 특수상황에서 가해자와 피해자를 정확하게 분리해서 논하기가 어려운 한계를 안고 있다. 이에 노인학대에 대한 사회적 문제를 해결하기 위한 법적·제도적 장치의 마련과 서비스 제공에는 가족이나 노인 자신뿐만 아닌 국가적·지역사회적 차원의 접근이 더욱 요구된다는 특성을 갖는다.

첫째, 노인 자신의 대책으로는 노인의 사회성 훈련과 의사소통 방법의 재훈련 등을 꾸준히 하는 사회화를 위한 개인적인 노력이 필요하다. 이는 단절되기 쉬운 사회적 관계망을 지속시키기 위한 노력과 지역사회 내에서의 관계망을 유지하거나 발전시키기 위한 노력을 게을리 하지 않아야 한다.

둘째, 노년기 생활재설계 교육을 통해 의존적·경직적 사고에서 벗어나 노인 스스로 부당한 대우에 대처할 수 있는 능력을 기르려는 노력과 체계가 마련되어야 한다. 또한 노인학대의 예방과 치료를 위해서 노인 자신이 학대에 적극적으로 대응하도록 하는 노인인권 향상이나 보호 프로그램을 전개해야 한다. 노인들의 인식전환을 위한 다양한 프로그램을 통해 노인학대에 적극적으로 대처해야 한다.

셋째, 노부모를 학대하는 가장 큰 원인을 부양 스트레스에서 발견할 수 있었으므로, 가족을 다양한 측면에서 지원하는 것이 학대의 발생을 예방하고 치료하는 중요한 해결방안이 된다. 노인의 경제적 무능력은 노인 자신에게나 부양자에게 고질적 긴장요인으로 작용하여 학대를 유발하는 요인이 되기도 한다. 즉, 부양자의 경제적 어려움은 부모를 방임·유기하거나 학대를 야기시키게 된다. 따라서 노인부양의 책임을 주 부양자에게만 전담시킬 것이 아니라 다른 자녀들이나 가족원들의 경제적 분담이 이루어지도록 해야 한다. 또한 가족의 경제적 어려움을 지원하기 위한 법적·제도적 조치도 함께 요구된다. 제도적으로 노인부양가족의 세금감면이나 세제혜택을 통해 실질적인 도움이 되어야 한다.

넷째, 현재 학대피해노인을 위한 1389번 전화나 보건복지부의 정책, 가족폭력상담소의 상담, 노인의 전화 등 학대당하는 노인을 위한 다양한 정책들이 시행되고 있다. 하지만 노인학대라는 것은 일정한 지역에서만 발생하지 않으며, 일정한 형태로 발생하지 않는다. 노인들이 이용하고 있거나 이용하기 쉬운 노인여가시설에의 상담서비스 및 예방, 신고 기능을 강화하도록 하는 것이 요구됨을 시사한다. 즉, 경로당, 사회복지관, 노인복지관, 재가노인복지시설에서의 학대상담원 교육을 통하여 전문상담원을 배치하는 등 쉽게 접할 수 있도록 고려되어야 한다.

다섯째, 학대는 자기방임을 포함해서 누군가가 학대자가 있기 때문에 학대를 받는 것이다. 따라서 학대자의 알코올중독이나 약물중독, 경제적 어려움 등이 학대의 중요 요인으로 작용하고 있기 때문에 학대자가 이러한 어려움에서 벗어날 수 있도록 다양한 서비스와 프로그램을 실행한다면 노인학대의 폐해가 줄어들 것이다.

여섯째, 종합학대예방센터(노인, 아동, 여성)를 지방자치단체별로 1개소 이상 설치・운영하고 이곳에서 각종 단체행사 시 학대예방 교육 프로그램을 의무적으로 운영함으로써 학대의 근본적인 개념과 취지를 홍보하여 숨어있는 학대를 표면화할 수 있는 범국민적 학대예방운동을 전개하여 노인학대의 중요성과 심각성을 알려 학대받는 노인의 노후에 편안한 삶을 보장해야 할 것이다.

제6절 노인의 자살

1. 노인자살의 개념과 특징

1) 노인자살의 개념

자살이란 자기의 목숨을 스스로 끊는 것으로 자발성과 의도성이 내포되어 있는 자기파괴적인 행위이다. 자살을 의미하는 suicide라는 영어 역시 어원을 살펴보면 '자기'를 의미하는 'sui'와 '죽인다'를 의미하는 'caedo(kill)'라는 라틴어가 합쳐진 것으로 개인이 자유의사에 의해 고의적으로 자기 자신의 생명을 끊는 일체의 행위를 지칭한다. 따라서 노인자살이란 65세 이상의 노인들이 자발적이고 의도적으로 자신의 생명을 끊는 행위를 말한다.

2) 노인자살의 특징

노인자살은 청소년 및 성인자살과 비교하여 다음과 같은 몇 가지 특징이 있다. 구체적인 내용을 살펴보면 다음과 같다(박희숙 외, 2016).

① 노인의 자살은 청소년 및 성인자살에 비해 좀 더 치명적이다.

다른 연령에 비해 노인들은 자살에 대한 충동이나 자살을 기도하는 비율은 낮지만 사망으로 이어지는 자살시도가 매우 높다.

② 노인의 자살은 예측하기 어렵다.

과거 자살시도 경험은 향후 자살행동을 예측할 수 있는 강력한 요소 중 하나지만 노인자살의 경우 과거 자살을 시도했던 경험이 없는 경우가 많고 자살계획을 청소년이나 성인처럼 다른 사람에게 알리는 경우도 드물기 때문에 예측하기가 어렵다.

③ 노인의 자살은 여러 가지 요인이 다양하게 작용하여 발생한다.

노인자살은 신체적·정신적 요인, 경제적 요인, 가족관계의 변화나 지위상실 및 사회적·환경적 요인 등 다양한 요인이 복합적으로 작용하여 발생한다.

④ 노인의 자살은 덜 비극적이라고 보는 경향이 있다.

노인자살의 경우 숨겨지거나 스스로가 사고사를 가장하는 경우도 있고, 노인이 자살한 경우 '살 만큼 살았다'고 생각하여 덜 비극적이라고 인식하는 경우도 있다. 영화 '그대를 사랑합니다'에서도 주인공이 치매에 걸린 처를 혼자 떠나보낼 수 없어서 화롯불에 불을 붙여 자살을 하고 친구에게 아침에 찾아와 스카치테이프를 뜯어달라고 편지를 남긴다. 자식들에게는 자살했다는 사실이 알려지지 않도록 하기 위해서이다. 이 경우 주인공의 자살은 '순애보이자 자식에 대한 부모의 마지막 희생이었다'고 회자되어 미화될 수도 있다.

2. 노인자살의 요인

노인자살의 요인은 외적 요인과 내적 요인으로 구분되며, 구체적인 내용을 살펴보면 다음과 같다.

1) 외적 요인

노인의 개인 내부 요인보다는 외부 요인에 기인한다는 것으로 지역사회 내에서 역할이나 지위상실 및 교류 단절로 인한 사회적 고립, 경제, 건강 등 자원의 결핍과 사회적 분리 등이 해당된다.

2) 내적 요인

유전 및 생물학적 관점에 의한 것으로 자살에 취약한 유전적 특성이나 개인의 심리·사회적 특성 및 상황 스트레스 극복의 취약 등 개인적 특성이 주로 해당된다. 또한 신체적 질병과 기능적 장애가 자살동기를 촉진시키며, 이전의 자살시도 경험이 있거나 경제적 불안 및 어려움과 빈곤 상태에 있는 노인 등이 내적 요인에 해당된다.

이와 같은 외적 요인과 내적 요인에 비추어 2017년 연령대에 따른 자살 현황을 분석해 보면 다음과 같다. 10~20세(44.2%)와 21~30세(40.1%), 그리고 51~60세(31.8%) 연령대에서는 정신적·정신과적 문제가 가장 높은 비율을 보였고, 31~40세(37.5%)와 41~50세(38.2%) 연령대에서는 경제상황문제, 61세 이상에서는 육체적 질병 문제의 비율이 가장 높게 나타난 것을 확인할 수 있듯이 노인의 자살은 내적요인과 높은 관계성을 보인다고 할 수 있다. 즉, 연령대가 높을수록 정신적·정신과적 문제가 차지하는 비율이 감소하는 경향이 관찰되었지만 육체적 질병 문제의 비율은 연령대가 높을수록 증가하는 양상을 보였다(그림 11-6 참조).

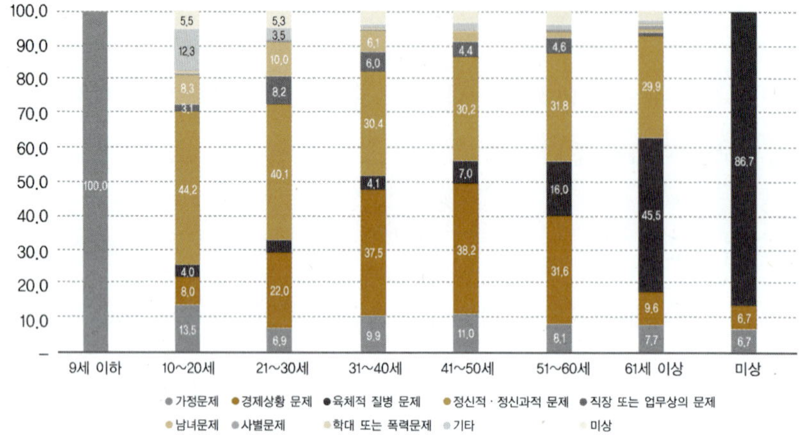

|그림 11-6| 2017년 연령대에 따른 동기별 자살사망자 비율

출처 : 경찰청(2017). 2017년 경찰청 내부자료.

3. 노인자살에 대한 이론적 관점

노인자살에 대한 이론으로는 사회통합이론인 뒤르카임(Durkheim)의 자살론(이기적 자살, 이타적 자살, 아노미적 자살, 숙명적 자살) 등의 네 가지로 구분되며, 구체적인 내용을 살펴보면 다음과 같다(조영구 외, 2016).

1) 이기적 자살

사회집단에 강력하게 융화되지 않는 사람들의 자살로(낮은 사회적 연대성), 사회적 유대가 끊겨서 사회적으로 격리되고 지지를 잃음으로써 고립감, 소외감에 빠져 나타난다고 보고 있다. 가족 융화 결핍, 미혼, 도시에 자살이 많은 이유를 설명할 수 있다. 예를 들어, 정신분열증, 분열성 성격, 경계선 상태, 우울증 등의 자살이 여기에 해당된다.

2) 이타적 자살

사회집단과 지나치게 융화되어(높은 사회적 연대성) 사회를 위해 자살하는 경우로 의무감으로 자산을 희생시키는 것이 여기에 해당된다. 예를 들어, 전쟁터의 육탄돌격대, 일본 가미가제, 할복 등이 해당된다.

3) 아노미적(무통제적) 자살

사회에 적응 혹은 융화되는 것이 차단되거나 와해됨으로써 행동의 일상적인 기준을 상실한 경우 개인적 요구와 사회 집단적 양심이 일치되지 않는 경우에 나타나는 자살 형태이다. 예를 들어, 가난한 사람이 벼락부자가 된 경우의 자살, 경제공황 때문에 직장에서 해고당한 이후의 자살이 여기에 해딩된다.

4) 숙명적 자살

사회적 구속성 정도가 높은 사회에서 발생하게 되는데, 구성원들에 대한 사회의 통제력이 너무 강하여 구성원들이 더 이상의 희망을 발견할 수 없게 될 때 유일한 탈출구로서의 자살을 시도하게 된다. 예를 들어, 공부와 입시 압력으로 인하여 청소년이 자살을 하게 되는 것이 여기에 해당된다.

4. 노인자살 실태

1) 성별에 따른 자살현황

성별에 따른 자살률은 남성이 34.9명, 여성이 13.8명으로 남성이 여성보다 약 2.5배 더 높았고, 남성과 여성 모두 최근 5년간 자살률이 지속적인 감소세를 보이고 있으며, 월평균 감소율은 남성 3.2%, 여성 5.5%로 여성이 보다 가파르게 감소한 것으로 나타났다(표 11-7 참조).

〈표 11-7〉 2013년~2017년 성별 자살현황 추이

성별	2013년		2014년		2015년		2016년		2017년	
	자살자 수	자살률	자살자 수	자살률	자살자 수	자살률	자살자 수	자살률	자살자 수	자살률
남성	10,060	39.8	9,736	38.4	9,559	37.5	9,243	36.2	8,922	34.9
여성	4,367	17.3	4,100	16.1	3,954	15.5	3,849	15.0	3,541	13.8
전체	14,427	28.5	13,836	27.3	13,513	26.5	13,092	25.6	12,463	24.3

출처 : 통계청(2019). 2013~2017년 사망원인통계 자료.

2) 연령대별 자살현황

2017년 연령대별 자살현황을 살펴보면, 80세 이상이 인구 10만 명당 70.0명으로 가장 높은 자살률을 보였으며, 자살사망자 수는 50대가 2,568명으로 가장 많았다. 전반적으로 연령대가 높을수록 자살률이 높은 양상을 보였으나 50대의 경우에는 30.8명으로 60대(30.2명)보다 약간 더 높은 자살률을 나타냈다.

연령대가 높을수록 자살률이 높은 추세는 지속되고 있어 해마다 80세 이상의 자살률이 가장 높은 것으로 나타났다. 그 다음으로 70대와 60대 순으로 자살률이 높았다. 그러나 2017년에는 50대의 자살률(30.8명)이 60대(30.2명)보다 높아지면서 50대의 자살률이 세 번째로 높은 것으로 나타났다.

60대 이상은 2016년부터 그 외 연령대는 2014년부터 감소세가 유지되고 있으며, 10대의 경우 2016년에 자살률이 약간 상승하였으나, 2017년에 다시 감소세로 돌아섰다. 연평균 감소율을 보면 60대와 70대가 각각 7.1%로 가장 높고, 80세 이상(6.9%), 50대(5.1%)가 그 뒤를 이었다(표 11-8 참조).

3) 노인 주된 자살 생각 이유

자살을 생각하게 된 주된 이유는 경제적 어려움(27.7%)이 가장 높은 비율을 보였고, 유사한 수준으로 건강문제(27.6%), 배우자, 가족, 지인과의 갈등(18.6%), 외로움(12.4%)으로 비교적 높은 비율을 차지하는 것으로 나타났다(표 11-9 참조).

〈표 11-8〉 2013~2017년 연령대별 자살현황

연령대	2013년		2014년		2015년		2016년		2017년	
	자살자 수	자살률	자살자 수	자살률	자살자 수	자살률	자살자 수	자살률	자살자 수	자살률
9세 이하	0	0.0	2	0.0	0	0.0	0	0.0	1	0.0
10대	308	4.9	274	4.5	245	4.2	273	4.9	254	4.7
20대	1,184	18.0	1,174	17.8	1,087	16.4	1,097	16.4	1,106	16.4
30대	2,275	28.4	2,193	27.9	1,926	25.1	1,857	24.6	1,812	24.5
40대	2,867	32.7	2,854	32.4	2,624	29.9	2,579	29.6	2,408	27.9
50대	2,963	38.1	2,914	36.4	2,795	34.3	2,677	32.5	2,568	30.8
60대	1,768	40.7	1,699	37.5	1,778	36.9	1,783	34.6	1,641	30.2
70대	2,004	66.9	1,775	57.6	1,957	62.5	1,715	54.0	1,598	48.8
80세 이상	1,057	94.7	949	78.6	1,098	83.7	1,111	78.1	1,073	70.0
미상	1	0.0	2	0.0	3	0.0	0	0.0	2	0.0
전체	14,427	28.5	13,836	27.3	13,513	26.5	13,092	25.6	12,463	24.3

출처 : 통계청(2019). 2013~2017년 사망원인통계 자료.

〈표 11-9〉 노인 주된 자살 생각 이유

구 분	건강 문제	경제적 어려움	외로움	배우자, 가족, 지인의 사망	배우자, 가족, 지인과의 갈등	배우자, 가족의 건강 및 수발 문제	기타	합계
응답자 수	127,379	128,263	57,252	38,127	85,958	22,819	2,549	462,346
백분율	27.6	27.7	12.4	8.2	18.6	4.9	0.6	100.0

출처 : 보건복지부(2019). 2019 자살예방백서.

4) 노인 인구사회학적 특성과 자살 생각 경험

(1) 노인 가구형태에 따른 자살 생각 유경험자 비율

가구형태에 따라 분석한 결과에 의하면 기타유형인 경우가 16.5%로 가장 높은 자살 생각 경험률을 보였다. 여기서 기타유형은 노인 독신과 친척(형제자매 포함), 노인부부와 친척(형제자매 포함), 노인 독신과 비혈연자동거, 노인부부와 비혈연자 동거, 기타 노인가구 등이 포함되었다.

노인 독신 가구인 경우(10.6%), 조손동거 가구인 경우(10.1%)도 비교적 높은 비율로 나타났으며, 자녀동거 가구인 경우(5.9%), 노인 부부가구인 경우(5.0%), 2세대 노인으로 구성된 가구(4.8%)가 상대적으로 낮은 자살 생각 경험률을 보였다. 여기서 2세대 노인 유형은 노인독신과 부모(혹은 형제자매 등의 기타관계) 동거, 노인 부부와 부모(혹은 형제자매 등의 기타관계) 동거, 노인 부부 혹은 노인 독신과 부모, 기혼(미혼)자녀, 손자녀 동거 등이 포함되었다(표 11-10 참조).

〈표 11-10〉 노인 가구형태에 따른 자살 생각 유경험자 수 및 비율

구 분	만 60세 이후 자살 생각 경험 유무				전 체	
	예		아니요			
	응답자 수	백분율	응답자 수	백분율	응답자 수	백분율
노인 독신	175,655	10.6	1,483,970	89.4	1,659,625	100.0
노인 부부	167,170	5.0	3,204,655	95.0	3,371,825	100.0
자녀 동거	96,225	5.9	1,533,675	94.1	1,629,900	100.0
조손 동거	10,883	10.1	97,395	89.9	108,278	100.0
2세대 노인	5,187	4.8	102,012	95.2	107,199	100.0
기타	7,227	16.5	36,496	83.5	43,723	100.0
전체	462,347	6.7	6,458,203	93.3	6,920,550	100.0

출처 : 보건복지부(2019). 2019 자살예방백서.

(2) 노인 소득수준에 따른 자살 생각 유경험자 수 및 비율

가구 소득과 개인소득을 각각 5개 집단으로 분류하여 분석한 결과에 의하면 소득수준이 가장 낮은 제1오분위의 가구소득(10.8%)과 개인 소득(9.7%)인 경우 자살 생각 유경험자 비율이 가장 높았다. 소득수준이 높을수록 자살 생각 경험률이 낮아지는 양상이 관찰되었다.

제2오분위로부터 제4오분위까지는 가구 소득에 의한 분류보다 개인 소득에 의한 분류에서 자살 생각 경험률 비율이 약간씩 높았으며, 제1오분위와 제5오분위에서는 개인 소득에 의한 분류보다 가구 소득에 의한 분류에서 자살 생각 경험률 비율이 다소 높은 경향을 보였다(표 11-11 참조).

〈표 11-11〉 노인 소득수준에 따른 자살 생각 유경험자 수 및 비율

구 분		만 60세 이후 자살 생각 경험 유무				전 체	
		예		아니요			
		자살자 수	백분율	자살자 수	백분율	자살자 수	백분율
가구 소득	제1오분위	151,834	10.8	1,248,450	89.2	1,400,284	100.0
	제2오분위	97,185	7.0	1,283,676	93.0	1,380,861	100.0
	제3오분위	82,813	6.0	1,307,236	94.0	1,390,049	100.0
	제4오분위	70,180	5.1	1,306,843	94.9	1,377,023	100.0
	제5오분위	60,334	4.4	1,311,036	95.6	1,371,370	100.0
	전체	462,346	6.7	6,457,241	93.3	6,919,587	100.0
본인 소득	제1오분위	132,457	9.7	1,227,132	90.3	1,359,589	100.0
	제2오분위	100,366	7.3	1,280,263	92.7	1,380,629	100.0
	제3오분위	88,853	6.4	1,296,192	93.6	1,385,045	100.0
	제4오분위	88,122	6.3	1,310,431	93.7	1,398,553	100.0
	제5오분위	52,548	3.8	1,343,221	96.2	1,395,769	100.0
	전체	462,346	6.7	6,457,239	93.3	6,919,585	100.0

출처 : 보건복지부(2019). 2019 자살예방백서.

(3) 노인 건강상태와 자살 생각 경험

노인의 건강상태와 자살 생각 경험 간의 분석 결과에 의하면 자신이 주관적으로 건강하지 않다고 판단하는 노인(8.9%)이 건강하다고 판단하는 노인(3.0%)에 비해 자살 생각 유경험자 비율이 3배가량 높은 것으로 파악되었다. 또한 현재 유병 중인 만성질환의 개수가 많아질수록 자살 생각 경험률이 높았으며, 만성질환이 없는 경우(2.6%)에 비해 만성질환이 5개 이상인 경우(14.4%)의 자살 생각 유경험자 비율은 5.5배 이상 높은 것으로 나타났다(표 11-12 참조).

〈표 11-12〉 노인 주관적 건강상태 및 만성질환 수에 따른 자살 생각 유경험자

구 분		만 60세 이후 자살 생각 경험 유무				전 체	
		예		아니요			
		응답자 수	백분율	응답자 수	백분율	응답자 수	백분율
주관적 건강 상태	건강하지 않음	386,292	8.9	3,975,370	91.1	4,361,662	100.0
	건강함	76,054	3.0	2,482,834	97.0	2,558,888	100.0
	전체	462,346	6.7	6,458,204	93.3	6,920,550	100.0
만성 질환 수	만성질환 없음	18,976	2.6	706,889	97.4	725,865	100.0
	만성질환 1~2개	111,742	4.2	2,556,256	95.8	2,667,998	100.0
	만성질환 3~4개	178,375	7.2	2,282,499	92.8	2,460,874	100.0
	만성질환 5개 이상	153,253	14.4	912,559	85.6	1,065,812	100.0
	전체	462,346	6.7	6,458,203	93.3	6,920,549	100.0

출처 : 보건복지부(2019). 2019 자살예방백서.

5) OECD 회원국 노인(65세 이상) 자살률 현황

OECD 회원국 노인(65세 이상) 자살률 또한 연령대별 자살률, 청소년 자살률과 마찬가지로 WHO에서 제공하는 자료를 활용하여 산출한 결과를 살펴보면 다음과 같다.

한국은 60대 이상 노년층의 자살률이 최고치를 기록하고 있으며 특히 70대와 80세 이상의 고령층에서의 자살률이 높았다. 동일한 맥락에서 65세 이상 노인을 대상으로 산출한 자살률 역시 34개 회원국 평균의 3~4배에 달하는 높은 수치로 2011년부터 최근년도까지 가장 높은 자살률을 보이고 있다. 자세한 추이를 살펴보면 한국의 노인 자살률은 2011년(79.7명) 이후 지속적으로 감소했으나, 2015년 58.6명으로 전년보다 소폭(3.1명) 증가한 상태이며, 최근년도 자료 기준으로 두 번째로 노인 자살률이 높은 슬로베니아의 1.5배, 34개국 회원국 평균의 3.1배에 이르는 기록을 보이고 있다. 다만 34개국 회원국 평균과의 차이는 점차 줄어들고 있는 경향이 관찰되고 있다.

OECD 회원국 중 한국에 이어 슬로베니아, 리투아니아, 헝가리가 높은 노인 자살률을 보이고 있는 가운데 리투아니아의 노인 자살률은 최근 들어 감소세를 보이고 있고 슬로베니아와 헝가리는 비슷한 수준을 유지하고 있다. 최근년도 자료 기준으로 슬로베니아(38.7명), 리투아니아(34.6명), 헝가리(34.2명) 순으로 노인 자살률이 높았다. 한편 일본은 2011년 27.1명에서 지속적으로 감소하여 2015년 22.8명을 기록하였다(표 11-13, 그림 11-7 참조).

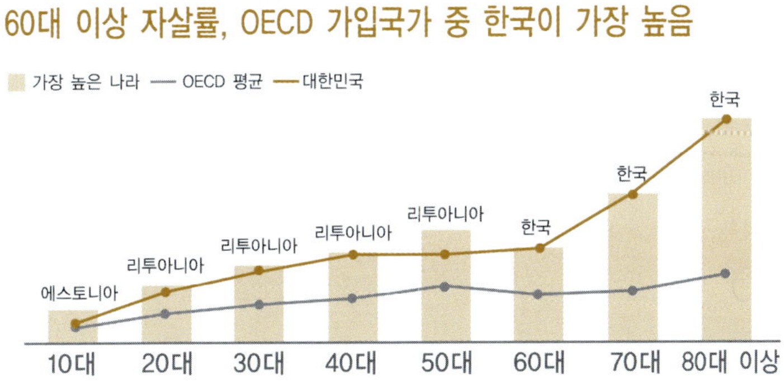

|그림 11-7| OECD 회원국 60대 이상 자살률

출처 : 보건복지부(2019). 2019 자살예방백서.

〈표 11-13〉 OECD 회원국 노인(65세 이상) 자살률

국가명	~2011년	2012년	2013년	2014년	2015년	2016년	최근년도	순위
대한민국	79.7	69.8	64.2	55.5	58.6	-	58.6	1위
그리스	-	-	-	7.1	6.6	-	6.6	33위
네덜란드	10.6	11.6	12.8	11.8	13.6	14.4	14.4	21위
노르웨이	12.1	9.9	11.2	12.0	14.0	-	14.0	23위
뉴질랜드	7.7	9.3	8.9	-	-	-	8.9	29위
덴마크	15.7	18.4	18.3	17.2	16.1	-	16.1	17위
독일	21.7	20.9	22.0	22.1	22.0	-	22.0	14위
라트비아	31.0	25.8	21.8	23.2	24.9	-	24.9	6위
룩셈부르크	19.4	17.5	18.4	21.6	24.7	-	24.7	7위
리투아니아	36.0	34.5	37.6	39.5	37.8	34.6	34.6	3위

미국	14.3('07)	-	-	-	-	-	14.3	22위
벨기에	25.9	25.2	23.1	22.8	22.2	-	22.2	12위
스웨덴	14.7	16.2	17.9	16.4	16.6	-	16.6	16위
스위스	22.1	22.6	22.2	-	-	-	22.2	12위
스페인	13.2	13.7	14.5	14.3	13.6	-	13.6	24위
슬로바키아	0.0	13.0	15.2	15.2	-	-	15.2	18위
슬로베니아	44.0	38.4	38.2	34.6	38.7	-	38.7	2위
아이슬란드	10.1	12.2	30.7	22.8	11.0	8.6	8.6	30위
아일랜드	6.4	7.5	9.7	-	-	-	9.7	28위
에스토니아	27.4	30.9	31.3	24.6	23.0	-	23.0	10위
영국	5.7	5.7	6.6	6.6	7.0	-	7.0	32위
오스트레일리아	11.8	12.3	12.5	12.4	13.3	-	13.3	25위
오스트리아	29.1	30.9	32.9	30.7	29.8	27.2	27.2	5위
이스라엘	10.8	9.9	8.6	7.9	8.4	-	8.4	31위
이탈리아	11.8	11.1	11.1	10.7	10.5	-	10.5	27위
일본	27.1	25.7	25.9	23.8	22.8	-	22.8	11위
체코	18.9	21.7	19.4	20.7	19.8	18.2	18.2	15위
캐나다	10.9('05)	-	-	-	-	-	10.9	26위
터키	2.6	2.8	3.8	3.4	2.8	-	2.8	34위
포르투갈	19.7	22.7	21.9	23.6	-	-	23.6	8위
폴란드	15.9	16.5	16.8	15.6	14.5	-	14.5	20위
프랑스	27.1	26.1	25.1	23.3	-	-	23.3	9위
핀란드	17.4	16.2	17.3	15.1	-	-	15.1	19위
헝가리	37.5	40.3	34.7	31.2	34.4	34.2	34.2	4위
OECD 회원국 평균	19.9	20.6	21.1	20.2	20.3	22.9	18.8	-

*칠레와 멕시코는 사망자 수가 제공되지 않아 노인 통계를 산출하지 못함
출처 : WHO의 2018 Mortality data base를 활용하여 중앙자살예방센터 산출

제7절 노인자살을 예방하기 위한 대책

1. 1차적 수준의 개입

1차적 수준의 개입 또는 보편적 예방 전략은 건강하며 활동적인 노후생활을 영위하고 있는 노인을 대상으로 이들의 문제를 사전에 예방하는 데 목적을 둔다. 이 수준에서의 노인 자살을 예방하기 위한 노인복지실천은 생물적 · 심리적 · 사회적 건강상태를 가능한 한 유지하고 이들의 복리를 증진하는 것이다. 이러한 예방적 개입은 지역시회에서 대부분 이루어지며, 노인의 현재 기능수준을 유지하기 위하여 생계지원, 건강증진 프로그램, 여가 및 사회참여, 스트레스 대처 방안에 관한 교육, 주택, 법적 지원, 교통편의서비스 등을 제공한다. 또한 노인의 현재 기능 수준에 영향을 미칠 수 있는 위험에서 노인을 보호하거나, 의존적 욕구를 사전에 충족하여 문제발생을 최소화하는 서비스 프로그램도 1차적 수준의 개입에 속한다. 따라서 사회복지사는 문제가 발생하기 전에 문제 발생의 원인을 사전에 차단하기 위하여 노인에게 건강과 관련된 정보를 제공하고, 그것을 실천할 수 있도록 교육이나 자문활동 그리고 노인의 생활에 적합한 환경을 확보하고 유지할 수 있도록 중개자 또는 옹호자의 역할을 수행하여야 한다.

2. 2차적 수준의 개입

2차적 수준의 개입 또는 선택적 예방 전략은 문제의 징후를 보이기 시작하는 초기에 문제가 더 이상 심화되는 것을 막기 위하여 조기 진단과 적절한 치료를 제공하고, 문제 상황에 대처하는 능력을 고양하는 개입이다. 2차적 수준의 노인복지실천의 주요 대상은 생물적 · 심리적 · 사회적 노화로 인하여 위기 상황에 처해 있거나 만성질환과 일상생활 동작능력의 저하로 인하여 어느 정도 의존성을 지닌 노인이다. 2차적 수준의 개입 역시 지역사회를 중심으로 이루어져야 하며, 개인 및 가족상담, 재가노인복지서비스, 그리고 서비스나 프로그램 이용에서 제외된 노인 클라이언트 발굴 등과 같은 치료적이고 문제해결중심적인 서비스를 제공한다. 이러한 서비스를 제공하기 위하여 사회복지사는 개인, 가족, 소집단 수준에서 개입해야 하며, 조력자로서 노인의 태도, 감정, 행동의 변화를 촉진하고 정보 제공, 위기개입, 상담 및 치료 등의 전략을 활용하는 치료자 또는 임상가로서의 역할을 주로 수행하여야 한다.

3. 3차적 개입

3차적 수준의 개입 또는 집중적 예방 전략은 심한 기능상의 문제나 행동문제, 또는 자살기도와 학대 경험과 같은 파국적 상황에 노출된 노인과 그 부양가족을 대상으로 이들의 역기능을 최소화하고 잔존능력을 유지하며 다시 기능을 회복하고 파국적 상황에 다시 노출되는 것을 막는 데 목적이 있다. 따라서 3차적 수준의 개입에서는 회복이나 완치가 아니라 장애를 줄이고 재활을 도모하는 장기요양서비스와 지속적 사례관리서비스가 제공되어야 한다. 3차적 수준의 개입을 함에 있어서 사회복지사는 클라이언트 발굴자, 사례관리자, 자원동원가로서의 역할을 주로 수행하게 된다(권중돈, 2016).

또한 통계청(2019) 2019년 자살예방 백서에 의하면 2017년 남성과 여성 모두 5월에 자살사망자 비율이 9.3%로 가장 높았으며, 60대는 4월(10.1%), 70대는 6월(10.5%), 80대는 5월(10.1%), 6월(10.0%), 7월(9.6%)에 자살사망자 수가 다소 집중되는 것을 감안한다면 계절에 따른 예방대책도 마련되어야 할 것으로 판단된다.

CHAPTER 12

노인장기요양보험제도

Social Work With the Elderly

제1절 노인장기요양보험제도의 이해

1. 노인장기요양보험의 개념

우리나라의 65세 이상 노인인구의 비율이 2014년 12.6%를 넘어 2030년 24.3%로 증가할 것으로 기대되는 등 고령화가 매우 빠른 속도로 진행되고 있고, 자식대의 부양의식 약화로 스스로 노후를 책임져야 한다는 인식은 증가하고 있다(보건복지부, 2014).

장기요양보험은 2008년 7월 1일부터 시행한 제도로 고령이나 노인성 질병 등으로 타인의 도움이 없이 일상생활을 혼자 수행하기 어려운 노인 등에게 신체활동, 가사지원 또는 정서지원 등의 장기요양급여를 사회적 연대원리에 의해 제공하는 사회보험제도이다.

노인장기요양보험제도는 '요보호노인'이 주 대상이며, 서비스의 내용으로는 목욕, 요양서비스 등의 신체활동 지원과 가사지원 등의 비의료적인 서비스 급여를 말하는 것이다. 노인장기요양보험제도는 수급자에게 배설, 목욕, 식사, 취사, 조리, 세탁, 청소, 간호, 진료의 보조 또는 요양상의 상담 등을 다양한 방식으로 장기요양급여를 제공한다.

노인장기요양보험의 목적은 치매・중풍・파킨슨 등의 노인성 질병과 노화현상 등으로 거동이 불편한 분에게 세수・목욕・배변처리・식사・세탁・

주변 환경정리 · 간호처치 등 요양서비스가 필요하게 되었을 때 본인의 가정이나 요양시설을 이용하여 필요한 서비스를 제공하는 제도이다. 즉, 노후의 건강증진 및 생활안정을 도모하고 그 가족의 부담을 덜어줌으로써 국민의 삶의 질을 향상시킬 수 있다.

2. 노인장기요양보험 제도의 필요성

1) 가족수발보호의 기능의 약화

산업화, 도시화 및 핵가족화로 인해 가족 규모의 축소, 노인부부세대 및 단독세대의 증가, 노인 부양의식의 변화, 여성의 사회 진출 증가 등으로 인해 노인의 장기요양보험은 가족에게 막중한 부담으로 느껴지고 있다. 이와 같은 가족규모와 형태의 변화, 기혼 여성의 사회적 진출은 가족에 의한 수발이 이제 더 이상 대책이 아닌 것으로 보인다.

2) 급속한 인구의 고령화와 수발 필요 노인의 증가

1970년대 이후 의학의 발달과 생활수준의 향상, 위생조건의 개선 등으로 인해 평균수명이 매년 늘어나고 있다. 이처럼 고령화의 진전과 평균수명이 늘어날수록 노인들은 신체적 · 정신적 질병으로 장애를 동반할 가능성은 비례적으로 높아진다. 특히 노화에 따른 질병은 필연적으로 만성적인 형태로 나타나며, 신체적 독립성을 유지하기 어렵게 되어 장기간에 걸친 수발을 요구받게 된다. 또한 고령화 추이가 지속되는 현 상황에서 2016년 69만 명이었던 치매환자가 2030년 137만 명, 2050년 303만 명에 달할 것으로 예측하고 있다. 치매환자는 물론 후기 노인인구의 급속한 증가를 감안한다면 이제는 이들의 구체적인 권리를 보호할 수 있는 체계를 만들어야 할 것으로 보인다(한국보건사회연구원, 2019).

3. 노인복지서비스와 노인장기요양보험

노인복지서비스 체계에서는 보편적 노인의 부양문제를 적절히 대응할 수 없다는 문제점을 안고 있다. 노인복지서비스의 이용자격조건이 자산조사, 즉 국민기초생활보장 수급자와 저소득층 노인에게 한정하여 서비스를 제공하고 있기 때문이다.

이러한 서비스 체계에서는 서비스 이용이 본인의 의사와는 관계없이 행정에 의해서 결정(조치제도)된다는 한계점을 내포하고 있다. 또한 현행과 같은 복지와 의료의 분립체계하에서는 노인의 보건, 복지, 의료 등 복합적 욕구에 효과적으로 대응하기 어렵다는 이유로 새로운 시스템으로의 요양보장체계의 구축이 필요하게 된 것이다(양옥경 외, 2010).

〈표 12-1〉 노인복지서비스와 노인장기요양보험의 차이점

구 분	노인장기요양보험제도	기존 노인복지서비스 체계
서비스 대상	• 보편적 제도 • 장기요양이 필요한 65세 이상 노인 및 치매, 뇌혈관 질환 등 노인성 질환을 가진 65세 미만의 국민	• 특정 대상 한정(선택적) • 국민기초생활보장수급자를 포함한 저소득층 위주
서비스 선택	• 수급자 및 부양가족의 선택에 의한 서비스 제공	• 지방자치단체장의 판단(공급자 위주)
재 원	• 장기요양보험료 + 국가 및 지방자치단체 부담 + 이용자본인부담	• 정부 및 지방자치단체의 부담
서비스	• 시설급여 • 재가급여(방문요양, 방문목욕, 방문간호, 주・야간보호, 단기보호 등) • 특별현금급여(가족요양비, 특례요양비, 요양병원간병비)	• 시설재가서비스를 제공하나 서비스 질에 대한 관리미흡
시설에 대한 지원방식	• 시설급여 및 재가급여 제공자는 비용을 수가산정 방식을 적용하여 국민건강보험공단에 청구 • 국민건강보험공단은 청구된 장기요양급여 및 비용 등의 적성 여부 심사 후 지급	• 지방자치단체를 통하여 시설 입소인원 또는 연간 운영비용을 기준으로 정액지급(사후정산)

출처 : 보건복지가족부. 노인장기요양보험사이트. www.longtermcare.or.kr

제2절 노인장기요양보험제도의 적용대상

1. 노인장기요양보험의 적용대상

노인장기요양보험의 적용대상은 보편주의 원칙에 근거하여 전 국민을 대상으로 하고 있으며, 가입자는 국민건강보험의 가입자와 동일하여 의료급여 대상자를 제외한 소득이 있는 모든 국민의 직장 및 지역가입자, 그리고 법률에서 규정하는 국내 거주 외국인 및 재외 국민이 해당된다. 단, 고용허가제로 국내 기업에 근무하고 있는 외국인근로자 및 산업체에서 연수하고 있는 외국인이 장기요양보험 가입을 원하지 않을 경우 신청에 따라 적용에서 제외 가능하다.

노인장기요양보험제도에서 서비스를 받을 수 있는 대상자는 가입자격과 연령조건의 자격을 동시에 갖추어야 한다. 장기요양급여인정을 신청할 수 있는 자는 노인장기요양보험 가입자 및 피부양자와 의료급여 수급권자 중, 65세 이상의 노인 또는 65세 미만의 자로서 치매, 뇌혈관질환 등 대통령이 정하는 노인성 질병을 가진 자이다.

2. 노인층 의료비 급증

〈표 12-2〉 적용대상자 범위

구 분	적용 대상자 범위
노인장기요양보험 적용 대상자	전 국민 [장기요양보험가입자 및 그 피부양자(건강보험과 동일) + 의료급여수급권자]
보험료를 부담하는 자	국민건강보험의 가입자로 하며, 직장가입자와 지역가입자에 대한 개별보험료는 건강보험제도의 보험료 부과체계를 그대로 활용하여 산정
장기요양인정 신청자	노인장기요양보험 적용 대상자 중 65세 이상 노인 또는 노인성 질병을 가진 65세 미만인 자
장기요양급여 이용 가능자(수급자)	장기요양인정 신청인 중 6개월 이상 혼자서는 일상생활이 어려운 자로서 장기요양등급판정위원회에서 장기요양인정을 받은 자

출처 : 노인장기요양보험공단(2019). www.longtermcare.or.kr

〈표 12-3〉 장기요양 등급판정기준

등 급	수 준
1등급	심신의 기능상태 장애로 일상생활에서 전적으로 다른 사람의 도움이 필요한 자로서 장기요양인정 점수가 95점 이상인 사람
2등급	심신의 기능상태 장애로 일상생활에서 상당 부분 다른 사람의 도움이 필요한 자로서 장기요양인정 점수가 75점 이상 95점 미만인 사람
3등급	심신의 기능상태 장애로 일상생활에서 부분적으로 다른 사람의 도움이 필요한 자로서 장기요양인정 점수가 60점 이상 75점 미만인 사람
4등급	심신의 기능상태 장애로 일상생활에서 일정부분 다른 사람의 도움이 필요한 자로서 장기요양인정 점수가 51점 이상 60점 미만인 사람
5등급	치매(노인장기요양보험법 시행령 제2조의 노인성질병에 한정)환자로서 장기요양인정 점수가 45점 이상 51점 미만인 사람
인지지원 등급	치매(노인장기요양보험법 시행령 제2조의 노인성질병에 한정)환자로서 장기요양인정 점수가 45점 미만인 자

출처 : 노인장기요양보험공단(2019). www.longtermcare.or.kr

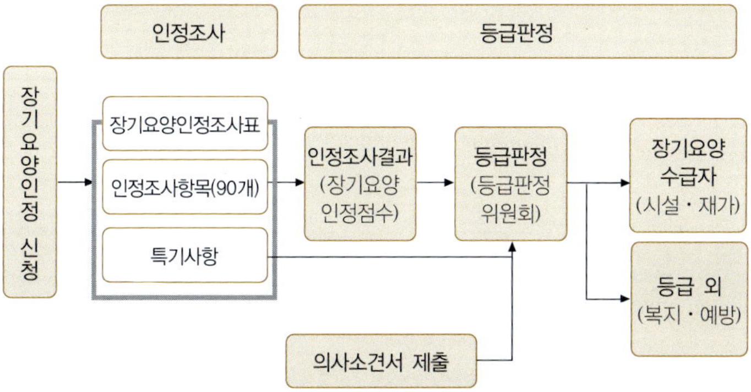

|그림 12-1| **장기요양인정절차**

출처 : 노인장기요양보험공단(2019). www.longtermcare.or.kr

3. 요양이 필요한 상태 및 수준

〈표 12-4〉 요양이 필요한 상태 및 수준

요양등급	상태상
요양 1등급 (최중증)	와상상태로 스스로 일상생활이 거의 불가능 • 하루 종일 침대 위에서 생활해야 하는 자로 스스로 움직일 수 없는 와병상태 • 일상생활활동의 식사·배설·옷 벗고 입기의 모든 활동에서 전적으로 다른 사람의 도움 필요
요양 2등급 (중증)	일상생활이 곤란한 중증상태 • 휠체어를 이용하지만 앉은 자세를 유지하지 못함 • 식사·배설·옷 벗고 입기 등에서 다른 사람의 완전한 도움이 필요 • 하루 중 대부분의 시간을 침대 위에서 지내는 경우가 많음
요양 3등급 (중등증)	부분적인 요양보호가 필요한 상태 • 식사·배설·옷 벗고 입기 등에서 부분적으로 도움 필요 • 다른 사람의 도움을 받아야만 외출 가능
요양 4등급	• 심신의 기능상태 장애로 일상생활에서 일정 부분 다른 사람의 도움이 필요한 사람
요양 5등급	• 치매(노인장기요양보험법 시행령 제2조에 따른 노인성질병으로 한정한다)환자

출처 : 노인장기요양보험사이트. www.longtermcare.or.kr

제3절 노인장기요양급여의 유형

장기요양급여의 유형은 시설급여와 재가급여 그리고 특별현금급여로 구분할 수 있다.

1. 시설급여

장기요양기관이 운영하는 노인의료복지시설(노인전문병원은 제외) 등에 장기간 입소하여 신체활동 지원 및 심신기능의 유지·향상을 위한 교육·훈련 등의 전문요양서비스를 받게 하는 것으로 장기요양급여를 말한다(양옥남 외, 2010).

〈표 12-5〉 시설급여의 서비스 종류 및 내용

종 류			내 용
현물 급여	시설 급여	노인요양시설	• 노인의료복지시설(노인전문병원 제외) 등에 장기간 입소하여 신체활동 지원 및 심신기능의 유지·향상을 위한 교육·훈련 등을 제공하는 장기요양급여
		노인요양공동생활가정	

2. 재가급여

재가급여는 장기요양기관에서 요양보호사와 간호사 등이 서비스를 제공하는 방문요양, 방문목욕, 방문간호, 주·야간보호, 단기보호 및 복지용구 등을 제공하는 기타 재가급여로 구분되어 있다.

〈표 12-6〉 재가급여의 종류

종 류			내 용
현물 급여	재가 급여	방문요양	• 장기요양기관 소속의 장기요양요원이 수급자 가정 등을 방문하여 신체활동(구강관리, 머리 감기기, 몸단장, 옷 갈아입히기, 목욕/ 식사/ 세면/ 이동도움, 체위변경, 신체기능의 유지, 증진 등) 및 일상생활 활동(가사지원, 개인활동 지원, 우애서비스 등) 등을 지원하는 장기요양급여
		방문목욕	• 장기요양기관 소속의 장기요양요원이 목욕설비를 갖춘 장비를 이용하여 수급자의 가정 등에서 목욕을 제공하는 장기요양급여
		방문간호	• 장기요양기관 소속의 간호사 등 장기요양요원이 의사, 한의사 또는 치과의사의 지시서(방문간호지시서)에 따라 수급자 가정 등을 방문하여 간호, 진료보조 또는 요양에 관한 상담 또는 구강위생 등을 제공하는 장기요양급여
		주·야간보호	• 수급자를 하루 중 일정 시간 동안 장기요양기관에 보호하여 신체활동 지원 및 심신기능의 유지·향상을 위한 교육·훈련 등을 제공하는 장기요양급여
		단기보호	• 수급자를 보건복지부령이 정하는 범위 안에서 일정 기간 동안 장기요양기관에 보호하여 신체활동 지원 및 심신기능의 유지·향상을 위한 교육·훈련 등을 제공 • 단기보호 급여서비스 제공은 15일 이내로 함(단, 사유가 있을 시 연간 2회까지 연장가능)
		기타 재가급여	• 복지용구를 제공하거나 가정을 방문하여 재활에 관한 지원 등을 제공하는 장기요양급여로서 대통령이 정하는 것(휠체어, 지팡이, 전동침대 등)

3. 특별현금급여

특별현금급여는 재가·시설급여인 현물급여의 보완을 위해 현금급여를 두고 있는데, 이는 현물서비스를 이용하기 어려운 경우 부득이 가족의 서비스가 필요한 경우에 한하여 예외적으로 인정하고 있다.

〈표 12-7〉 특별현금급여의 서비스 종류 및 내용

종 류			내 용
현금급여	특별현금급여	가족요양비	• 수급자가 가족 등으로부터 재가급여 종류 중에 방문요양에 상당한 장기요양급여를 받은 때에는 대통령령으로 정하는 기준에 따라 수급자에게 지급하는 가족장기요양급여 – 도서·벽지 등 장기요양기관이 현저히 부족한 지역으로 장관이 정하여 고시하는 지역에 거주하는 자 – 수급자가 신체·정신·성격 등의 사유로 가족 등으로부터 장기요양을 받아야 하는 자 – 천재지변 등 이와 유사한 사유로 인하여 장기요양기관이 제공하는 장기요양급여를 이용하기가 어렵다고 장관이 인정하는 자 – 가족요양비는 장기요양등급에 관계없이 월 150,000원
		특례요양비	• 수급자가 장기요양기관이 아닌 노인요양시설 등의 기관 또는 시설에서 재가급여 또는 시설급여에 상당한 장기요양급여를 받은 경우 대통령령이 정하는 기준에 따라 당해 장기요양급여 비용의 일부를 당해 수급자에게 지급하는 현금급여
		요양병원 간병비	• 수급자가 노인전문병원 또는 요양병원에 입원한 때 대통령령이 정하는 기준에 따라 장기요양에 소요되는 비용의 일부를 지급

주 : 특례요양비와 요양병원 간병비는 현재 시행 유보

제4절 장기요양급여의 이용절차

1. 장기요양인정 신청절차

장기요양인정 신청절차는 '신청 → 방문조사(간호사, 사회복지사) → 조사표 입력에 따른 1차 판정 → 의사소견서 제출예외자 통보 → 의사소견서 제출 → 등급판정위원회 개최 → 판정'의 절차를 거친다.

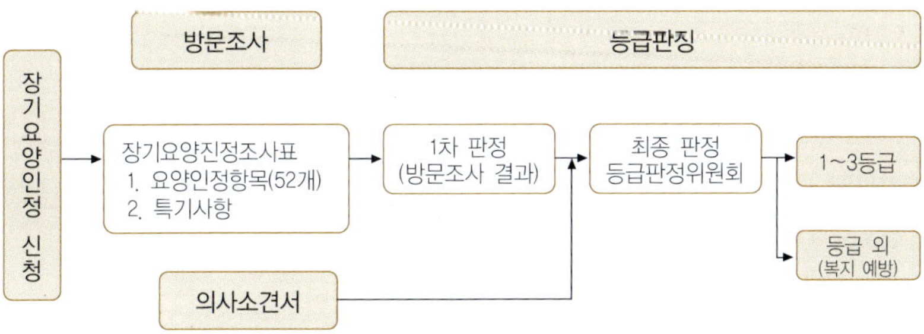

|그림 12-2| 장기요양인정 절차

1) 장기요양인정 신청

장기요양급여를 받기 위해서는 먼저 장기요양인정신청인(보험가입자 및 그 피부양자, 의료급여수급권자)이 의사 또는 한의사가 발급하는 의사소견서를 첨부하여 보험자인 국민건강보험공단에 제출한다. 의사소견서 제출은 65세 이상 노인은 등급판정위원회 자료 제출 전까지이며, 65세 미만 중 노인성 질병을 가진 자는 신청서 제출 시 함께 제출한다. 장기요양급여를 받고자 하는 자의 인정신청은 본인 또는 대리인이 가능하며, 대리인이라고 하면 가족, 친족 또는 이해관계인, 사회복지전담공무원, 시장·군수·구청장이 지정하는 자를 말한다. 신청의 종류는 최초신청과 변경신청이 있으며, 변경신청은 장기요양급여를 받고 있는 동안 신체적·정신적 상태의 변화가 있는 경우 신청할 수 있다. 인정신청을 하게 되면 간호사, 사회복지사 등으로 구성된 공단 소속 장기요양직원이 직접 방문하여 장기요양인정조사표에 따라 신체기능 12항목, 인지기능 7항목, 행동변화 14항목, 간호처치 9항목, 재활 10항목으로 신청인의 요양욕구를 52개 항목에 대해 조사한다.

〈표 12-8〉 장기요양인정 52개 조사항목

영 역	항 목			
신체기능 (12항목)	-옷 벗고 입기 -화장실 사용하기 -대변 조절하기	-식사하기 -체위 변경하기 -목욕하기	-일어나 앉기 -양치질하기 -방 밖으로 나오기	-세수하기 -옮겨 앉기 -소변 조절하기
인지기능 (7항목)	-단기기억장애 -나이·생년월일 불인지	-날짜 불인지 -상황판단력 감퇴	-장소 불인지 -의사소통·전달장애	-지시 불인지
행동변화 (14항목)	-도움에 저항 -망상 -밖으로 나가려 함 -돈/ 물건 감추기 -길을 잃음	-환각, 환청 -불규칙 수면, 주야혼돈 -물건 망가트리기 -부적절한 옷 입기 -서성거림, 안절부절못함	-슬픈 상태, 울기도 함 -폭언, 위협행동 -의미 없거나 부적절한 행동 -대소변 불결행위	
간호처치 (9항목)	-기관지 절개관 간호 -경관영양 -도뇨관리	-흡인 -욕창간호 -장루간호	-산소요법 -암성통증간호 -투석간호	
재활 (10항목)	운동장애(4항목)		관절제한(6항목)	
	-우측상지 -우측하지	-좌측상지 -좌측하지	-어깨관절 -팔꿈치관절 -손목 및 수지 관절	-발목관절 -무릎관절 -고관절

출처 : 노인장기요양보험사이트. www.longtermcare.or.kr

2) 장기요양 등급판정

공단은 장기요양인정조사표에 따라 작성된 조사결과를 토대로 컴퓨터 등급판정 프로그램으로 분석하여 1차 판정을 한 다음 조사결과서, 의사소견서 등의 심의에 필요한 자료를 장기요양등급판정위원회에 제출하여 심의를 상정한다.

대상자 여부는 등급판정위원회에서 판정하는데, 등급판정위원회는 장기요양인정 및 등급판정을 위한 심의기구로서 시 · 군 · 구 지역단위별로 설치하고, 15인 이내의 위원으로 구성한다. 위원구성은 의료법에 의한 의료인, 사회복지사업법에 따른 사회복지사, 시 · 군 · 구 소속 공무원, 법학 또는 장기요양에 관한 학식에 경험이 풍부한 자, 의사 또는 한의사가 각각 1인 포함되어야 한다. 이렇게 구성된 위원회는 1차 판정결과와 특기사항 및 의사소견서, 기타 심의자료 등을 종합적으로 검토 · 확인하여 장기요양인정 여부와 장기요양등급을 최종 판정한다. 최종 판정 완료는 신청서를 제출한 날부터 30일 이내에 판정 완료하여야 한다. 다만, 정밀조사가 필요한 경우 등 부득이한 경우 연장 가능하다.

3) 장기요양 등급판정 통보

건강보험공단은 위원회의 판정결과 장기요양서비스가 필요하다고 인정이 될 때에는 장기요양등급, 장기요양급여의 종류 및 내용을 담은 장기요양인정서와 표준장기요양이용계획서를 작성하여 장기요양신청인에게 송부한다. 표준장기요양이용계획서에는 장기요양등급별 월 이용한도액 범위 내에서 작성한다.

장기요양인정 유효기간은 1년이며, 연속하여 2회 이상 1등급으로 판정되는 사람이 2회 이후에 장기요양인정을 받는 경우 또는 연속하여 3회 이상 같은 등급(1등급 제외)으로 판정되는 사람이 3회 이후에 장기요양인정을 받는 경우 유효기간은 2년으로 한다. 등급판정위원회는 장기요양신청인의 심신상태 등을 고려하여 장기요양인정 유효기간을 6개월의 범위에서 가감조정할 수 있다. 다만, 이 경우에도 장기요양인정 유효기간을 1년 미만으로 할 수 없다.

제5절 노인장기요양보험제도의 재원조달 및 관리운영체계

노인장기요양보험의 재정은 노인장기요양보험료, 국가지원, 본인일부부담으로 충당된다. 재원조달과 분담방식에 대해 살펴보면 새로운 노인장기요양보험제도를 구축함에 있어서 무엇보다도 중요한 것은 재원조달 방식이다.

노인장기요양보험제도에 소요되는 비용은 순수한 사회보험 형태라기보다는 조세와 보험료 그리고 이용자의 본인부담에 의해 비용이 충당된다.

1. 가입자 보험료

장기요양보험가입자는 건강보험가입자와 동일하며 장기요양보험료는 건강보험가입자가 부담하게 된다. 보험료는 건강보험료액에 노인장기요양보험요율을 곱하여 산정한다. 장기요양보험료율은 장기요양위원회의 심의를 거쳐 대통령령으로 정하게 되어 있다. 장기요양위원회는 장기요양보험률, 특별현금의 지급기준, 재가 및 시설 급여비용, 그밖에 대통령령이 정하는 주요 사항을 심의하기 위한 보건복지부 장관 소속 심의기구이다. 위원회 구성은 근로자단체, 사용자단체, 시민단체, 노인단체, 농어민단체, 자영업자단체 등 적용대상자 대표들과 의료계 및 장기요양기관 대표, 학계, 공무원, 공단추천자 등 공익대표 16~22인으로 구성되어 있다(원석조, 2010).

국민건강보험공단은 건강보험료 부과 시 통합징수하고, 통합징수한 장기요양보험료와 건강보험료는 각각 독립회계로 관리한다.

2. 국가 및 지방자치단체의 부담

국가는 매년 예산의 범위 안에서 당해 연도 장기요양보험료 예상수입액의 20%에 상당하는 금액을 공단에 지원한다. 국가와 지방자치단체는 의료

수급권자의 장기요양급여비용, 의사소견서 발급비용, 방문간호지시서 발급비용 중 공단이 부담하여야 할 비용과 관리운영비의 전액을 대통령령이 정하는 바에 따라 각각 부담한다.

3. 본인일부부담금

노인요양보험제도에 있어서 본인부담금은 시설급여의 경우 당해 장기요양급여비용의 20%, 재가급여의 경우는 15%를 이용자(수급자) 본인이 부담하도록 하고 있다. 의료급여 수급권자, 소득・재산 등이 장관이 고시하는 일정 금액 이하인 자, 천재지변 등 보건복지부령으로 정하는 사유로 인하여 생계가 곤란한 자는 대통령령으로 정하는 바에 따라 본인 일부부담금의 50%를 경감할 수 있으며, 국민기초생활 보장법에 의한 수급자는 이용자 부담이 면제이다.

장기요양보험에서도 수급자의 식비는 비급여로서 본인이 부담해야 한다. 다시 말해서, 시설급여의 20%뿐만 아니라 식대와 같은 비급여까지 부담해야 한다.

〈표 12-9〉 노인장기요양보험의 재정

구 분	내 용
노인요양보험료율	• 건강보험가입자 부담 • 건강보험보험료율 × 노인장기요양보험료율 • 건강보험료 통합고지
국가부담	• 보험료 예상수입액의 20%(국고) • 의료급여수급권자의 장기요양급여비용(국가와 지방자치단체가 각각 부담)
본인부담	• 시설급여서비스의 비용 20% • 재가급여서비스의 비용 15% • 저소득층은 본인부담금을 1/2로 경감 • 국민기초생활수급자는 무료

출처 : 노인장기요양보험사이트. www.longtermcare.or.kr

4. 노인장기요양보험 관리운영체계

1) 보건복지부

- 장기요양보험사업 관장
- 장기요양기본계획 수립 및 조정

2) 국민건강보험공단 : 보험자

- 장기요양보험가입자 및 그 피부양자와 의료급여수급권자의 자격관리
- 장기요양보험료의 부과 · 징수와 재정 운영
- 신청인에 대한 조사
- 등급판정위원회의 운영 및 장기요양등급판정
- 장기요양인정서의 작성 및 표준장기요양 이용계획서의 제공
- 장기요양급여의 관리 및 평가
- 수급자에 대한 정보제공 · 안내 · 상담 등 장기요양급여 관련 이용지원에 관한 사항
- 재가 및 시설 급여비용의 심사 및 지급과 특별현금급여의 지급
- 장기요양급여 제공내용 확인
- 장기요양사업에 관한 조사 · 연구 및 홍보
- 노인성질환예방사업
- 이 법에 따른 부당이득금의 부과 · 징수 등
- 장기요양급여의 제공기준을 개발하고 장기요양급여비용의 적정성을 검토하기 위한 장기요양기관의 설치 및 운영
- 그 밖에 장기요양사업과 관련하여 보건복지부 장관이 위탁하는 업무

3) 장기요양기관 : 장기요양급여 제공

- 노인복지법 및 노인장기요양보험법에 의거 설치 및 지정

- 수급자와 계약을 체결하고 장기요양 급여를 제공
- 수급자에게 제공한 장기요양급여에 대한 비용은 공단에 청구

4) 지방자치단체

- 장기요양기본계획에 따른 세부시행계획 수립 · 시행
- 노인성질환예방사업
- 장기요양기관 설치 및 지정 권한

제6절 노인장기요양급여의 수가체계

시설 및 재가급여비용은 급여종류 및 장기요양등급에 따라 장기요양위원회의 심의를 거쳐 보건복지부장관이 정하여 고시하도록 되어 있다. 장기요양급여 수가에는 서비스 종류 · 내용 및 제공량 등 자원소모량(인건비, 관리운영비 등)이 반영되어 있으므로 재가급여 수가체계 및 시설급여 수가체계를 따로 마련하고 있다. 재가장기요양기관(방문요양, 방문목욕, 방문간호, 주 · 야간보호, 단기보호)은 수급자에게 제공한 재가급여의 종류와 실시횟수에 따라 해당 수가를 산정하여 등급별 월 한도액 범위 내에서 산정하며, 월 한도액은 적용대상 장기요양급여, 산정기준 및 방법, 기타 필요한 사항은 보건복지부령으로 정한다.

〈표 12-10〉 재가급여서비스 월 한도액

분 류	1등급	2등급	3등급	4등급	5등급	인지지원등급
월 한도액	1,456,400	1,294,600	1,240,700	1,142,400	980,800	551,800

출처 : 장기요양보험공담(2019). 2019년 1월 1일 기준.

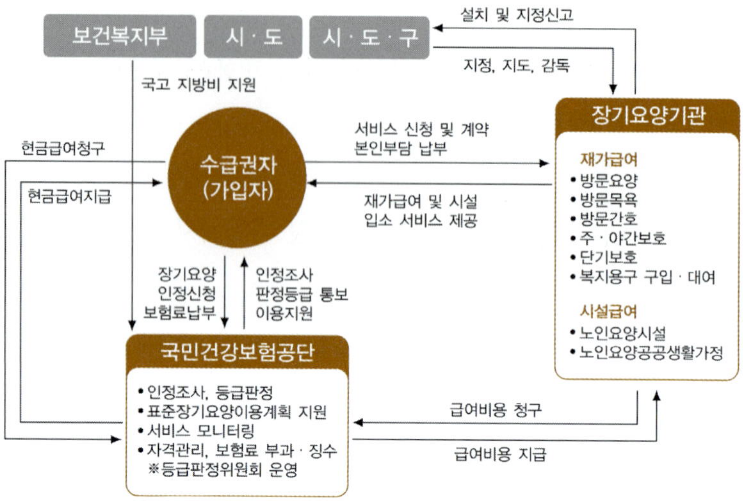

|그림 12-3| 노인장기요양보험 관리 운영체계

〈표 12-11〉 방문요양서비스 수가 (단위 : 원/ 방문당)

분 류	금 액							
방문요양	30분	60분	90분	120분	150분	180분	210분	240분
	14,120	21,690	29,080	36,720	41,730	46,130	50,190	53,940

출처 : 장기요양보험공담(2019). 2019년 1월 1일 기준.

〈표 12-12〉 방문목욕 급여비용(방문당)

분 류	급여비용
방문목욕차량을 이용한 경우(차량 내 목욕)	72,540
방문목욕차량을 이용한 경우(가정 내 목욕)	65,410
방문목욕차량을 이용하지 아니한 경우	40,840

출처 : 장기요양보험공담(2019). 2019년 1월 1일 기준.

〈표 12-13〉 방문간호서비스 수가 (단위 : 원/ 방문당)

분 류	금 액		
방문간호	30분 미만	30분 이상~60분 미만	60분 이상
	35,230	44,190	53,170

출처 : 장기요양보험공담(2019). 2019년 1월 1일 기준.

〈표 12-14〉 주야간보호서비스 수가 (단위 : 원/ 일당)

분 류		1등급	2등급	3등급	4등급	5등급	인지지원 등급
1일 이용액	3시간 이상~6시간 미만	34,120	31,590	29,160	27,830	26,500	26,500
	6시간 이상~8시간 미만	45,740	42,370	39,110	37,780	36,440	36,400
	8시간 이상~10시간 미만	56,890	52,710	48,660	47,330	45,980	45,980
	10시간 이상~12시간 미만	62,680	58,060	53,640	52,290	50,960	45,980
	12시간 이상	67,210	62,270	57,520	56,190	54,850	45,980

출처 : 장기요양보험공담(2019). 2019년 1월 1일 기준.

〈표 12-15〉 단기보호서비스 수가 (단위 : 원/ 일당)

분 류	1등급	2등급	3등급	4등급	5등급
1일 이용액	55,710	51,600	47,660	46,400	45,140

출처 : 장기요양보험공담(2019). 2019년 1월 1일 기준.

〈표 12-16〉 시설급여서비스 수가 (단위 : 원/ 일당)

구 분		1등급	2등급	3~5등급
노인요양시설	1일수가	69,150	64,170	59,170
노인요양공동생활가정	1일수가	60,590	56,220	51,820

출처 : 장기요양보험공담(2019). 2019년 1월 1일 기준.

〈표 12-17〉 치매전담형 주 · 야간보호(주 · 야간보호 내 치매전담실) 급여비용(1일당)

분 류		2등급	3등급	4등급	5등급	인지지원 등급
1일 이용액	3시간 이상~6시간 미만	39,730	36,670	35,010	33,330	33,330
	6시간 이상~8시간 미만	53,290	49,190	47,520	45,830	45,830
	8시간 이상~10시간 미만	66,330	61,200	59,530	57,840	57,840
	10시간 이상~12시간 미만	73,040	67,470	65,770	64,090	57,840
	12시간 이상	78,300	72,360	70,670	69,000	57,840

출처 : 장기요양보험공담(2019). 2019년 1월 1일 기준.

〈표 12-18〉 치매전담 시설급여기관의 1일당 비용

분 류	등 급	1일당 급여비용(원)	
		가 형	나 형
노인요양시설 내 치매전담실	2등급	79,140	71,220
	3~5등급	72,970	65,670
치매전담형 노인요양공동생활가정	2등급	69,690	
	3~5등급	64,260	

출처 : 장기요양보험공담(2019). 2019년 1월 1일 기준

제7절 노인장기요양보험제도의 문제점 및 과제

1. 장기요양수요자와 요양기관의 지역적 불균형

장기요양기관의 설치와 관련하여 지역적으로 불균형 현황을 살펴보면, 장기요양 인정자 현황과 요양기관의 수 및 정원 순서가 일치하는 것은 아니다. 인정자와 대도시의 수를 살펴보면 서울특별시(99,868명), 대전(17,899명), 부산(40,688명), 대구(28,650명) 등의 인정자 수를 나타내고 있다. 대도시 기관 현황을 살펴보면 서울특별시는 3,121기관, 대전은 711기관, 부산은 1,143기관, 대구 1,103기관 등의 수를 나타내고 있다. 이러한 결과는 대도시지역일수록 높은 지가와 지역주민의 님비현상으로 인해 요양시설 확충이 어려워 요양기관이 부족하다는 것을 확인할 수 있다.

2. 재가요양기관의 공급과잉으로 인한 문제

통계청(2018)에 따르면 2018년 12월말 기준 장기요양기관 수는 21,290개소이다. 재가 장기요양기관 15,970개소, 시설 장기요양기관 5,320개소로 나

타났다. 즉, 2017년 말 대비 재가기관은 6.0% 증가하였으며, 시설기관은 0.3% 증가하였다. 따라서 요양기관이 과잉 공급되면 기관 간 서비스 경쟁을 통해 이용자들이 질 좋은 서비스를 제공받을 수 있지만 서비스의 질이 낮아질 수도 있음을 유추해 볼 수 있다. 또한 공급과잉 상태는 서비스 이용자와 서비스 제공자 간의 관계를 불균등하게 만들고 서비스 제공자인 요양보호사의 노동조건을 불안하게 하는 요인으로 작용할 수도 있기 때문이다.

3. 급여범위의 문제

2008년부터 시작된 노인장기요양보험제도는 예방적 차원이 아닌 질병의 상태가 어느 정도 진행된 수급자들에게 서비스를 제공하는 데 중점을 두고 있다. 또한 치료적인 접근도 중요하지만 예방적인 접근으로 대응한다면 비용적인 면에서 보다 더 효율적이고 수급자를 줄이는 효과를 기대해 볼 수 있다. 물론 노인성 질환으로 판정받은 노인들에게 재활치료도 쉽지 않을 뿐만 아니라 노화도 계속 진행되고 있으므로 지금부터라도 예방적 차원의 서비스들도 필요하다고 여겨진다.

4. 서비스 급여비용에 대한 부담

2020년 요양보호사 양성 표준교재에 의하면 우리나라 요양서비스의 본인부담률은 국민기초생활수급자(면제)를 제외하고는 저소득층, 의료급여수급권자 등은 법정 본인부담금의 40~60%를 경감하여 주고 있으나 일반인 경우 수요자의 소득과 상관없이 시설급여는 20%, 재가급여는 15%를 부담하고 있어 요양서비스의 빈익빈 부익부를 초래할 가능성이 있다. 즉, 서비스 이용량이 본인의 지불능력에 의해 결정되기 때문에 소득이 낮은 계층의 경우에는 서비스 이용에서 선택적으로 배제될 가능성이 크다. 더구나 현재

장기요양급여체계에서는 식사재료비, 이 · 미용비, 상급침실(1~2인실) 이용으로 인한 추가비용, 그 외에 일상생활에 통상적으로 필요한 것과 관련된 비용은 비급여대상으로 본인이 모두 부담해야 한다. 따라서 시설급여의 경우 전체 요양비용 중 본인이 부담하는 비율은 30%를 초과할 가능성이 높아 일본에 비해 본인부담이 과중한 편이다.

따라서 장기요양서비스를 이용하고자 하는 노인 및 노인성 치매질환을 가지고 계신 분들이 서비스 급여비용에 대한 부담 없이 좀 더 편안하게 이용할 수 있도록 정부를 비롯한 보건복지부의 아낌없는 지원과 관심이 필요하며, 이에 대한 방안 및 대책 마련이 필요해 보인다.

5. 요양보호사들을 위한 제도적 보완

대부분의 요양보호사는 정규직이 아닌 파트타임으로 시설에서 근무하고 있는 상황이다. 공급자는 많고 수요자가 적은 시장 구조 속에서 공급자가 살아남기 위해서는 수요자가 원하는 대로 해줘야 하며, 때로는 과도한 요구나 불쾌한 대우에 대해서도 침묵해야 한다. 즉, 서비스 제공자인 요양보호사는 자신의 솔직한 감정을 숨기고 긍정적인 감정표현만을 부각시켜야 하는 상황이기에 서비스를 제공하면서 많은 스트레스를 경험한다고 하였다(서보준, 2019). 따라서 고용에 대한 불안을 감소시키기 위해서는 정규직으로 전환될 수 있는 평가체계 및 구축에 관한 제도와 정책이 시행될 필요성이 제기된다. 이와 같은 정책이 시행된다면 요양보호사들은 더 많은 책임감을 가지고 업무에 집중할 수 있을 것으로 보인다. 더불어 공급자인 요양보호사들의 직무스트레스를 경감시킬 수 있는 프로그램이 개발되어 활성화된다면 보다 더 높은 질의 서비스를 제공할 수 있으리라 생각된다.

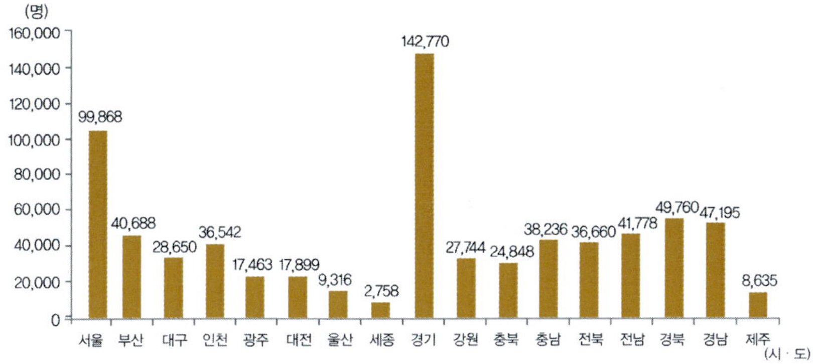

|그림 12-4| 2018년 시도별 장기요양보험 인정자 현황

출처 : 통계청(2019). 장기요양보험 통계자료.

〈표 12-19〉 노인장기요양시설 현황

구 분	2014		2015		2016		2017		2018	
	재가	시설	재가	시설	재가	시설	재가	시설	재가	시설
계	11,672	4,871	12,917	5,085	14,211	5,187	15,073	5,304	15,970	5,320
서 울	2,047	539	2,254	553	2,426	531	2,516	524	2,606	515
부 산	741	122	802	121	899	121	939	116	1,033	110
대 구	622	252	678	261	775	257	808	257	859	244
인 천	641	305	732	338	823	346	870	355	892	367
광 주	426	105	467	107	524	102	562	100	582	95
대 전	449	113	502	115	536	120	548	119	587	124
울 산	160	43	168	44	181	44	193	46	207	47
세 종	24	11	29	11	35	9	41	10	42	11
경 기	2,381	1,459	2,666	1,535	2,963	1,599	3,173	1,680	3,410	1,705
강 원	393	262	431	286	448	300	465	305	480	306
충 북	313	249	361	259	409	272	456	282	499	283
충 남	542	259	598	271	663	285	729	297	771	300
전 북	651	227	722	223	782	228	839	235	879	227
전 남	634	286	700	297	777	299	818	303	876	305
경 북	790	346	869	369	963	376	1,049	382	1,099	384
경 남	730	231	802	228	874	232	935	229	1,010	232
제 주	128	62	136	67	133	66	132	64	138	65

출처 : 통계청(2019). 장기요양보험 통계자료.

CHAPTER 13

노인의 자원봉사활동

제1절 노인 자원봉사의 개념

자원봉사(volunteering)는 원래 '의지'라는 의미를 지닌 라틴어 'volo'에서 유래되었으며, 다시 '자유의지'라는 'voluntas'라는 용어로 변화된 것으로, 의무감이 아닌 자발성의 의미가 강하게 내포되어 있다.

자원봉사(스스로 自, 바랄 願, 받들 奉, 섬길 仕)는 스스로 원해서 다른 사람의 권리와 인격을 존중하고 다른 생명체의 존엄성을 인정하면서 무상으로 도움을 주는 활동을 말한다. 즉, 자원봉사란 '개인, 집단, 지역사회에서 발생하고 있는 여러 가지 사회문제를 예방하거나 통제, 개선하고자 하는 노력으로서 공적 · 사적 여러 조직에서 제공하는 서비스에 보수를 받지 않고 자발적으로 참여하는 개인의 지속적 활동'으로 정의할 수 있다(권중돈, 2009).

노인 자원봉사 개념 역시 이러한 자원봉사 개념 정의와 크게 다르지 않다. 노인 자원봉사는 노인이 자원봉사의 대상이 되는 '노인을 위한 봉사'와 노인이 자원봉사의 주체가 되는 '노인에 의한 봉사'로 구분할 수 있다(고양곤 외, 2003). 여기서는 두 가지 개념 모두를 노인 자원봉사로 받아들이고, 특히 개인뿐만 아니라 사회발전에 도움이 되는 '노인에 의한 봉사'에 대해 말하고자 한다. 노인 자원봉사는 개인적 경험과 잠재력을 통해 유용하고 풍요로운 노년기를 보낼 수 있으며, 자신에 대한 삶의 의미를 발견하고 사회발전에 기여한다는 측면에서 시대적으로 요청되는 사회복지 프로그램이라 할 수 있다. 이를 통해 노인은 사회적으로 '복지서비스의 수혜자' 라는 인식으로부터 벗어나 사회적 약자를 위한 '복지서비스의 제공자'라는 긍정적 이미지를 부각시키고 노인 자신의 자아존중감을 제공하는 데 일익을 담당하고 있다.

제2절 노인 자원봉사활동의 의의

노인들은 처음에는 풍부한 여가시간과 일로부터의 해방에 기뻐할지 모르나 곧 너무 많은 여가시간을 지루하게 여기게 되며, 그들의 생활에 의미와 목적을 부여하는 유용한 역할을 갈망하게 된다(J. C. Buckley & Schmidt, 1974). 따라서 시간적 여유가 있고 자신의 이미지를 찾기 위해 사회적 역할을 추구하는 노인들은 사회봉사활동에 참여할 수 있는 좋은 인력이라 할 수 있겠다. 노인들의 자원봉사활동은 그들의 여가시간을 유용하게 보내는 방법 중의 하나이며, 또한 자원봉사활동은 노인들의 생활에 의미성을 부여한다(이은희, 2008). 따라서 노인 자원봉사활동을 개인적인 측면과 사회적인 측면으로 나누어 살펴보면 다음과 같다(이해영, 2015).

1) 개인적인 측면

① 상실된 사회적 역할 보충

노인이 퇴직하면서 상실된 사회적 지위와 역할을 보충할 수 있다. 자원봉사활동을 통해 사회의 일원으로서 지위와 역할을 갖게 되고 자발적으로 그 역할을 행함으로써 활동에 보람을 느낀다.

② 긍정적 자아상 유지

자원봉사활동에의 참여는 사회의 일선에서 물러나 자칫하면 상실되기 쉬운 자신의 사회적 가치성을 회복하고 유지할 수 있게 함으로써 아직도 자신이 사회에 유용한 존재라는 가치를 갖게 한다. 또한 퇴직 이후 갖기 쉬운 자신에 대한 부정적인 평가에서 벗어나 긍정적 자아상을 유지시키고 자존심을 향상시켜 줄 수 있다.

③ 소외감 극복

나이가 들면서 노인들은 직장에서 물러남으로써 사회로부터 소외감을 느끼게 된다. 자원봉사활동의 참여는 다시 자신을 사회 속에 참여시키므로 사회로부터의 소외감을 극복할 수 있게 된다.

④ 자기성장과 자아실현

인간은 노년기에도 자기성취, 자기성장, 자기실현의 욕구를 가지며, 자원봉사활동을 통해 이러한 욕구를 충족시킬 수 있다. 지금까지 하지 못했던 일들을 자원봉사활동을 통해 실현해 나갈 수 있으며, 이러한 활동과정을 통해 창의성을 발휘할 수 있고, 책임성 있게 일을 수행할 수 있는 계기를 갖는다.

⑤ 활동을 통한 건강유지

자원봉사활동은 일상적인 생활을 보다 계획적이고 조직적인 생활을 하도록 만들어 적절한 긴장과 규칙적인 활동을 유지시킴으로써 정신적 · 육체적 건강을 유지할 수 있다. 외국의 선행연구를 살펴보면 자원봉사활동이 노인의 신체적 · 정신적 건강에 긍정적인 영향을 미치고 있다고 보고하였다(Kovacs & Black, 1999; Lum & Light, 2005). 국내연구에서도 노인 자원봉사활동이 노인의 정신적 건강에 긍정적인 영향을 미친다고 보고하였다(김종욱, 2016; 백옥미, 2014).

⑥ 삶의 의욕과 만족도 증진

노인의 자원봉사활동의 참여는 궁극적으로 노인의 생활만족도를 높이고 삶의 의욕을 높이는 결과를 초래한다. 많은 연구들이 노인의 자원봉사활동이 노인의 삶의 만족도를 높이는 데 기여하고 있다고 보고되고 있다(고양곤 · 김동배, 2003; 김미혜 · 정진경, 2002; 문재우, 2013). 따라서 자원봉사활동의 참여가 성공적인 노년기를 보내기 위해 무엇보다도 중요한 요소임을 확인할 수 있다.

2) 사회적인 측면

① 노인과 노화에 대한 긍정적 인식

노인이 되면 신체뿐만 아니라 정신기능이 떨어져 사회적으로 별로 쓸모없는 대상으로 여겨지는 경향이 있으며, 이러한 편견은 더욱더 노인에 대한 편견을 확대한다. 그러나 노화의 과정은 개인마다 다르며, 노인층에는 중년기나 다름없이 사회에서 얼마든지 능력을 발휘할 수 있는 노인들이 있다. 이러한 노인들의 적극적인 자원봉사활동은 사회가 갖고 있는 노인에 대한 잘못된 편견을 없애고 긍정적으로 노인과 노화를 인식하는 데 도움이 될 수 있다.

② 사회에 대한 봉사와 발전에 기여

오랜 세월 동안 연마해 온 지식과 기술 및 경험을 자원봉사활동을 통해 사회복지에 공헌하고 나아가 사회의 개선과 발전에 큰 기여를 하게 된다. 노인들의 자원봉사활동은 사회의 많은 젊은이들에게 자극이 될 수 있으며, 사회적으로 부족한 복지인력을 보충하는 데도 큰 의의가 있다. 특히, 노인 스스로 노인을 돕는 일은 노인을 더 잘 이해할 수 있어 적절한 도움을 줄 수 있고 도움을 받는 노인의 입장에서도 친근감과 심리적 안정감을 가지고 도움을 받을 수 있어 크게 장려되어야 할 일이다(최성재 · 장인협, 2003).

③ 고령사회의 대응책

노인의 자원봉사활동은 급격한 인구 고령화로 인한 노인과 노령기의 연장에 따른 여러 가지 부정적 요인들을 해결해 줄 수 있다. 따라서 UN에서도 고령사회의 대응책으로 제시되고 있는데, 1999년 세계노인의 해에서 노인을 위한 다섯 가지의 원칙, 즉 자립, 참여, 보호, 자아실현, 존엄성이 제시되었고 이 중 참여의 원칙은 자원봉사를 통해 사회에 참여하는 것을 강조하고 있다.

자원봉사활동은 노인(자기 자신)에 대한 자신감이나 자아인식 외에도 실제적인 생활에 많은 도움을 준다고 미국은퇴자협회에서는 보고하였다(AARP : American Association of Retired Persons, 1996).

- 자원봉사를 함으로써 새로운 사람을 만나고 튼튼한 유대관계를 맺을 수 있는 기회가 생긴다.
- 새로운 역할을 수행하면서 나태해지기 쉬운 일상습관에 신선한 자극을 갖게 된다.
- 남을 돕는다는 자부심으로 보람 있는 일에 열중함으로써 우울증, 기타 생활의 여러 가지 심리적 고충에서 벗어날 수 있다.
- 자원봉사활동을 하면서 새로운 기술, 경험, 지식 등을 습득하게 됨으로써 은퇴 후 새로운 직업 및 사업을 하는 데 있어 많은 도움이 될 수 있다.

제3절 노인 자원봉사활동의 특성 및 필요성

1. 노인 자원봉사활동의 특성

노인 자원봉사는 양방향성, 양면성, 치료성, 자조성이라는 네 가지 특성을 지닌다(김동배, 2000).

첫째, 노인 자원봉사는 자원봉사를 행하는 측과 받는 측의 상하관계로 구분되는 것이 아니라 '줌'으로써 '받는 것'이며, '하는 것'이 자신의 삶의 보람이나 즐거움으로 이어져서 결국 노인 자원봉사는 양방향성의 특성을 지니고 있다.

둘째, 일생을 사는 동안 사람은 자원봉사활동을 통하여 타인에게 도움을 주지만 언젠가는 자신이 도움을 받는 입장에 처할 수 있기 때문에 노인들은 젊은 시절에 한 봉사에 대한 보상으로 봉사를 받을 수 있으며, 어떤 사람에게 봉사를 받지만 또 다른 사람에게는 노인 자신이 봉사를 행할 수 있으므로 양면성의 특성을 갖고 있다.

셋째, 노년기에 타인을 돕거나 사회발전에 기여하는 활동에 참여하면 노인 자원봉사자는 신체 및 심리적으로 긍정적 보상을 받고 자신이 가진 심신의 문제를 해결할 수 있는 효과가 있으므로 노년기의 자원봉사활동은 치료적 특성을 지닌다.

넷째, 동일한 문제로 고민하는 노인이 집단을 구성하여 서로 문제해결을 돕는 경우가 많으므로 노년기의 자원봉사활동은 자조성의 특성을 지닌다.

〈표 13-1〉 노인 자원봉사의 특성

특 성	내 용
양방향성	노인 자원봉사는 자원봉사를 행하는 측과 받는 측의 상하관계로 구분되는 것이 아니라 '줌'으로써 '받는 것'이며, '하는 것'이 자신의 삶의 보람이나 즐거움으로 이어진다.
양면성	노인들은 젊은 시절에 한 봉사에 대한 보상으로 봉사를 받을 수 있으며, 어떤 사람에게 봉사를 받지만 또 다른 사람에게는 노인 자신이 봉사를 행할 수 있다.
치료성	노년기에 타인을 돕거나 사회발전에 기여하는 활동에 참여하면 노인 자원봉사자는 신체 및 심리적으로 긍정적 보상을 받고 자신이 가진 심신의 문제를 해결할 수 있는 효과가 있다.
자조성	동일한 문제로 고민하는 노인이 집단을 구성하여 서로 문제해결을 돕는 경우가 많다.

2. 노인 자원봉사활동의 필요성

노인 자원봉사활동의 중요성이 대두된 것은 노인의 여가시간 증가, 경제적으로 안정된 노인층의 증가, 노인의 건강수준 향상 등으로 사회적으로 유익한 활동을 통하여 삶의 보람을 찾으려는 노인이 늘고 있는 것과 관계가 있다. 신체적 · 정신적으로 활동할 여지가 충분한 노인이 지역사회와의 교류를 통해 삶의 보람을 찾기 위해서는 자원봉사활동의 참여가 필요하다.

구체적으로 노인 자원봉사의 필요성은 첫째, 자기성숙으로서 사회 · 심리적 욕구를 적절하게 충족하지 못하면 삶의 의욕을 상실하여 활기찬 노후생활을 영위하기 어렵게 되므로 여가가 많은 노인에게 있어서는 자원봉사가 정신적 안정과 삶의 보람을 가져다주는 좋은 활동이다. 둘째, 공동체 의식의 강화이다. 노인도 그 지역에 살고 있는 주민이므로 지역사회의 한 구성원으로서의 역할을 수행해야 한다. 생활의 지혜와 경험을 갖춘 자로서 지역공동체의 발전을 위해 나름대로의 역할을 수행해 나갈 때 지역사회의 진정한 어른으로서 존경을 받을 수 있다. 끝으로 자원봉사의 당사자성이다.

지리적으로 가깝고, 상황적으로 유사한 욕구를 지닌 사람이 자원봉사를 할 때 발휘되는 것으로 당사자 본인뿐만 아니라 지역사회 전체적으로도 매우 중요한 의미를 가진다(박태영 외, 2004).

이와 같이 노인 자원봉사는 노인이 자원봉사의 수혜자로서 또는 공급자로서 필요한 활동이다. 그러므로 노인 자원봉사는 노인문제 해결과 노인복지 증진 차원에서 매우 중요함을 인정하고, 이를 활성화하기 위한 정부와 민간 차원의 긴밀한 협조와 노력이 있어야 할 것이다.

3. 노인 자원봉사클럽

노인 자원봉사클럽은 노후 생활을 행복하게 보내며, 지역사회에 공헌하기 위하여 스스로 자원봉사를 계획하고 실행 및 평가를 하는 자주적인 자원봉사 모임이다. 노인 자원봉사클럽활동의 영역은 다음과 같다(표 13-2 참조).

〈표 13-2〉 노인 자원봉사클럽활동 영역

구 분	관련활동
노노케어	독거노인 상담 및 말벗, 거동불편 노인 이동보조
문화재능나눔	문화, 예술 등의 공연, 관광안내
안 전	교통안전, 어린이 등하교 지도, 청소년 유해업소 감시
마을공동체	마을가꾸기, 환경보호, 위해감시
생활편의지원	장애인, 독거노인 등 사회적 약자를 대상으로 일상생활 지원
주거환경개선	취약계층 대상 집수리, 환경개선
교 육	경로당, 어린이집, 복지기관 대상 학습지도, SNS활용교육, 문해교육, 예절교육 등 지도
기타활동	재난재해, 캠페인, 국제교류협력, 범국가적행사지원, SNS활용, 통·번역, 자원봉사 컨설팅활동

출처 : 노인자원봉사지원센터. www.ksvsc.or.kr

4. 노인 자원봉사활동에 관한 이론

1) 교환이론

교환이론(exchange theory)은 노인이 가지고 있는 교환자원의 가치를 높이거나 노인의 권력 또는 힘을 증가시켜 균형적이고 상호 의존적인 교환관계를 만들 수 있는 대책의 일환으로 노인의 자원봉사활동을 제시하고 있다. 즉, 교환이론적 접근에 의한 노인문제는 노인이 갖고 있는 교환자원의 평가가 저하됨으로써 교환관계에서의 불균형이 초래되고, 이러한 불균형은 노인으로 하여금 개인, 집단, 사회에 의존하게 만들어 노인의 권력 또는 힘이 상대적으로 약화되는 '권력－의존의 관계'에서 교환행위를 한나는 것이다. 그리고 권력을 얻은 측이 노인과의 교환관계를 불균형적으로 지배하게 된다는 점에서 문제가 발생하는 것으로 이해될 수 있다.

이에 대한 대책은 노인의 교환관계를 만드는 것인데, 노인문제의 양상에 대한 교환이론적 접근에 의한 하나의 대책은 새로운 자격이나 지위를 획득하는 사회활동 방법으로 노인을 자원봉사활동에 참여시킬 수 있는 프로그램을 개발하는 것이 중요하다.

2) 활동이론

활동이론(activity theory)은 기본적으로 노인의 사회활동 참여의 정도와 생활만족도는 상관관계가 있다고 보는 것이다. 즉, 노인의 사회활동 참여가 높을수록 노인의 심리적 만족감 또는 생활만족도는 높다는 것이다. 이와 같은 주장은 노인이 그들의 필연적·생물학적 변화와 육체적 건강 약화를 제외하고는 중·장년기 때와 동일한 사회적·심리적 욕구를 지니고 있기 때문에 퇴직 등으로 인한 역할부재에 대신할 만한 활동을 찾아 사회참여를 추구한다는 이론이다. 따라서 사회활동에 많이 참여하고 친밀한 활동을 할수록 노인의 생활만족도는 높이 유지되므로 노령기에도 많은 사회적 관계의 활동에 참여해야 할 필요가 있다고 보는 것이 활동이론이다.

3) 계속이론

계속이론(continuity theory)에서는 자원봉사활동은 어려서부터 시작하여 꾸준히 하는 연속적 활동으로 전 생애에 걸친 활동으로 보고 있다. 계속이론을 근거로 노인의 자원봉사활동의 필요성을 말한다면 노인에게 자원봉사활동은 자신과 사회에 이익을 가져다준다고 할 수 있다. 즉, 산업전선의 은퇴로 인한 역할상실과 사회적 지위를 보충하고 사회적 가치성을 회복시켜 줄 수 있다. 노년기의 자아상을 긍정적으로 유지할 수 있으며, 소외감을 극복하고 창의성과 책임성을 발휘할 수 있는 좋은 기회를 제공하기도 한다. 또한 노인이 자원봉사활동에 적극적으로 참여한다는 것은 세대 간의 갈등을 극복하면서 연대감을 키워갈 수도 있다는 것이 계속이론이다.

제4절 노인 자원봉사활동의 현황

1. 노인의 자원봉사활동 현황

최근 노인의 자원봉사활동에 관한 관심은 날로 증대하고 있으나 실제 노인의 참여율은 아주 저조한 상황이다. 우리나라의 노인 자원봉사활동은 노인의 자원봉사활동에 대한 인식이나 홍보부족, 사회적 지원체계 미비, 노인의 경제적 문제 등으로 여전히 초기단계에 있다고 할 수 있다.

노인의 자원봉사활동 참여율 조사는 조사대상에 따라서 그 차이가 크기 때문에 실태파악이나 일반화에 어려움이 있다. 통계청(2018)의 조사에 따르면 최근 1년간 자원봉사에 참여한 60세~69세까지의 연령은 10.5%로 나타났으며, 70세 이상에서 자원봉사에 참여한 노인은 불과 3.8%에 지나지 않는다. 이러한 노인의 자원봉사활동 참여율은 다른 어떤 연령층의 참여율보다도 낮다. 따라서 노인들이 자원봉사활동에 많이 참가할 수 있는 노력이 필요하다고 본다.

〈표 13-3〉 연령별 자원봉사활동 참여율

연 령	2018년 12월 31일 기준			
	최근 1년간 자원봉사 참여 여부		향후 자원봉사 참여 의사	
	있다	없다	있다	없다
15~29세	26.3	73.7	54.3	45.7
30~39세	11.0	89.0	52.9	47.1
40~49세	15.6	84.4	49.6	50.4
50~59세	15.9	84.1	42.9	57.1
60~69세	10.5	89.5	27.4	72.6
70세 이상	3.8	96.2	10.0	90.0

통계청(2019). 2018년 13월 31일 기준 노인 자원봉사활동 조사표.

제5절 노인 자원봉사활동의 문제점과 개선과제

1. 노인 자원봉사활동의 문제점

노인 자원봉사는 노인 자신의 생산적인 활동이나 사회통합 차원에서, 그리고 지역사회 발전을 위하여 필요한 활동이다. 그러나 아직까지 사회 전반에 걸쳐서 자원봉사에 대한 인식이 낮은 한국의 경우, 자원봉사활동을 하고 싶은 마음이 있더라도 홍보부족이나 다양한 자원봉사활동 프로그램의 미비, 자원봉사에 참여할 수 있는 성숙한 사회적 여건 미비 등의 이유로 자원봉사활동에의 참여를 결정하기가 쉽지 않은 실정이다. 기존의 연구들에서 나타난 한국 노인 자원봉사활동이 활성화되지 못한 몇 가지 문제점을 살펴보면 다음과 같다(고양곤, 1999).

1) 노인 자신의 의지 부족과 여건 미비

자신의 인생경험과 지혜를 살려 이웃을 돕고 사회에 공헌하고자 하는 욕구는 막연하게나마 노인에게도 있다. 다만, 노인이 하는 자원봉사활동이 조직화되지 않았고, 참가하는 방법을 모르거나 노인이 무력감을 갖고 자신을 평가절하하는 것이 적극적인 노인봉사활동에 방해요소가 되고 있다.

2) 노인의 경제 및 건강상의 문제점

자원봉사활동은 봉사자가 자신의 시간과 전문성과 노력을 무보수로 제공하는 것이므로 어느 정도의 경제적 여유와 건강을 유지하지 못하면 힘든 일이다. 우리나라 노인의 대다수는 경제적 자립능력이 없기 때문에 자녀들에게 의지하고 살고 있으며, 또한 대부분의 노인이 만성질환을 가지고 있어 자원봉사활동에 참여하는 데 어려움이 많다.

3) 노인 자원봉사를 위한 다양한 프로그램의 미비

우리나라의 경우 노인을 위한 자원봉사 프로그램 개발이 미흡한 상태로, 노인이 자신의 경험과 능력을 충분하게 발휘할 수 있는 자원봉사 프로그램이 개발된다면 잠재적 노인 자원봉사자를 자원봉사자로 발굴·전환시킬 수 있는 가능성을 충분히 가지고 있다.

4) 노인의 봉사활동에 대한 홍보 부족

노인이 자원봉사에 참여하는 경로를 보면, 노인교실이나 노인학교와 같은 프로그램을 통해 자원봉사활동에 참여하거나, 봉사활동에 참가 중인 친지나 친구의 권유를 받아 자원봉사를 한다. 이는 노인 자원봉사활동에 대한 홍보가 아직 비공식적인 통로에 의존하고 있다는 것을 단적으로 보여준다. 앞으로 노인 자원봉사를 활성화시키기 위해서는 라디오, 신문, 텔레비전 같은 대중매체를 통한 좀 더 적극적인 홍보방안이 모색되어야 할 것이다.

5) 노인 자원봉사에 대한 인식 부족

노인인력 활용에 대한 사회인식의 저조를 들 수 있다. 노인의 잠재능력과 축적된 경험은 그 활용도가 매우 높다. 그러므로 다양한 방면으로 노인의 소중한 경험과 방대한 능력을 발휘할 기회를 만들어 주어야 한다.

노인의 자원봉사에 관한 인식을 알아보는 조사에서 자원봉사 무경험 노인의 경우 70% 이상의 노인이 자원봉사자를 '희생자'로 보는 것으로 나타났다. 이는 자원봉사에 대한 노인의 인식이 매우 낮음을 나타내고 있다. 자원봉사는 노후생활에 나타나는 고독감과 소외감을 없애고, 사회의 한 구성원으로서 소속감도 느끼고, 지지해 줄 만한 친구도 사귀는 좋은 기회가 될 수 있으며, 그에 따라 자연스럽게 질병을 예방하고 치유해 주는 기적의 약이 될 수도 있어 봉사자를 더욱 건강하고 행복하게 만들어 주는 활력소가 될 수 있다. 또한 자원봉사활동에 참여하면서 노인은 가정과 사회에서 생산적인 활동을 보임으로써 긍정적인 의미를 가질 수 있다는 것을 인식해야 할 것이다.

6) 사회적 지원체계의 미비

노인의 자원봉사 참여를 유도하기 위하여 노인이 참여하고 싶어 하는 자원봉사 프로그램을 개발하고, 또한 노인을 자원봉사 프로그램과 연결시켜 줄 수 있는 자원봉사조직이 절대적으로 필요하다. 그러나 현재 지역자원봉사센터가 있기는 하지만 노인 자원봉사 프로그램을 전문적으로 조정하고 관리하는 체계가 미흡한 상태이다. 따라서 노인 자원봉사의 필요성을 홍보하고 참여유도를 적극적으로 수행할 수 있는 체계적이고 종합적인 노인 자원봉사조직이 필요하다.

7) 제도적 장치의 미비

선진국에서 실시되고 있는 자원봉사활동에 대한 사회적 경력 인정, 상해

보험제도, 노후봉사의 저축제 등의 제도적 장치가 개발되지 못했다는 점이 노인 자원봉사활동에서의 문제점으로 지적될 수 있다.

2. 노인을 위한 자원봉사활동의 활성화 방안

65세 이상의 은퇴 노인세대가 증가하고 있다. 따라서 자원봉사 프로그램 관리 조정자는 지역사회를 위하여 경험이 풍부하고 시간적으로 여유를 갖고 있는 노인자원을 개발하여야 할 필요가 있다.

노인 자원봉사활동은 고독과 무료함을 달래는 소극적 기능을 넘어 노인의 건강을 유지하고 지식과 기술을 끊임없이 개발하여 사회에 유익한 기능을 하는 발달적・사회적 기능을 갖게 한다. 이러한 자원봉사활동을 활성화하기 위하여 다음과 같은 방안을 제안할 수 있다.

1) 적극적 홍보를 통한 인식전환

적극적 홍보를 통한 인식전환이 필요하다. 노인 자원봉사의 활성화를 위해서는 우선적으로 자원봉사활동을 널리 알려야 한다. 노인인구가 많다고 해서 모두 노인 자원봉사자가 되는 것은 아니다. 노인 자원봉사를 활성화하기 위해서는 노인의 특성과 욕구를 파악하고, 자원봉사에 관한 동기와 기회를 제공해야 할 것이다. 봉사자에게 자원봉사에 관한 동기와 흥미, 각종 정보를 제공하기 위한 방법으로는 대중매체를 이용하는 방법, 행정기관이나 봉사단체의 광고, 사회복지관의 홍보, 친구나 친지의 권유, 종교단체를 통한 홍보 등을 들 수 있다. 또한 전문가 단체나 퇴직자 모임, 노인학교, 지역부녀회나 계모임 등 이미 형성되어 있는 집단을 대상으로 홍보하고 모집하는 것도 효과적일 것이다(고양곤, 1999).

노인의 자원봉사활동을 보여줌으로써 잠재적 노인 자원봉사자의 자원봉사 욕구를 고취시키고 의존적 존재로 여겨지고 있는 노인의 사회상을 바꾸는 작업을 병행해야 한다. 아름다운 노년상을 보여줌으로써 사회구성원으로서 역할을 수행하는 모습을 보여줘야 한다.

2) 다양한 노인 자원봉사 프로그램을 개발

노인의 자원봉사활동 내용 대부분이 일시적이고 비전문적이며 전시적인 프로그램으로 치중되어 있는 경향이 있다. 노인의 자원봉사활동을 생각하면 흔히 한문지도, 교통지킴이, 환경캠페인 활동을 떠올리게 된다. 이런 국한된 자원봉사활동 영역에서 벗어나 좀 더 창조적이며 흥미를 가지고 정기적・지속적으로 참여할 수 있는 자원봉사 프로그램을 개발해 노인의 자원봉사활동을 활성화해야 한다.

3) 봉사활동에 필요한 최소경비 지원 및 재원의 확보

민간모금실적이 저조하고 정부의 노인 자원봉사활동에 대한 재정적 지원이 부족한 경우 노인 자원봉사활동의 활성화가 어렵다.

노인 자원봉사활동이 공익적 활동이라는 인식하에 활동에 필요한 최소한의 활동비를 지원하는 등 자원봉사활동의 활성화를 위한 재원의 확보가 필요하다.

4) 자원봉사활동에 대한 체계적인 교육

자원봉사활동에 대한 체계적인 교육을 위해서는 자원봉사에 대한 정기적인 교육이 필요하다. 즉, 대상자의 욕구에 맞는 교육내용 및 자원봉사활동에 필요한 전반적인 유용한 정보 제공이 필요하다는 것이다. 예를 들면, 자원봉사활동을 하면서 어려운 점은 기술이나 경험의 부족, 소속기관이나 단체 간의 이해와 협조부족, 자원봉사 담당자와의 이해관계 등이 있는데 이러한 어려움은 교육 및 훈련을 통해서 상당 부분 해소할 수 있다.

참·고·문·헌

고수현(2009). **노인복지 이론과 실제**. 경기 : 학현사.

고양곤(1997). 재가노인복지의 개념과 서비스 방안 – 재가노인복지사업. 한국노인복지회.

______(1999). 노인 자원봉사활동의 활성화 방안. **노인복지연구**. 한국노인복지학회.

고양곤 · 모선희 · 원영희 · 이금룡 외(2003). **노인과 자원봉사활동**. 서울 : 학지사.

고재욱 외(2010). **노인복지론**. 경기 : 양서원.

고재욱 · 황진수(2010). **노인복지론**. 경기 : 양서원.

권금주(2007). 노인학대과정에 관한 연구. 이화여자대학교 대학원 박사학위논문.

권육상(2005). **최신노인복지론**. 경기 : 유풍출판사.

권중돈(2005). **노인복지론**. 서울 : 학지사.

______(2006). **노인복지론**. 서울 : 학지사.

______(2009). **노인복지론**. 서울 : 학지사.

______(2011). **노인복지론**. 서울 : 학지사.

______(2016). **노인복지론**. 서울 : 학지사.

권진숙 · 박지영(2008). **시례관리의 이론과 실제**. 서울 : 학지사.

김갑중(2006). 노인의료보장제도의 확충방안에 관한 연구. 전남대학교 대학원 석사학위논문.

김기태(2005). **사회복지실천론**. 경기 : 양서원.

김기태 외(2009). **노인복지론**. 경기 : 공동체.

김기태 · 박병현 · 최송식(1999). **사회복지학 이해**. 서울 : 박영사.

김동배(1999). 미래사회와 노인여가활동. **노인복지정책연구**, 15.

______(2000). 노인과 자원봉사. 한국노년학회 편. **노년학의 이해**. 서울 : 도서출판 대영문화사, 254-269.

김두영(2010). 노인의 여가활동이 생활만족도에 미치는 영향. 대구한의대학교 대학원 석사학위논문.

김미양(2009). 노인여가복지시설 이용자의 여가활동이 삶의 만족도에 미치는 요인. 대구한의대학교 대학원 박사학위논문.

김미혜 · 김소희(2002). 만성질환 노인의 의료비부담 관련요인에 관한 연구. **한국사회복지학**, 48.

김미혜 · 신경림(2005). 한국 노인의 성공적 노화 척도 개발을 위한 연구. **한국노년학**, 25(1).

김성천 외(2000). **사회복지실천의 이해**. 서울 : 학지사.

김수영 외(2001). **노인과 지역사회보호**. 경기 : 양서원.

김영순(2006). 노년기 형제 · 자매관계 특성이 성공적 노화에 미치는 영향 연구. 성신여자대학교 대학원 석사학위논문.

김익기 외(1999). 한국 노인의 삶 및 진단과 전망. 미래인력연구센터.
김재중(2007). 성공적인 노화에 영향을 미치는 요인 연구. 백석대학교 기독전문대학원 박사학위논문.
김종욱(2016). 노인의 자원봉사활동이 정신건강에 미치는 영향 : 생활만족도와 우울을 중심으로. 성결대학교 대학원 석사학위논문.
김창기 · 박일연(2003). 노인의 의존성 및 부양자 행동통제기술이 노인학대에 미치는 영향에 관한 연구 : 농어촌경로당 이용노인을 중심으로. **한국노인복지학회**, 2003년 여름호, 7-28.
김태현(1994). **노년학**. 서울 : 교문사.
김태현 · 한은주(1997). 노인학대 측정과 개입을 위한 문헌적 고찰. **한국노년학**, 17(1).
김한곤(1998). 노인학대의 인지도와 노인학대의 실태에 관한 연구. **한국노년학**, 18(1), 184-179.
김형수(2003). 노인부양의 한계와 생산적 고령화 방안. **노인복지연구**, 22.
김혜경(2006). **노인학대**. 경기 : 공동체.
김희삼(2008). 사적소득이전과 노후소득보장. **한국개발연구**, 30(1). 한국개발연구원.
나용선(2005). 노인학대 개입 프로그램 개발을 위한 노인학대 가해 및 피해상황관련요인 분석. 서울여자대학교 대학원 박사학위논문.
______(2017). **노인복지론**. 경기 : 공동체.
남경은(2009). 노인의 신체 및 행태적 특성에 따른 노인요양시설 거주공간의 개선에 관한 연구. 중앙대학교 대학원 석사학위논문.
남궁완 · 엄정식(2006). 노인여가시설의 정책적 발전방안. **한국스포츠리서치**, 17(3).
노동부(2008). 고령자고용촉진사업내용. www.molab.go.kr에서 2008년 7월 정보검색.
______(2008). 노동백서.
노인장기요양보험(2011). 노인장기요양보험 등급판정결과 현황.
문선화 외(2002). 노인의 현실과 노인복지개혁의 과제. **노인복지연구**, 16.
문선화 외(2002). **노인의 현실과 노인복지개혁의 과제**. 서울 : 세종출판사.
문재우(2014). 자원봉사활동이 건강과 삶의 만족도에 미치는 영향. **보건과 사회과학**. 34, 87-107.
박귀영(2010). **노인복지론**. 경기 : 양서원.
박명화 외(2004). **노인간호학**. 서울 : 청람미디어.
박미은(2004). 국민기초생활보장 노인과 일반노인의 노인학대 관련요인 비교연구. **한국사회복지학**, 56(2), 93-119.
박봉길(2000). 노인학대 인식도 분석을 통한 사회사업 원조전략. 부산대학교 대학원 박사학위논문.
박석돈 외(2010). **노인복지론**. 경기 : 양서원.

박차상 외(2004). 한국노인복지론. 서울 : 학지사.

________(2009). 한국노인복지론. 서울 : 학지사.

박태룡(2002). 노인복지론. 경북 : 대구대학교출판부.

박태영 외(2004). 자원봉사론. 경기 : 백산출판사.

박희숙 외(2016). NCS 노인복지론. 경기 : 공동체

박희숙 · 장원태 · 오정희(2016). 노인복지론. 경기 : 공동체.

방하남 · 신동균 · 김동현 · 신현구(2006). 인구 고령화와 노동시장 변화 및 노동정책과제. 한국노동연구원.

백옥미(2014). 노년기 자원봉사활동 참여궤적에 따른 신체적 · 정신적 건강과의 관계. 노인복지연구. 66, 329-351.

보건복지가족부(2008). 2008년 보건복지가족백서.

____________(2008). 노인보건복지사업안내.

____________(2009). 2009년 노인보건복지사업안내.

____________(2009). 2009년 보건복지가족백서.

____________(2009). 노인보건복지서비스 매뉴얼.

____________(2009). 노인복지시설현황.

____________(2011). 100세 시대 국민행복 노후설계서비스 선포식.

____________. 노인장기요양보험 사이트. www.longtermcare.or.kr

보건복지부(1998). 보건복지백서.

________(2002). 보건복지백서.

________(2004). 노인학대 예방센터 국가업무수행지침.

________(2006a). 보건복지백서.

________(2006b). 2006년도 노인일자리사업 종합안내.

________(2007). 보건복지가족백서.

________(2010). 성과지향적 정책비전.

________(2011). 노인복지시설 현황 2011. 보건복지부/ 요양보험운영과.

________(2011). 노인복지시설현황.

________(2011). 보건복지부 정책정보자료실.

________(2012). 보건복지부 정책정보자료실.

서미숙(1998). 고령화사회보장정책. 보건복지포럼, 23. 한국보건사회연구원.

서보준(2019). 요양보호사의 감정노동이 서비스 질에 미치는 영향에 대한 직무소진과 직무만족의 이중매개효과. 한국케어매니지먼트연구, 31, 53-81.

서보준 · 이승협(2016). 노인요양공동생활가정 요양보호사의 직무환경 및 직무스트레스가 이직의도에 미치는 영향. 공공사회연구, 6(2), 99-132.

서점옥(2005). 노인여가복지서비스의 실태와 개선방안에 관한 연구. 서울시립대학교 도시과학대학원 석사학위논문.

석재은(2009). 우리나라 노인장기요양서비스 시장의 특성과 정책과제. **보건복지포럼**, 8.

성규탁 · 이윤로(1993). 사례관리 : 효과적 서비스의 전달을 위한 방법. **사회복지**, 118.

송지원(2001). 우리나라 노인학대의 실태와 대처방안에 관한 연구. 경희대학교 산업정보대학원 석사학위논문.

송혜자(2009). 노인의 역할수행이 성공적 노화에 미치는 영향. 청주대학교 대학원 박사학위논문.

신영석(2006). 의료급여 환자의 의료이용 적정성 고찰. **보건복지포럼**, 114.

신정은(2010). 노인의 여가활동 실태와 개선방안에 관한 연구. 국민대학교 행정대학원 석사학위논문.

안계일(2004). 노인의 생활체육 참여에 따른 여가 만족도에 관한 연구. 경기대학교 대학원 석사학위논문.

안미영(2005). 노인여가활동이 자아존중감과 생활만족도에 미치는 영향. 청주대학교 대학원 석사학위논문.

양옥경 · 김혜경 · 김미숙 · 정순둘(2010). **노인복지론**. 경기 : 공동체.

양옥남 외(2006). **노인복지론**. 경기 : 공동체.

________(2010). **노인복지론**. 경기 : 공동체.

양유진(2009). 노인 소득보장제도의 발전방안에 관한 연구 : 홍천군을 중심으로. 강원대학교 정보과학행정대학원 석사학위논문.

오영희 · 배화옥 · 김윤신(2006). 우리나라 노인의 주관적 건강인식과 신체적 및 정신적 기능상태의 관련성 연구. **한국노년학회**, 26(3), 461-476.

왕정현(2005). 노인의료복지서비스의 개선방안에 관한 연구. 동국대학교 행정대학원 석사학위논문.

우국희(2000). 노인학대 관련 정책개발을 위한 일고찰. **한국사회복지학**, 44(3), 209-231.

원석조(2010). **노인복지론**. 경기 : 공동체.

유근옥(2011). 빈곤노인의 현황과 소득보장제도 연구. 대전대학교 대학원 석사학위논문.

유성호 외(2002). **노인복지론**. 서울 : 아시아미디어리서치.

유원섭(2006). 의료급여제도의 문제점과 발전방안. **건강보험포럼**, 5(2).

유정화(2010). 노인집단에서 일상생활능력의 제한이 우울에 미치는 영향 : 노화에 대한 태도의 매체 및 조절효과 검증. 충북대학교 대학원 석사학위논문.

이가옥 외(2000). 가족이 수발하는 장기요양보호노인의 보호욕구사정에 관한 연구. **한국가족복지학**, 5. 한국가족복지학회.

이가옥(1995). **노인보호시설과 부양체계의 항구적 모델 개발**. 경기 : 중앙적성출판사.

______(1996). 한국 노인 자원봉사의 현황과 과제. 성공회대학교 제2회 세계노인의 날 기념 세미나 자료집 : 자원봉사와 노인의 역할, 4-49.

이가옥 · 서미경 · 고경환 · 박종돈(1994). 노인생활실태분석 및 정책 과제. 한국보건사회연구원.

이근홍(1999). 케이스 매니지먼트. 서울 : 대학출판사.

이동수(2004). 노인의 여가활동 참여가 인지된 삶의 질에 미치는 영향. 경상대학교 대학원 박사학위논문.

이삼렬(2004). 재가 노인복지 서비스의 실태분석과 개선방안에 관한 연구. 한영신학대학교 대학원 석사학위논문.

이연호(2002). 노인학대 위험요인과 피해에 관한 연구. 이화여자대학교 대학원 박사학위논문.

이영숙(2009). 노인의 신앙성숙도가 성공적인 노화에 미치는 영향. 대구한의대학교 대학원 박사학위논문.

이원준(2000). 도시노인 여가시설 운영 개선방안 : 경로당 시설 및 운영을 중심으로. 단국대학교 행정대학원 석사학위논문.

이은희(2008). 가족탄력모델을 이용한 치매노인 부양가족원의 적응에 관한 연구. 노인복지연구, 39, 봄호.

______(2009). 최신 노인복지론. 서울 : 학지사.

이인수(2001). 노인복지론. 경기 : 양서원.

이정순(2006). 고령화 시대에 한국의 노인고용정책에 관한 연구. 단국대학교 대학원 석사학위논문.

이종복 외(2007). 사례관리의 이론과 실천. 서울 : 창지사.

이해영(1996). 새로운 복지문제로서 노인학대에 대한 고찰. 노인복지정책연구, 3, 320-328.

______(2015). 노인복지론. 서울 : 창지사.

임재옥 외(2017). 노인복지론. 경기 : 양서원.

임춘식(2001). 고령화사회의 도전. 경기 : 나남출판.

임춘식 외(2008). 노인복지학 개론. 경기 : 학현사.

장용환(2006). 고령화사회의 노인고용활성화 방안에 관한 연구. 단국대학교 대학원 석사학위논문.

장인협(1995). 지방화시대의 지역복지실천방법론. 서울 : 서울대학교출판부.

______(1996). 지방화시대의 지역복지실천방법론. 서울 : 서울대학교출판부.

장인협 · 우국희(2001). 케어 · 케이스 매니지먼트. 서울 : 서울대학교출판부.

장인협 · 최성재(2009). 노인복지학. 서울 : 서울대학교출판부.

전길양 · 송현애(1997). 노인홀대에 관한 연구 : 방임에 대한 인식 및 경험을 중심으로. 한국가정관리학회지, 15(3).

정명숙(2003). 노인의 여가참여도와 여가만족도에 관한 연구. 경기대학교 행정대학원 석사학위논문.

정오영 · 노승현(2007). 노인학대의 위험요인 및 심리적 결과에 관한 연구. 노인복지연구, 가을호. 한국노인복지학회.

조영구 외(2016). 노인복지론. 경기 : 정민사.

차흥봉(1998). 재가가노인복지사업의 이론모형과 실천모형. 한림대학교 사회복지대학원 제14회 워크숍 자료집.

최경희(2005). 노인의 학대경험이 자아존중감에 미치는 영향에 관한 연구 : 서울 경기지역을 중심으로. 경기대학교 사회복지대학원 석사학위논문.

최선화 · 박광준 외(2001). **노인복지서비스의 평가와 과제 : 동아시아적 관점**. 서울 : 세종출판사.

최성재(1995). **고령화사회 위기와 도전**. 경기 : 나남출판.

최성재 · 장인협(2003). **노인복지학**. 서울 : 서울대학교출판부.

최성재 · 최일섭(1995). **사회문제와 사회복지**. 경기 : 나남출판.

최순남(2002). **현대노인복지론**. 서울 : 법문사.

통계청(1998~2009). 사회조사.

______(2001). 장래인구추계결과.

______(2002). 도시가계연보.

______(2006). 장래인구추계.

______(2008). 사회통계국 인구동향과. www.kosis.kr

______(2009). 사회조사.

______(2012). 경제활동인구조사.

하정연(2003). 성공적인 노화를 위한 관련변인 연구. 경희대학교 대학원 석사학위논문.

한국노인인력개발원(2008). 노인일자리사업백서(2004~2007), 22.

한국임상사회사업학회(2005). **노인복지론**. 경기 : 양서원.

__________________(2017). **노인복지론**. 경기 : 양서원.

한국형사정책연구원(1995). 노인의 범죄 및 범죄피해에 관한 연구.

한동희(1996). 노인학대에 관한 연구. 대구효성가톨릭대학교 대학원 박사학위논문.

한은주(2000). 노인학대에 관한 생태학적 연구. 성신여자대학교 대학원 박사학위논문.

현외성(2011). **노인복지학 신론**. 경기 : 양서원.

현외성 외(2000). **한국노인복지학강론**. 경기 : 유풍출판사.

홍경준(2003). 근로빈곤계층의 사회보장 적용실태와 사각지대 개선방안. **보건복지포럼**, 77, 1-9.

황성철(1995). 사례관리 실천을 위한 모형개발과 한국적 적용에 관한 연구. **한국사회복지학**, 27, 275-304.

황현숙(2004). 피학대 독거노인의 학대경험 연구. 가톨릭대학교 대학원 석사학위논문.

Ballew, J. R., & Mink, G.(1986). *Case Management in the Human Services*. Springfield, Illinois, Charles, C. Thomas Publisher.

Baltes, P. R., & Baltes, M. M.(1990). *Successful Aging : Perspectives from the Behavioral Sciences*. New York : Cambridge University Press.

Bertallanffy(1968). *General System Theory and Human Relationship.* New York : Braziller.

Birren, J. E.(1959). "Principles of Research on Aging". In J. E. Birren(Ed.). *Handbook of Aging and the Individual.* Chicago : University of Chicago Press, 3-42.

Botwinick, J.(1978). *Aging and Behavior*(2nd ed.). New York : Springer Publishing Co.

Bryant, L. L., Corbett, K. K., & Kutner, J. S.(2001). In their own word : A model of healthy aging. *Social Science & Medicine, 53*, 927-941.

Cesta, T. G., Tahan, H. A., & Fink, L. F.(1998). *The Case Managers Survival Guide : Winning Strategies for Clinical Practice.* St. Louis & Boston : Mosby.

Dennis, W.(1966). Creative Productivity Between the Ages of 20-28 Years. *Journal of Gerontology, 21.*

Dumazedier, J.(1967). *Toward a Society of Leisure.* New York : The Free Press.

Flood, M.(2002). Successful aging : A concept analysis. *The Journal of Theory Construction and Testing, 6*(2), 105-108.

Gold, S. M.(1980). *Recreation Planning and Design.* New York : McGraw-Hill Book Co.

Greene, R. R.(1986). *Human Behavior and the Social Environment : an Ecological View.* New York : Columbia University Press.

Hickey & Douglass(1981). Neglect and Abuse of Older Family Members, Professionals' Perspectives and Case Experiences. *The Gerontologist, 21*(2).

Holt, B. J.(2000). *The Practice of Generalist Case Management.* Needham Heights, MA : Allyn & Bacon.

Johnson, L. C., & Yanca, S. J.(2001). *Social Work Practice : A Generalist Approach*(7th ed.). Boston : Allyn & Bacon.

Johnson, P., & Rubin, A.(1983). Case Management in Mental Health : A Social Work Domain?, *Social Work, 28*(1), 1-12.

Kovacs, P. J., & Black, B.(1999). Volunteerism and older adults : Implications for social work practice. *Journal of Gerontological Social Work,* 32(4).

Kuhlen, R. G.(1964). Developmental changes in motivation during the adult years. In R. G. Kuhlen(Ed.). *Psychological Backgrounds of Adult Education.* Chicago : Center for the study of Liberal education for adults.

Lassey, W. R., & Lassey, M. L.(2001). *Quality of Life Older People : An International Perspective.* Washington State University.

Lum, T., & Light, E.(2005). The effects of volunteering on the physical and mental health of older people. *Research on Aging,* 27(1).

Moore, S. T.(1990). "A Social Work practice model of case management : The case management grid". *Social Work, 35.*

Moxley, D. P.(1989). *The Practice of Case Management.* New York : SAGE publications.

O'conner, G.(1988). Case Management : System and practice. *Social Casework, 33*, 97-106.

Park, J.(1991). "Factor Affecting Household Decision-making Power Among the Korean Elderly Immigrants". In the U. S. Paper Presented at the 1991 Annual Meeting of the Geronto-logical Society of America.

Parker, S.(1971). *The Future of Work and Leisure*. London : MacGibbon and Knee.

Pillemer, K. A.(1985). Risk Factors in Elder Abuse : Results from a Case-Control Study. In K. A. Pillemer & R. S. Wolf(Eds.), *Elder Abuse : Conflict in the Family*. Dover. MA : Auburn House Publishing Company.

Reichstadt, J., Depp, C. A., Palinkas, L. A., Folsom, D. P., & Jeste, D. V.(2007). Building blocks of successful aging : A focus group of older adults' perceived contributors to successful aging. *The American Journal of Geriatric Psychiatry, 15*, 194-201.

Reichstadt, J., Sengupta, G., Depp, C. A., palinkas, L. A., & Jeste, D. V.(2010). Older adults' perspectives on successful aging : Qualitative interviews. *The American Journal of Geriatric Psychiatry, 18*, 567-575.

Robinson, M. M.(2000). Case Management for Social *Workers : A* Gerontological Approach. In R. L. Schneider N. C. Kropf, & A. J. Kosor(Eds.), *Gerontological Social Work : Knowledge, Service Settings, and Special Populations*(2nd ed, pp. 136-164). Pacific Grove, CA : Brooks/ Cole.

Rowe, J. W. & L. Kahn(1998). *Successful Aging*. New York : Pantheon 87 Books.

Shiferaw, B., et al.(1994). The Investigation and Outcome of Reported Cases of Elder Abuse : The Forsyth County Aging Study. *The Gerontologist, 34*(1).

Szalai, A.(1972). *The Use of Time. Daily Activities of Urban and Suburban Populations in Twelve Countries*. The Hague : Mouton & Co.

Weil, M., & Karls, J.(1985). *Case Management in Human Service Practice*. San Francisco : Jossey-Bass.

Wylson, A.(1980). *Design for Leisure Entertainment*. Boston : Butter Worth Inc, 1.

찾·아·보·기

가족 스트레스 이론 ········ 258
가족보호모형 ········ 207
개별화 ········ 30
개입계획 ········ 203
결과평가 ········ 205
경로당 ········ 134
경로승차권제도 ········ 75
경로연금제도 ········ 72
경로우대제도 ········ 73
경제적 의존성 ········ 49
경직성 ········ 45
계속이론 ········ 320
계약 ········ 204
계획자 ········ 193
고령자인재은행 ········ 93
공무원연금 ········ 64
과업중심모델 ········ 176
교육자 ········ 195
교환이론 ········ 257, 319
국민건강보험제도 ········ 108
국민기초생활보장제도 ········ 67
국민연금 ········ 55
군인연금 ········ 65
권리와 책임성 ········ 31
기관접촉 ········ 201
기억력 ········ 43
기초연금 ········ 70

노인 ········ 33
노인건강진단제도 ········ 116
노인고용 ········ 84
노인공동생활가정 ········ 129
노인교실 ········ 134
노인문제 ········ 19
노인보호전문기관 ········ 138
노인복지 ········ 25
노인복지관 ········ 134
노인복지시설 ········ 125
노인복지실천 ········ 167
노인복지실천방법 ········ 177
노인복지주택 ········ 131
노인부양 ········ 79
노인상담 ········ 179
노인소득보장 ········ 53
노인실명예방관리사업 ········ 118
노인여가 ········ 219
노인여가복지시설 ········ 134
노인요양공동생활가정 ········ 133
노인요양시설 ········ 132
노인의료복지시설 ········ 132
노인자살 ········ 275
노인장기요양보험 ········ 289
노인주거복지시설 ········ 128
노인취업지원센터 ········ 93
노인학대 ········ 239
노화 ········ 21, 35

단기보호서비스 ········ 154
대상의 격증성 ········ 28
대상의 보편성 ········ 27
대체모형 ········ 150
독립의 원칙 ········ 26
동기 ········ 44

목표수립 ········ 203

방문목욕서비스 ········ 154
방문요양서비스 ········ 152
변화매개자 ········ 196
보충모형 ········ 152
보편성과 선별성 ········ 31
보호의 원칙 ········ 26
복지용구서비스 ········ 155
부양비 ········ 14
분업모형 ········ 151
빈곤 ········ 20

사고능력 ········ 44
사례관리 ········ 187
사례관리기관 ········ 199
사례관리자 ········ 198
사립학교교직원연금 ········ 65
사정 ········ 202
사정자 ········ 193
사회보험 ········ 55
사회자원체계 ········ 199
사회적 통합 ········ 29
사회학습이론 ········ 256
삶의 질 ········ 29
상담자 ········ 193
상징적 상호작용이론 ········ 258
생활모델 ········ 177
생활환경의 변화 ········ 49
서비스 제공 ········ 204
선봉사 후수혜성 ········ 28
성공적 노화 ········ 50
성과와 질 관리자 ········ 195
성장욕구 ········ 28
세제감면제도 ········ 73

소외 ··· 24
수동성 ··· 45
시니어인턴십 ··· 96
시대적 욕구반영 ··· 32
신체적 특성 ··· 39
심리적 특성 ··· 41

안전문제 ··· 22
애착심 ··· 47
양로시설 ··· 129
양성성 ··· 47
여가 ··· 217
역할상실 ··· 23
옹호자 ··· 194
욕구의 다양성 ··· 27
우울증 ··· 45
위계적 보상모형 ··· 151
위기개입모델 ··· 175
위험 관리자 ··· 195
의료급여 ··· 113
의료보장 ··· 105
의존성 ··· 46
인구구성비 ··· 14
임금피크제 ··· 92
임상전문가 ··· 194

자기결정 ··· 30
자문가 ··· 194
자살 ··· 275
자아실현의 원칙 ··· 27
자원봉사 ··· 311
자원분류 및 조직화 ··· 203
재가노인복지서비스 ··· 147
재가노인복지시설 ··· 135
재가복지서비스 ··· 154
재사정 ··· 204
전문성 ··· 32
전인적 케어제공자 ··· 195
절망감 ··· 46
점검 ··· 204
접수(자료수집) ··· 202
조사 및 연구자 ··· 195
조심성 ··· 46
조정자 ··· 194
조직변화모형 ··· 210
존엄성 및 개인존중 ··· 29
존엄의 원칙 ··· 27
종결 ··· 205
주 · 야간보호서비스 ··· 153
중개자 ··· 193
중계모형 ··· 209

지능 ··· 43
지역사회지원모형 ··· 207
지위와 역할의 변화 ··· 48
진수 ··· 48
질병 ··· 21

참여의 원칙 ··· 26
창의력 ··· 44
체계이론모델 ··· 175
치매검진사업 ··· 118

클라이언트 ··· 198

통합된 중계판매모형 ··· 210
퇴직 ··· 49

판매모형 ··· 209
평가자 ··· 194
평균수명 ··· 12
포괄모형 ··· 208

학대 ··· 239
학습능력 ··· 43
활동이론 ··· 319

저/자/약/력

■ 서보준
대구가톨릭대학교 대학원 사회복지학 석사
대구한의대학교 대학원 사회복지학 박사
현) 한국국제대학교 사회복지학과 교수
경상남도 하동군 알프스 노인종합복지관 운영위원장 및 사례관리 솔루션 자문위원, 경상남도서부권지역 노인보호전문기관 위원장 외 다수

■ 송은희
대구가톨릭대학교 대학원 사회복지학 석사
대구가톨릭대학교 대학원 사회복지학과 박사수료
현) 호산대학교 병원행정의료정보과 교수

■ 서민호
대구대학교 대학원 사회복지학 석사
대구한의대학교 대학원 사회복지학 박사
현) 영남외국어대학교 사회복지과 교수

■ 제미자
신라대학교 대학원 사회복지학 석사
신라대학교 대학원 사회복지학 박사
현) 동주대학교 사회복지과 교수

노인복지론

|공저자| 서보준 · 송은희 · 서민호 · 제미자

|1판 1쇄| 발행 2023년 2월 28일
|1판 2쇄| 발행 2024년 3월 5일

|발행인| 김 동 훈
|발행처| 공 동 체

|주소| 경기도 고양시 일산동구 호수로 358-39
동문타워 I 905호(백석동)
|전화| 031) 814-3000(대표)
|팩스| 031) 814-3100
|홈페이지| http://www.compub.co.kr
|전자우편| compub@naver.com
|출판등록| 2005년 10월 6일
|등록번호| 제396-2005-36호

|ISBN| 979-11-6725-146-6
정가 17,000원